Molwanien

LAND DES ʷᵉⁱᵗᵉʳʰⁱⁿ SCHADHAFTEN LÄCHELNS

Die Originalausgabe
MOLVANIA – A LAND UNTOUCHED BY MODERN DENTISTRY
erschien zuerst 2003 bei
Hardie Grant Books, South Yarra Victoria, Australien,
in Zusammenarbeit mit Working Dog Pty Ltd.

Verlagsgruppe Random House FSC® N001967

2. Auflage

Aktualisierte und abermals erweiterte Ausgabe

Copyright © 2013 by Working Dog Pty Ltd.
Copyright © der deutschsprachigen Ausgabe 2013
by Wilhelm Heyne Verlag, München,
in der Verlagsgruppe Random House GmbH
Neumarkter Straße 28, 81673 München
Printed in Slovenia
Textdesign und Karten: Trisha Garner
Design Neuedition: Aileen Lord
Illustrationen: Kim Roberts
Gesetzt aus der 8/10,5 DIN
bei C. Schaber Datentechnik, Wels
Druck und Bindung: DZS Grafik d.o.o., Ljubljana

ISBN: 978-3-453-60292-2

www.heyne.de
www.molwanien.de

Szlengro!
[Willkommen!]

MOLWANIEN
Land des schadhaften Lächelns

Von Santo Cilauro, Tom Gleisner & Rob Sitch
Deutsch von Gisbert Haefs

Bildnachweis:

Giuseppe Albo (verstorben) 18, 25, 51, 60, 107, 140, 141, 146, 191; **Bill Bachman** 3, 8, 17, 28, 37, 38, 39, 42, 46, 52, 54, 61, 74, 77, 81, 86, 87, 108, 109, 123, 131, 143; **Ian Burch** 200 (»Alpenstein«); **Margherita Cilauro** 12, 23, 33, 48, 57, 73, 81, 89, 96, 97, 106, 115, 144, 154; **Santo Cilauro** 10, 11, 15, 18, 22, 24, 26, 29, 30, 32, 34, 36, 44, 45, 56, 62, 63, 67, 70, 73, 77, 82, 83, 85, 88, 89, 90, 95, 100, 116, 117, 118, 119, 122, 129, 132, 138, 139, 156, 157, 161, 165, 195; **Emmanuel Santos** 22, 33, 92, 111, 117, 121, 128, 138, 170, 174, 177, 182, 183, 186; **Tom Gleisner** 21, 23, 38, 44, 58, 61, 64, 66, 72, 78, 99, 130, 133, 151, 155, 158, 165; **Pauline Hirsh** 131, 144, 145, 195; **Freda Hirsh** viii, xvii, xviii; **Lonely Planet Images** 9, 28, 55, 142, 148; **Stephen Lord** xvi; **Michèle Burch** x, xxiii; **John & Carolyn Rudolph** xiii, xix, xxii, 168, 172, 173, 177–181, 186–189; **Marty Rudolph** 170; **Working Dog** viii, x, xii, xiv, xv, xvi, xvii, xviii, xix, xx, xxi, xxii, xxiii, 7, 14, 31, 40, 41, 107, 149, 166, 169, 171, 173, 176, 180, 182–187, 189, 198, 199, 200 (»Aloha Takki Tikki«,»Let's Go Bongoswana«).

Die Autoren bedanken sich bei:

Der Familie von G. Albo, Dan Atkins, Liam Bradley, Michèle Burch, der La Canna-Familie, Mr und Mrs A. Caruso und Familie, Debra Choate, der Ciccarone-Familie, der Cilauro-Familie (ganz besonders Vito und Nonno Santo), Kate Cody, Rees Cornwall, Frances Forrest, Sandy Grant, David Herman, Michael Hirsh, Pauline Hirsh, Jane Kennedy, Simon Kuszninczuk, Luisa Laino, der Stadt Licodia Eubea, dem Lost Dogs Home, Simone Martin, Susannah Mott, Billy Pinnell, Marianne Raftopoulos, Amanda Seiffert, Greg Sitch, Julie Thomas und Polly Watkins.

Inhalt

VI Die Verfasser · VIII Karte · XII Was gibt's Neues? · 8 Einführung

MOLWANIEN – FÜR DEN ANFANG

12 Geschichte · 17 Nationalhymne · 18 Geographie · 20 Bevölkerung ·
22 Sport · 24 Religion · 26 Sprache · 28 Essen & Trinken ·
30 Musik · 32 Theater, Kunst & Literatur · 33 Zeitungen,
Film & Video · 34 Fernsehen · 35 Beste Reisezeit · 36 Kriminalität ·
37 Touristinnen · 37 Schwule Reisende · 38 Nützliches

LUTENBLAG (LUTNBLAAG)

46 Allgemeines · 48 Transport & Verkehr · 49 Unterkunft ·
52 Essen · 56 Unterhaltung · 57 Highlights

DIE MOLWANISCHEN ALPEN (ALPI MOLWANJKA)

64 Die Region · 65 **Svetranj** · 74 **Die Große Ebene** ·
76 **Vajana** · 83 **Die Postenwalj-Berge**

DIE ÖSTLICHEN STEPPEN (STJPPKA ORJENTLKA)

90 Die Region · 91 **Bardjov** · 99 **Lublova** ·
109 **Der Skrotul-See** · 110 **Dzrebo**

DAS WESTLICHE PLATEAU (VESTERNPLAT)

120 Die Region · 121 **Sasava** · 131 **Sjerezo** · 141 **Der Vjaza-See**

DAS ZENTRALE TIEFLAND (GRANDJ KENTRAL VALLJK)

146 Die Region · 147 **Jzerbo** · 156 **Gyrorik**

MÄRCHENHAFTES MOLWANIEN!
ZWÖLF DINGE, DIE MAN NICHT VERPASSEN DARF

168 **Universität Ridzenc** · 170 **Die Zetlopp-Ebene** · 171 **Gjorc** ·
172 **Das Opernhaus von Lutenblag** · 174 **Stynkblörp** ·
181 **Gyerjmek-Galerie** · 182 **Amphitheater von Licij** · 183 **Hubjk** ·
184 **Kathedrale von Arbjuc** · 186 **Das historische Jerbl** ·
188 **Militärmuseum Zizkev** · 189 **Friedhof Lutenblag**

190 Ein Abschiedsgedicht · 192 Register · 196 Legende ·
197 Karte · 198 Maßeinheiten · 199 Nahverkehrssystem Lutenblag ·
200 Weitere Titel der Reihe

DIE VERFASSER

Rick

Rick van Dugan   Der in Missouri geborene Rick hatte immer schon davon geträumt, die Welt zu bereisen, und mit 18 Jahren bat er seine Familie, ihn ein Jahr in Europa verbringen zu lassen. Seine Eltern waren so begeistert von der Idee, daß sie ihn drei Jahre wegschickten. Seither zieht Rick umher und verdient seinen Lebensunterhalt als Reisejournalist und freier Photograph. Er hat an zahlreichen Reiseführern mitgewirkt, darunter *Baltisches Europa*, *Tschech Matt* und *Kasachstan für einen Dollar pro Monat*.

Philippe

Philippe Miseree   ist seit seiner Jugend professioneller Reisender. Es gibt keine größere oder kleinere Stadt, von der Philippe nicht in letzter Zeit enttäuscht wurde. Ganz gleich, wie entlegen das Ziel ist – Sie können sicher sein, daß Philippe schon vor Ihnen dort gewesen ist und es nicht halb so gut fand, wie es in den 70ern war. Zu seinen früheren Werken gehören *Die Türkei – Bevor sie versaut wurde*, *Indien auf die harte Tour*, *Südostasien mit weniger Geld als Sie brauchen* und *Sinnlos beschwerliches Reisen*. Philippe half bei der Zusammenstellung unseres Abschnitts »Beschwerden«.

Olga

Olga Stryzki   wurde in Kalifornien geboren. Ihre Lust am Reisen rührt von ihrer frühen Kindheit her, als die Eltern sie mit nach Europa nahmen und dort zurückließen. Irgendwie gelang es ihr damals, nach Israel zu kommen, wo sie ein paar Wochen lang in einem Kibbuz arbeitete, ehe sie Objekt eines Geiselaustauschs mit der PLO wurde. Olga hat an der University of California in Los Angeles Politische Wissenschaften studiert. Ihr besonderes Interesse gilt Frauenforschung, Frauen in der Geschichte und Eishockey. Sie beteiligte sich an den Artikeln über Frauen in Molwanien und verbrachte die übrige Zeit mit Klagen über den Mangel an Einrichtungen und Vorkehrungen für Behinderte.

Trudi

Trudi Dennes   lebt und arbeitet seit mehr als zehn Jahren in Japan. Sie hat zur Zeit eine Stelle am Seminar für Klassische Geschichte der Universität Tokio. Trudi ist nie in Molwanien gewesen. Ihre Mitwirkung an diesem Reiseführer beruht auf einem Versehen der Personalabteilung.

[*Die Verfasser*] VII

Recz

Recz Jzervec ist eingeborener Molwanier, gezeugt und aufgewachsen im Norden des Landes. Recz verließ seine Heimat erst mit 12 Jahren, um dem aktiven Militärdienst zu entgehen.

Andy »Das Tier«

Andy »Das Tier« Wilson Der in Brisbane, Australien, geborene Andy fand erstmals Geschmack an Fernreisen bei einem Silvester-Trip mit seiner Amateurfußballmannschaft nach Bali. Was als zweiwöchige Ferienreise geplant war, wuchs sich zu einem einjährigen Aufenthalt aus, wobei er den größten Teil dieser Zeit in einem Gefängnis in Denpasar verbrachte, weil er angeblich einen Mönch in Brand gesteckt hatte. Als er endlich entlassen wurde, hatte das Reisefieber ihn gepackt, und Andy durchstreifte Südostasien auf einer alkoholgetriebenen Odyssee. Nach seiner Rückkehr beschloß er, ein Buch über seine Erlebnisse zu schreiben, konnte sich aber an keine erinnern. Seither wurde Andy in mehr als 30 Ländern das Visum entzogen, und wenn er betrunken ist, spricht er fließend sieben Sprachen. Letzten Meldungen zufolge hielt er sich in Afghanistan auf als Kämpfer auf Seiten der Taliban. Andy half bei der Zusammenstellung der Beiträge über molwanisches Nachtleben und Bierhallen.

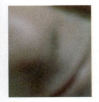

Horst
(photo courtesy Horst)

Viele Bilder in diesem Buch stammen von **Horst von Fluegel**, einem leidenschaftlichen Reisenden, der sich erst vor wenigen Jahren mit Photographie zu befassen begann. Zwar fehlt Horst jede formale Ausbildung, aber Konzentration und Einstellung stimmen, was man von seinen Bildern nicht behaupten kann.

Korrektur! Auf S. 151 gibt es einen Druckfehler. Der Verweis auf »frostige Züge« sollte eigentlich »rostige Züge« lauten.

Die Stadt Crepzep, bekannt als das Venedig Molwaniens, wurde über einem komplizierten System offener Abwasserkanäle gebaut.

Herbstliches Weinlaub bei Chateau Sultána in der westlichen Weinregion.

Ost-Euro-Diznee-World bei Sjerezo lockt jedes Jahr über 70 Touristen an.

Der legendäre Wachturm von Grotti, auf dem Fetwanska III. (»Die Stämmige Prinzessin«) Ausschau gehalten haben soll – daher der massive Riß.

Das kürzlich in Svetranj eröffnete Kabinett von Madame Tussaud zeigt lebensechte Figuren von Nationalhelden, hergestellt aus Ohrenschmalz.

Molwaniens Hauptstadt Lutenblag – wo sich alteuropäischer Charme und Beton vereinen.

Das farbenfrohe Frühlingsfest in der Östlichen Steppe, wo jedes Jahr halbwüchsige Jungen eine Maultierserenade aufführen.

Die »Römischen Ruinen« – das Amphitheater von Slakoff (baugleich mit dem von Licij), errichtet von einer Baufirma aus Rom, die 1978 vor der Fertigstellung Insolvenz anmeldete.

Die berühmten Katakomben von Katflaap – heute eine beliebte Weinbar.

MOLWANIEN
EINE NEUE PERSPEKTIVE

Als vor zehn Jahren Reisende erstmals Molwanien entdeckten, bezeichneten sie es als »rustikal« oder »im Bann der langwierigen Vergangenheit«. Zum Glück treffen diese Begriffe immer noch zu – ebenso wie »bankrott« und »im Bann eines langwierigen Bürgerkriegs«.

Damals wurde dieser beharrlich dem Stalinismus treue Staat von tief verwurzelter Korruption geplagt. Aber die Zeiten haben sich gewandelt, und nach großen Reformanstrengungen – einschließlich umfassender Privatisierung durch die Mafia – ist Molwanien nun wirklich im 20. Jahrhundert angekommen!

WAS GIBT'S NEUES?

Vieles hat sich in den vergangenen zehn Jahren in Molwanien verändert. Aus dem einst verschlafenen osteuropäischen **Hinterland** ist eines der aufregendsten **Reiseziele** der Welt geworden. Bei einem Land von so offenkundiger Schönheit und **Kultur** mag es jedoch überraschen, daß Molwanien immer noch weitgehend unberührt vom Tourismus ist. Möglicherweise haben sich viele von den Kosten abschrecken lassen – wobei Visa, **Impfungen** und die für jeden Besucher vorgeschriebene Implantierung von Mikrochips zu Buche schlagen.

Im Umgang des Landes mit den Bürgerrechten ist ein Quantensprung zu verzeichnen. Kaum zu glauben, daß noch vor zwanzig Jahren **Homosexualität** als »Verbrechen« galt! Heute wird sie offiziell als »Krankheit« geführt.

Durch ein von der Regierung neu aufgelegtes Rettungsprogramm wurden diese einheimischen Bären aus Privatzoos und Zirkusbetrieben befreit und wieder in ihre natürliche Umgebung verbracht: medizinische Forschungslabors.

Ja, es ist wirkliches alles im Wandel. Heute dürfen Frauen autofahren (solange sie dies vom **Rücksitz** aus tun), und die gefürchtete Geheimpolizei des Staats wurde aufgelöst – viele ihrer früheren Mitarbeiter sind nun im Gefängnis oder arbeiten im **Taxi-Gewerbe**.

Aber trotz all dieser Fortschritte bleibt Molwanien ein Land **reizvoller Kontraste**. Vor kurzem hat man für fast alle Bereiche des Messens und Zählens das Dezimalsystem eingeführt, hält sich aber immer noch an den Maya-Kalender. In den **ländlichen Gebieten** ist das Leben gemächlich geblieben, ein Vermächtnis der alten Zeiten (und des Regierungsbeschlusses, das Trinkwasser mit **Antidepressiva** zu versetzen).

Olympisches Gold!

Viele Sportfreunde werden sich an die Londoner Spiele 2012 vor allem deshalb erinnern, weil es dort Molwaniens allererste olympische Goldmedaille gab, errungen vom Turmspringer Sun Yun-yi. Trotz einer Kontroverse über seine Staatsangehörigkeit (es wurde behauptet, Sun habe gerade in Molwanien Urlaub gemacht, als er für das Team rekrutiert wurde) gilt er nun als Nationalheld. China betrachtet ihn als politischen Gefangenen.

POLITIK

Bekanntlich wurde Molwanien als erstes Mitgliedsland von der EU suspendiert, weil es sich weigerte, das **Rauchen** in Krankenhäusern zu verbieten, und es sorgt auch weiter für Gesprächsstoff auf der internationalen Bühne; so findet in der **Hauptstadt** Lutenblag regelmäßig der B7-Gipfel statt, ein Treffen von Staatschefs der sieben **bankrottesten** Staaten der Welt.

Als sich 2011 die Augen der Welt auf den sogenannten »Arabischen Frühling« richteten, blieb eine ähnlich gewaltige **Volksbewegung**, die Molwanien erfaßte, beinahe unbemerkt. Dabei war der sogenannte »**Herbst der Apathie**« die weltweit einzige Massenbewegung, der es gelang, ein repressives Regime wieder an die Macht zu bringen.

Damit die molwanische Touristenpolizei ein wenig umgänglicher wirkt, sind die Waffen der Beamten seit kurzem nicht mehr geladen.

WIRTSCHAFT

Natürlich hat es bei allem Fortschritt auch Rückschläge gegeben. Die weltweite Finanzkrise hat Molwanien schwer getroffen. Ein dramatischer **Rückgang** des Tourismus brachte es mit sich, daß viele der besten Hotels, Restaurants und Prostituierten des Landes leer blieben.

Unter dem Eindruck der Ölknappheit der letzten Jahre hat Molwanien ein mit Methan betriebenes Kraftfahrzeug entwickelt, den Schtinka (basierend auf dem Skumpta-Chassis). Dieser Wagen ist nicht nur beliebt, sondern auch verblüffend schnell – ein Prototyp übertraf sogar das Tempo der Geruchsausbreitung.

Es ist Molwanien jedoch gelungen, die ärgsten Auswirkungen der Krise abzumildern, indem es sein **Bankensystem** zunächst deregulierte, dann dekriminalisierte und schließlich den kühnen Beschluß faßte, seine Währung an den kambodschanischen Riel zu binden. Außerdem versuchte die Regierung, die Wirtschaft durch ein Bündel von Maßnahmen zu stimulieren; hierzu gehörte die Investition mehrerer **Millionen Dollars** ins Bankkonto des Präsidenten.

Nach einer turbulenten Periode hoher Inflation weist die **nationale Währung** (früher der Strubl, heute der Hyperstrubl) nun Anzeichen einer Stabilisierung auf. Reisende tun sich jedoch noch ein wenig schwer, da das kleinste **Zahlungsmittel** die 500 000 000 000-Hyperstrublnote ist.

ENTWICKLUNG DER REGIONEN

Bei den Versuchen, den landwirtschaftlichen Sektor zu modernisieren, hat es Erfolge, aber auch Fehlschläge gegeben. Der Einsatz neuer **Kürbispflückmaschinen** führte 2009 zur Vernichtung der gesamten Ernte. Aber überall entstehen täglich neue Industriezweige. Ein wunderbares Beispiel hierfür findet sich im Süden des Landes. Die Industriestadt **Szilikon Vallji**, bekannt als Molwaniens »Silikon Valley«, ist heute Ursprung und Heimat von 70 % des weltweiten Internet-Betrugs. Falls in den letzten zehn Jahren Ihr PC mit einem Virus infiziert oder Ihre Kreditkarte an einem Bankautomaten geplündert wurde, sitzen die Verantwortlichen sehr wahrscheinlich in Molwanien!

SOZIALE STABILITÄT

Der lange, erbitterte **Bürgerkrieg**, der Besucher von Reisen nach Molwanien abgeschreckt hat, nähert sich endlich seinem Ende; **gewalttätige Auseinandersetzungen** beschränken sich heute auf einige wenige Provinzen im Norden, Teile des zentralen Hochlands und die Cafeteria des Internationalen Flughafens.

Eine **Bombenexplosion** tötete 2010 in der Hauptstadt mehr als ein Dutzend Personen. Die Behörden machten dafür sehr schnell »Zigeunerterroristen« verantwortlich; spätere Ermittlungen ergaben jedoch, daß ein hiesiger **Waffenhändler** lediglich versucht hatte, sich überschüssiger Bestände zu entledigen.

UNTERKUNFT

Seit unserer ersten Ausgabe wurde die Bewertung molwanischer Hotels **revidiert**. Zwei Sterne garantieren nicht länger eine **funktionierende Toilette**. Ferner wurde als neue Bewertungsstufe ein halber Stern zur Kennzeichnung **regierungseigener Gästehäuser** eingeführt.

Luxuriöse Unterbringung

Der Bau des **Lutenblag Majestik** – Molwaniens erstes Luxusresort mit dreieinhalb Sternen – hat das Angebot an Unterkünften auf ein ganz neues Niveau gehoben. Haustiere und schwule Paare willkommen.

KOMMUNIKATION

Zugang zum Internet ist jetzt in allen größeren Städten verfügbar; die **Datenübermittlung** bleibt jedoch langsam. Wer eine **E-Mail** abschickt, sollte wenigstens drei Tage für die Zustellung einkalkulieren.

Außerdem werden einige als »**zersetzend**« eingestufte Sites weiterhin blockiert; dazu gehören Facebook, Amnesty International und TripAdvisor.

[*Was gibt's Neues?*] XV

GESELLSCHAFT UND MODERNITÄT

Für einige durchaus überraschend, erwies sich Molwanien als **bahnbrechend** auf dem Gebiet einschneidender gesellschaftspolitischer Neuerungen. So hat es z.B. 2006 als erstes osteuropäisches Land gleichgeschlechtliche Verbindungen **legalisiert** (unter der Voraussetzung, daß beide Tiere der gleichen Gattung angehören).

Ein Jahr danach führte das Bildungsministerium ein neues Programm ein, wodurch **jeder Student** einen Computer erhielt (vgl. nachstehendes Bild). Eines der Ergebnisse ist, daß Molwanien heute weltweit eine Spitzenstellung im **Cybermobbing** einnimmt.

Früher waren wilde Müllkippen eine Landplage. Heute trennen fast alle Molwanier ihren Abfall – Plastik und Glas müssen per Gesetz in getrennten Flüssen entsorgt werden.

Die Paarungszeit im Zoo von Vajana zieht viele Besucher an.

Molwaniens Nationalvogel, die Nadelschnabeldrossel, war beinahe ausgestorben. Dank neuer Gesetze, die die Jagdsaison auf bloße neun Monate begrenzen, sieht man dieses einst so seltene Geschöpf nun fast überall im Land (vor allem in Restaurants).

GESUNDHEIT UND SICHERHEIT

Die **Tierbestände** des Landes sind endlich völlig frei von Tollwut; wer von einem Hund gebissen wird, kann dies also gelassen hinnehmen. Wer allerdings von einem Hundebesitzer gebissen wird, sollte sofort einen Arzt aufsuchen.

Fortschritte gibt es auch bei **Einrichtungen** für Behinderte. Besucher mit Beeinträchtigungen müssen keine bunten Armbänder mehr tragen; in mehreren Hotels gibt es inzwischen Rollstuhlrampen (für die Benutzung wird ein **fünfzehnprozentiger Behindertenzuschlag** verlangt).

Viele Stände am Straßenrand bieten kleinere chirurgische Eingriffe an.

Molwanien bleibt ein beliebtes Reiseziel für Behandlungstouristen; die Palette der **Angebote** reicht von Facelifting und Fettabsaugen zu eher »experimentellen« Therapien wie DamPo (Darmspülung mit Polonium). **Brustvergrößerungen** haben sich für molwanische Ärzte als besonders lukrativ herausgestellt, da ausländische Patienten in der Regel zweimal einfliegen: einmal für den eigentlichen Eingriff, danach zur Entfernung der mangelhaften Implantate.

> **Hinweis für Autofahrer.** Die Grenze für Blutalkohol bei Fahrten in Molwanien wurde von 0,8 Promille auf 1,7 Promille angehoben (1,5 für Kinder). Weiterhin verboten ist die Benutzung von Handys bei Geschwindigkeiten über 120 km/h.

Pandemie-Panik

Molwanien stand im Mittelpunkt einer internationalen Gesundheitshysterie, als 2009 eine besondere Form der »Schweinegrippe« die Schweinebestände des Landes zu vernichten drohte. Die Besorgnis wuchs noch, als dieses tödliche Virus von Schweinen auf ihre Besitzer übersprang – eine beunruhigende Entwicklung, da die Krankheit nur durch Geschlechtsverkehr übertragen wird. Dank eines landesweiten Impfprogramms und strengerer Haftstrafen ist diese Schweinegrippe inzwischen jedoch weitestgehend ausgerottet.

TOURISMUS

Der Fremdenverkehr ist buchstäblich explodiert (vgl. unser neues Kapitel über städtischen Terrorismus), und in allen Orten werden **neue Hotels** und Einrichtungen für Touristen so schnell gebaut, wie sich die nötigen Baugenehmigungen ignorieren lassen. Manche **Restaurants**, die früher saubillig waren, sind heute teurer, aber immer noch genauso versaut.

Auch Abenteuertouristen kommen voll auf ihre Kosten. Wo sonst kann man **Weißwasser-Rafting** auf einem eben geschmolzenen Gletscher genießen? Oder einen aus dem Verkehr gezogenen MIG-Kampfjet fliegen (und vielleicht sogar über Estland ein paar Raketen abfeuern!)?

Früher für Touristen gesperrt – heute können Besucher ihre Schönheit genießen: die von der UNESCO-Welterbeliste gestrichene Sissk-Tundra mit der am meisten verrosteten Gaspipeline Osteuropas.

Und die Kinder sind sicher ganz heiß auf einen Trip ins neue **überdachte Wellenbad** von Lutenblag – wo die Wogen so groß sind, daß es mit einem Tsunami-Warnsystem ausgerüstet wurde.

Ein Boom ist ebenfalls beim **Öko-Tourismus** zu verzeichnen, da Molwanien mit Stolz darauf verweisen kann, pro Kopf mehr bedrohte Arten als jedes andere Land der Welt zu besitzen.

Auch Weltstars haben internationale Aufmerksamkeit auf dieses entlegene Land gelenkt. So wurden z.B. mehrere molwanische Waisen von Angelina Jolie **adoptiert** (und später zurückgegeben).

Molwanien gilt sogar als möglicher Gastgeber für die Olympischen Spiele 2024, falls drei Mitarbeiter des IOC, die irgendwo im Norden des Landes als **Geiseln** festgehalten werden, bald freikommen.

ABSCHLAG!

Die Tropikall-Palmz-Golfanlage, nach einem Konzept von Arnold Palmer, wurde 2012 mit großem Trara eröffnet. Leider beruhen die Bewässerungsanlagen auf einem molwanischen Konzept. Am schwierigsten Loch, dem siebten (par 4), müssen die Spieler von einer Klippe abschlagen und allerlei Hindernisse bewältigen, wie etwa künstliche Bäume, Baggerseen und ein Obdachlosenasyl.

SCHÄTZE DER VERGANGENHEIT

Zwar hat Molwanien eine lange Geschichte – sie reicht noch weiter zurück als bis zur glorreichen Eisenzeit des Landes (1947–1953) –, doch stand es lange in dem Ruf, seine **Kulturschätze** zu mißachten. Nach Jahrzehnten der Vernachlässigung gelangen viele der kostbarsten archäologischen Fundstücke Molwaniens nun unter die Aufsicht der Regierung. So wird zum Beispiel in den alten Ruinen von Kastl Zalbrog (rechts) jeder einzelne Steinblock sorgfältig identifiziert, gereinigt, beschriftet und dann auf dem **schwarzen Markt** verkauft.

Jahrhundertelang hielten Archäologen dieses Gebilde am Stadtrand von Drzebo für eine römische Sonnenuhr. Vor kurzem haben Fachleute jedoch festgestellt, daß es sich tatsächlich um Europas älteste Satellitenschüssel handelt.

Jüngst haben die Urenkel des Komponisten Viktor Dirj sein Haus in ein Museum umgewandelt (trotz aller Einwände ihrer Urgroßmutter, die hier immer noch wohnt). Geöffnet montags bis freitags. Bitte anklopfen.

GASTRONOMIE

Nach Jahren schwerverdaulicher, arg fleischlastiger Kost hat sich Molwanien als **kulinarisches Zentrum** gut entwickelt und kann mit Stolz darauf verweisen, eine der originellsten Küchen Osteuropas zu besitzen. Tatsächlich werden hier Gerichte serviert, die man sonst nirgendwo auf der Welt findet – und gültige **EU-Abkommen** sorgen dafür, daß dies auch so bleibt.

Versuche, genetisch modifizierte Weintrauben anzubauen, waren nicht besonders erfolgreich. Der einzige bisher produzierte Wein wurde aus einer Pinot-Noir-Melone gekeltert. Weinkenner beschreiben ihn als »herb, mit Bodensatz und zu vielen Kernen«.

»Fouragieren« wird immer beliebter, und oft kann man berühmte Küchenchefs im Wald **Pilze** und Beeren sammeln sehen – ebenso sieht man Angehörige ihres Küchenpersonals, die versuchen, sich dort vor weiterer körperlicher Ausbeutung zu schützen.

[*Was gibt's Neues?*] XIX

TRANSPORT
Luft

Molwanien ist ohne Zweifel das **billigste** Flugziel auf dem Kontinent. Von jeder größeren Stadt Europas aus kann man einen Hin- und Rückflug für weniger als 50 Euro bekommen – einschließlich Steuern und Bestechung.* Der Ausbau von Lutenblags neuem internationalen **Airport-Terminal** hat dafür gesorgt, daß ankommende Fluggäste nicht mehr über Holzgerüste aussteigen müssen.

Die Gründung der neuen inländischen Fluggesellschaft StuKrac hat Reisen im Land erheblich erleichtert. In Kooperation mit der russischen Luftwaffe fliegt die StuKrac-Flotte aus **reaktivierten Turboprops** alle größeren Flughäfen an. Für den Komfort an Bord ist gesorgt; **Passagiere** haben die Wahl zwischen Schwimmweste und Erfrischungstuch.

Neuerdings gibt es eine »ultragünstige« Fluglinie, AviatDrohnz, die exquisites ferngesteuertes Reisen anbietet.

Achtung: Gelockerte Sicherheitsbestimmungen erlauben jetzt auf Inlandsflügen die Mitnahme von Messern, Äxten und Macheten. Feuerwaffen sind jedoch verboten, außer solchen mit Sicherung und Schalldämpfer.

Land

An einigen Grenzübergängen sollten per Bahn oder Straße einreisende **Ausländer** damit rechnen, für ein Visum-Foto posieren zu müssen. Trotz anderslautender Behauptungen gibt es jedoch keine amtliche Vorschrift, die Besucherinnen zu »sexy Kleidung« verpflichtet.

Innerstädtisch

Im vergangenen Jahrzehnt wurde der öffentliche Nahverkehr in den Städten einem bemerkenswerten Facelifting unterzogen – wie auch der Verkehrsminister, Jukliva Sfalogka.

In Lutenblag ist inzwischen das **Schienennetz** zur Hälfte unterirdisch (seit dem Zusammenbruch des Hauptbahnhofs). Das für Svetranj so typische Kabelbahn-System (rechts) wurde elektrifiziert. Fahrgästen wird empfohlen, Schuhe mit **Gummisohlen** zu tragen und die Inneneinrichtung nicht zu berühren.

* NB: Bei Flügen mit Aeromolv wird Trinkgeld für den Piloten erwartet.

ZLAD!

Zladko Vladciks Karriere begann mit seinem sechsten Platz anno 1991 beim Molwanischen Nationalen Musikfestival, **Molvaniatnazjionalmuzykfest91**. Später behauptete er, er hätte das Finale mühelos gewinnen können, wenn er nicht an argen **Halsbeschwerden** gelitten hätte (einer der Juroren versuchte ihn zu erwürgen).

Seine erste Band, **Wsvow!**, gründete er 1997. Nach nur einem Jahr beschloß er jedoch, wieder solo aufzutreten, weil der Rest der Gruppe »sich in eine andere Richtung bewegte« (nach Rumänien).

Da er befürchtete, ansonsten auf Osteuropa beschränkt zu bleiben, beschloß Zladko, seinen Namen zu **Zlad** zu ändern und reiste nach London; dort veröffentlichte er seine Single »Juuszt kall mje Zlad« – laut **Melody Maker** der orthographisch inkompetenteste Songtitel aller Zeiten.

Zwar war die Nummer in England kein Erfolg, doch wurde sie in seiner molwanischen Heimat ein großer Hit, wo sie nach kaum zwei Tagen in den Rhythm-&-Polka-Charts **Platin** erreichte (bemerkenswert auch deshalb, weil sie nur als Cassingle erhältlich war).

Da er nie dazu neigte, sich auf seinen Lorbeeren auszuruhen, hielt er es für sinnvoll, sich neu zu erfinden; im Jahre 2001 änderte **Zlad** folglich seinen Namen zu **Zlad!** und schrieb eine Reihe korrekt buchstabierter Tanznummern, darunter »Disko Tank« und »Deine ansteckenden Füße«.

[*Was gibt's Neues?*] XXI

Im Jahre 2004 schrieb er dann endlich sein klassisch-futuristisches Werk »Elektronik-Supersonik«. Damit hatte er zugleich ein **neues Genre** erfunden, das Techno-Lamento.

2006 schaffte **Zlad!** den sensationellen Einstieg in Molwaniens Music Hall of Fame (die *Muzykscheun*). Die Anklage wegen Einbruchdiebstahl wurde jedoch fallengelassen, als er sich bereiterklärte, ein paar **seltene Pianoakkordeons** und ein Huhn zurückzugeben.

Seinen größten Hit hatte er 2009 – eine aufwühlende Ballade, komponiert zum 20. Jahrestag der Öffnung des Eisernen Vorhangs mit dem Titel »Zusammen bauen wir die Mauer wieder auf«.

Heute tritt **Zlad!** unter dem schlichten Namen **Z!** auf. Vielleicht ist er sanfter geworden, bleibt aber eine wichtige Figur der zeitgenössischen molwanischen Musikszene. Er ist immer noch auf der Höhe der Zeit, und sein neuester Song »Globale Wärmung – globale Warnung« soll seine molwanischen Landsleute zum Nachdenken über die Zukunft ihres Planeten bewegen. Die Verse haben seit der Erstveröffentlichung nichts von ihrer Wucht verloren:

*Ihr meint, der ganze Fortschritt
macht eure Welt viel besser?*

*O nein! Denn das Ozonloch
macht nur das Eis viel nässer.*

*Den schmuseweißen Eisbär
muß das bestimmt verdrießen,*

*und eure Kinder können bald
nicht mehr auf ihn schießen.*

»Ich bin der Antipapst« (2005)

»Elektronik-Supersonik« (2004)

TOP TEN — IN MOLWANIEN UNBEDINGT BESUCHEN

1. Die Ruhestätte des früheren Präsidenten Wacklav Jergel (im Amt 1997 bis 2005). Verriegelt – nicht nur um Besucher am Plündern zu hindern, sondern vor allem um sicherzustellen, daß Jergel nie mehr herauskommt.

2. Das jährliche Akkordeonfestival in Vajana, das regelmäßig 5000 Musikfreunde anzieht, welche die 20 000, die immer davor fliehen, mehr als aufwiegen.

3. Das neueröffnete Kriegsmuseum; es bietet einen Überblick über Molwaniens langwierige militärische Konflikte. Die Inschrift über dem Eingang läßt sich übersetzen als »In lautem Vergessen«.

4. Molwaniens Folkloristisches Ballettensemble vereint als erstes in Europa das klassische Repertoire mit Poledancing. Eintrittspreise: zwischen 1000 Strubl (öffentliche Aufführung) und 15 000 Strubl (private Darbietungen).

5. Die Kathedrale von Tzepsol, Heimat des Dzrebo-Chors; seine herrlichen Sopranharmonien sind ein beredtes Zeugnis für das reiche musikalische Erbe der Stadt und ihre liberale Einstellung zu chemischer Kastration.

[*Was gibt's Neues?*] XXIII

6. Wer von weißer Weihnacht träumt, sollte Mezsill im Dezember besuchen, wenn der Wind die Stadt mit einem feinen Schleier toxischen Staubs aus den nahen Asbestminen drapiert.

7. Für Skifreunde ein Muß: die Matschfelder an den Hängen des Sshuppn-Massivs. Dank dieselbetriebener Kunstschneemaschinen gilt die Region trotz der Auswirkungen der Erderwärmung immer noch als Winterparadies.

8. Besonders für Kinder: Ein Ausflug in die Szea-Vworld, wo sie Delphine zuerst streicheln und später essen können, lohnt sich.

9. Angelegt nach dem Vorbild von Italiens Gardasee: Der prachtvolle Giardia-Teich bietet giftige Algenblüte in kaleidoskopischer Vielfalt.

10. Für Liebhaber antiker Kunstwerke: der kürzlich entdeckte Tempel der Göttin Psoriasina. Einst errichtete Alexander der Große dort einen Altar; heute dient das Gebäude der molwanischen Artillerie für Schießübungen.

EINFÜHRUNG

Zwar ist die **Republik Molwanien** eines der kleinsten Länder Europas, doch hat sie dem anspruchsvollen Touristen viel zu bieten. Großartige Landschaften, prachtvolle neoklassizistische Architektur und Jahrhunderte der Hingabe an Kunst und Kultur sind zugegebenermaßen Mangelware. Der furchtlose Reisende wird in diesem einzigartigen, küstenfreien Nationalstaat jedoch viel zu seiner Erbauung finden – von der Hauptstadt **Lutenblag** mit ihrem bezaubernden Netz gasgetriebener Straßenbahnen bis zu den dichtbewaldeten **Postenwalj-Bergen** im Süden, wo Besucher ein Glas hausgebrannten *zeerstum* (Knoblauchschnaps) genießen können, während sie zusehen, wie ein in herkömmliche Tracht gekleideter Bauer sein Maultier prügelt.

Molwanien, der Welt größter Produzent von Roter Beete und Ursprung des Keuchhustens, ist ein geschichtsträchtiges Land, und allenthalben findet sich wunderbar bewahrte und gehegte Vergangenheit, so zum Beispiel in Städten wie **Gyrorik**, wo man einen der ältesten weltweit noch in Betrieb befindlichen Kernreaktoren besichtigen kann. Was Bauwerke und öffentliche Denkmäler angeht, ist Molwanien doppelt gesegnet, da das Land zwei Goldene Zeitalter erlebt hat: eine Periode der **Schauergotik** unter dem Kaiser des Heiligen Römischen Reichs Karl IV. und die späten 50er Jahre des 20. Jahrhunderts, in denen des Landes sowjetisch inspirierter Flirt mit ungestähltem Beton dem Stadtpanorama seine unverwüstliche Prägung gab.

Zugunsten der an Umweltschutz interessierten Reisenden hat Molwanien sich nachhaltig dem Konzept des **Öko-Tourismus** verschrieben. Zum Zeitpunkt der Abfassung dieses Führers befanden sich zahlreiche »grüne Hotels« im Bau, die meisten tief in den bedrohten Mischwäldern des Nordostens, aus deren Holz sie auch errichtet werden.

Das Königliche Molwanische Folklore-Ensemble beim traditionellen Biljardjig *(»Tanz der Queues«).*

[*Einführung*]

Eine molwanische Bäuerin versieht in einem örtlichen Supermarkt Eier mit Verfallsdaten.

Natürlich ist Molwanien aber auch ganz der eigenen Modernität zugewandt, und Städte wie Lutenblag verfügen über eine **Nachtclubszene**, die in Europa als **besonders hip** gilt. Hier können Touristen trendbewußte molwanische Studenten treffen, die zu den Klängen einer *fzdari*-Band (von einem Besucher beschrieben als »Techno-Trance meets Mazurka«) die Nacht durchtanzen. Desgleichen bietet sich eine Besichtigung des gewaltigen Autowerks in **Bardjov** an, wo stolze Werktätige Molwaniens heimischen Kraftwagen herstellen, den *Skumpta* mit seinem raffinierten, stilvollen Sperrholzinterieur.

Bei einer Reise in diesen Teil der Welt kommen auch Gourmets auf ihre Kosten, und Molwaniens *cuisine* hat zweifellos einen weiten Weg zurückgelegt seit der Zeit, da man nur ein paar schmierige, schummrig beleuchtete und **überteuerte Cafés** im Zentrum von Lutenblag fand. Heute sind solche Lokale im ganzen Land zahlreich anzutreffen.

Was auch immer Sie suchen mögen, in Molwanien werden Sie es wahrscheinlich finden. Sie brauchen nur diesen Reiseführer und ein paar Impfungen*, und schon kann's losgehen!

---

* Gegen Cholera, Typhus, Diphtherie, Hepatitis A, Hepatitis B, Polio, Tuberkulose, Hepatitis C, Meningitis, Malaria, Tetanus, Dengue-Fieber und die von Zecken ausgehende Frühsommer-Enzephalitis. Wer das Hinterland bereisen will, sollte auch eine vorsorgliche Dosis Anthrax erwägen.

MOLWANIEN – FÜR DEN ANFANG

[*Molwanien – Für den Anfang*]

GESCHICHTE

Zwar haben slawische Stämme das heutige Molwanien wohl schon im 5. Jahrhundert besiedelt; die erste Erwähnung des Landes findet sich jedoch im Jahre 721, als der Fürst von Molvanskia, **Nikod I.**, sich zum Herrn eines Reichs erklärte, das nicht nur sein eigenes Land umfaßte, sondern auch Preußen, Germanien und große Teile Skandinaviens. Dies war ein ehrgeiziges Ansinnen des Herrschers, der eben erst zwölf Jahre alt war. Seine expansionistische Herrschaft dauerte nur wenige Wochen.

Während des Mittelalters litt Molwanien unter Invasionen durch zahlreiche Heere, darunter Goten, Tataren, Türken, Hunnen, Balten, Lombarden und sogar eine verblüffend streitsüchtige Horde spanischer Nonnen, bis endlich Molwaniens erster König **Fjodor I.** daranging, sein Land zu vereinigen, indem er möglichst viele seiner Bürger tötete. Jene, die nicht ermordet oder eingekerkert wurden, zwang er in Lehrberufe.

Das Reich konvertierte zum Christentum, als der Missionar **Sankt Parthag** 863 eintraf, kehrte jedoch zum Heidentum zurück, sobald er im folgenden Jahr wieder abreiste. Im Hochmittelalter erfreute sich Molwanien einer kurzen Zeit des Islam, aber des Korans strikte Verurteilung von Alkohol, Gewalt und **außerehelichem Sex** setzten sich bei der Bevölkerung nie recht durch.

Taufbecken mit der Statue einer der ersten Märtyrerinnen Molwaniens, der heiligen Stripa (geboren 829, exkommuniziert 863).

Molwanien erlebte eine kurze kulturelle Blüte während der Renaissance; die genaue Dauer dieser Periode geben einige Historiker mit etwa drei Wochen gegen Ende des Jahres 1503 an. Aber auch über diese Zeitspanne hinaus ist ein neues Interesse an Kunst und Kultur nachweisbar; um 1520 wurde im Norden des Landes, in **Motensparg**, eine von Europas fortschrittlichsten Universitäten errichtet, die Kurse in klassischem Griechisch und Latein sowie Ringerstipendien anbot.

1541 versuchte ein Bauernheer die Landbesitzer zu entmachten, aber der Aufstand wurde niedergeschlagen und der Anführer, Gyidor Dvokic, auf einem rotglühenden Eisenstachel lebendig verbrannt; daher rührt die scherzhafte Redewendung im modernen Molwanisch: »*Eich zdern clakka yastenhach!*« (wörtlich: »Ich verspüre beträchtliches Aftersengen«). In dieser Zeit bestand das Land aus etlichen **halbunabhängigen Fürstentümern** und Stadtstaaten, die sich inneren Streitigkeiten hingaben. 1570 kam es zu einem Versuch, die Regionen zu vereinigen; man konnte sich jedoch nicht auf einen Ort für Verhandlungen einigen, und so wurde das Land in einen **Zwanzigjährigen Krieg** gestürzt, der tatsächlich etwa sechs Monate dauerte.

Das gesamte 17. Jahrhundert hindurch war Molwanien in mehrere Lehensherrschaften geteilt, deren jede einem despotischen Fürsten unterstand, der das leiseste Zeichen von Unruhe erbarmungslos niederschlug; diese Zeit gilt als eine der aufgeklärtesten Perioden des Landes.

HISTORISCHER ÜBERBLICK

VORGESCHICHTE AB 10 000 V. CHR.

Molwanien verließ die Eisenzeit, als einige Stämme im Norden begannen, Tiere mit Waffen zu jagen, die ganz aus unreifen Kartoffeln bestanden. In den folgenden 2000 Jahren sank die Bevölkerung auf zuletzt 680, bis der Legende zufolge der Kriegerkönig Zlag ein neues, weniger sprödes Material fand, aus dem Werkzeuge hergestellt werden konnten, und sein Land so in die Korkzeit führte.

KLASSISCHE ANTIKE
AB 50 V. CHR. – RÖMISCHE INVASION

Zur Zeit von Gaius Julius Caesar schien sich Roms Expansion größtenteils nach Westen zu richten. Aber während der Feldherr Maximus seine Truppen durch Gallien, Iberien und Britannien führte, drang ein anderer gefürchteter General, Hortensius Clarus, mit seinen Legionen über den Balkan nach Osten vor, bis er in jenes entlegene Gebiet gelangte, das bei den Römern bekannt war als »*terra Mulvania – populus insanissimus*«. Das Vordringen endete, als er nach der Einnahme der Stadt Jraftrwok die Tochter des dortigen Königs als Konkubine forderte. Tapfer schlitzte sie seine Kehle, als er darauf bestand, daß sie sich die Achselhöhlen rasiere. Das Heer trat den Rückmarsch an und brachte den enthaupteten Leichnam des Generals sowie eine Beschreibung der molwanischen Frauen mit; daraufhin schwor Rom, nie wieder einen Fuß auf molwanischen Boden zu setzen.

GOLDENES ZEITALTER 720 BIS 988

Während im Mittelalter der größte Teil des Westens einen Niedergang erlebte, scheint Molwanien in dieser Zeit unter der Gladbaag-Dynastie aufgeblüht zu sein. In dieser Epoche verfaßte der größte aller molwanischen Dichter, Ezrog, die epische Tragikomödie *Jzlakkensklowcza*: 20 000 Verse über die obszönen Heldentaten aller Gestalten der traditionellen Tarot-Karten.

MODERNE GESCHICHTE

Nach Jahrhunderten als Königreich erklärte sich Molwanien 1834 zur Republik, und seine Führer machten sich daran, eine **moderne Verfassung** zu entwerfen. Die so entstandene Urkunde übertrug alle Exekutivgewalt einem Großhexer, dessen Entscheidungen nur bei Vollmond überstimmt werden konnten. Weitere Reformen modernisierten die Strukturen immer wieder und sind noch heute Grundlage für Molwaniens derzeitiges demokratisches System. Der erste durch allgemeine Wahlen bestimmte Ministerpräsident war **Czez Vaduz**; er regierte bis zu seinem Tod anno 1871. Die Popularität dieses charismatischen Führers war so groß, daß er im darauf folgenden Jahr wiedergewählt wurde.

Im 20. Jahrhundert entwickelte Molwanien sich zu einer halbindustriellen Wirtschaftsmacht und einem der weltweit größten Hersteller von Pastinaken (»molwanische Hammelmöhre«) und Lakritz. 1940 kam die **Nazi-Partei** (NSMAP) an die Macht, und Molwanien trat als deutscher Verbündeter in den Zweiten Weltkrieg ein. Mehr als fünfzig Jahre danach weigern sich viele Molwanier noch immer, diese Schandperiode ihrer neueren Geschichte zu akzeptieren; dazu gehörte u.a. eine **geheime Militärpolizei**, die so brutal war, daß die SS-Offiziere der Besatzungsmacht sich vor jedem Kontakt fürchteten. Leider gibt es heute immer noch ein starkes rechtsextremes Element in der molwanischen Politik; hierfür steht die populäre **Jsalter-Partei** (gegründet von einem zum Staatsmann verkommenen beliebten Nachtclub-Sänger namens Igor Ztubalk, von seinen Fans »der singende Neonazi« genannt).

MOLWANIENS POLITISCHE STRUKTUR

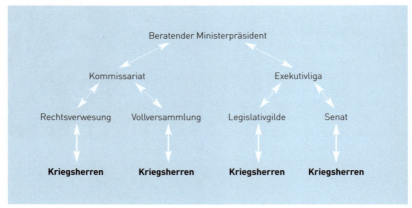

Nach dem Krieg geriet Molwanien unter sowjetische Kontrolle und hatte viele Jahre der Mühsal und autoritärer Herrschaft zu erdulden. Die große Wende kam 1982, als die berühmte **Lutenblag-Mauer** stürzte – nicht so sehr wegen demokratischer Reform, sondern wegen ihrer schlampigen Konstruktion. Immerhin führte die Beseitigung dieses verhaßten Symbols kommunistischer Kontrolle zur Abhaltung von Molwaniens ersten demokratischen Wahlen 1983. Diese Wahlen gewann der ehemalige kommandierende General Tzoric mit einem wahrhaften Erdrutsch-Sieg, da alle Kandidaten der Opposition bei einer Wahlkampfveranstaltung durch einen unerhörten Erdrutsch verschüttet wurden. Tzoric und seine Rzelic-Partei regierten in den folgenden Jahren, bis sie 1989 abgelöst wurden von der neugegründeten **Friedenspartei**, die unmittelbar nach dem Wahlsieg der Slowakei und Polen den Krieg erklärte. Zwar kam es bald darauf zu einem Waffenstillstand, aber bedauerlicherweise geriet Molwanien in eine Phase steilen wirtschaftlichen Niedergangs; Tiefpunkt war der **Dreizehnjährige Streik**, bei dem Fabrikarbeiter 4745 Tage lang die Arbeit niederlegten aus Protest gegen Pläne der Firmenleitungen, das Urlaubsgeld zu kürzen.

1997 stellte Molwanien einen Antrag auf Aufnahme in die **Europäische Union**; die volle Mitgliedschaft läßt jedoch noch auf sich warten, was zum Teil daran liegen mag, daß Molwanien sich weigert, Inspektoren auf der Suche nach **biologischen Waffen** ins Land zu lassen.

Heute ist Molwanien ein Staat im Übergang zwischen der alten und der neuen Welt, und die Kontraste sind vielfältig. Das Land erfreut sich provisorischer NATO-Mitgliedschaft und günstiger Beurteilungen durch den Weltwährungsfonds, stellt aber **Hexenverbrennung** immer noch nicht unter Strafe. Öffentliche Dienste wie das Gesundheitssystem oder das Erziehungswesen leiden unter betrüblichem Finanzmangel; dafür gibt es jedoch neun von der Regierung bezahlte Fernsehsender. Trotz oder vielleicht gerade wegen dieser Widersprüche reisen jedes Jahr mehr Menschen nach Molwanien, um den einzigartigen Charme des Landes kennenzulernen.

Ministerpräsident V. B. Tzoric beglückwünscht die beiden gleichrangigen Gewinner des Wettbewerbs »Junger Despot des Jahres 1987« (wenige Wochen später ermordete der links von Tzoric stehende Gewinner den rechten).

Molwaniens beliebte Königliche Familie (im Exil).

[*Molwanien – Für den Anfang*]

DER VATER DES MODERNEN MOLWANIEN

Man braucht in Molwanien nicht weit zu reisen, um auf den Namen Szlonko Busjbusj (1891–1948) zu stoßen. Nach diesem bahnbrechenden Staatsmann, bekannt als »Vater des modernen Molwanien« oder – familiär – als »Bu-Bu«, sind Straßen, Brücken, Statuen, Flüsse und sogar eine ansteckende Krankheit benannt. Dies dürfte niemanden überraschen, wenn man bedenkt, welche großen Leistungen er in mehreren Legislaturperioden als Ministerpräsident während der 30er Jahre erbracht hat. In dieser Zeit gelang es Busjbusj:

- die Traktorindustrie des Landes zu deregulieren

- das Alphabet um 33 Buchstaben zu verkürzen

Szlonko Busjbusj (»Bu-Bu«)

- das Rad neu einzuführen

- die maximale Wochenendarbeitszeit von 18 auf 16 Stunden zu senken

- Molwaniens Währung (den *strubl*) an den lettischen *lit* zu binden

- das Balkan-Septett zu gründen, eine lockere Konföderation von Republiken ohne Meerzugang

- die Verfassung um einen Zusatz zu erweitern, der allen Bürgern das Recht gibt, einen Groll zu hegen.

Aber trotz all dieser bemerkenswerten Reformen erinnert man sich an »Bu-Bu« vor allem wegen seiner visionären wirtschaftlichen Führung während der Großen Depression von 1932. Es waren finstere Zeiten für die Welt und Molwanien; Hyperinflation zwang die Leute dazu, mit Schubkarren voller Geld zu schlichten Lebensmitteleinkäufen zu fahren. Durch einen Geniestreich zeigte sich Szlonko Busjbusj weit listiger als die gesamte Weltfinanz: Er erklärte Schubkarren zu legalen Zahlungsmitteln.

Auch nach seiner Pensionierung arbeitete Busjbusj unermüdlich daran, die vielen widerstreitenden Gruppierungen der molwanischen Politik zu vereinigen. Er gründete – und leitete kurze Zeit – eine Koalition namens Einheitspartei der Tyrannen, Despoten und Diktatoren. Mit fortschreitendem Alter ließ leider sein Augenlicht ebenso stark nach wie seine Wahrung der Menschenrechte. Dieser »verschwommene Visionär« (wie er in einer Vorladung des UN-Kriegsverbrecher-Tribunals genannt wurde) starb schließlich 1962 eines natürlichen Todes – er wurde ermordet.

NATIONALHYMNE

Molwaniens Nationalhymne wurde 1987 durch einen Wettbewerb ermittelt; der siegreiche Beitrag kam von einem älteren einheimischen Komponisten, **V. J. Rzebren**. Gesungen wird die Hymne zur Melodie von »**Oh What a Feeling**« aus *Flashdance*; die dritte Strophe gilt allgemein als nicht verbindlich, da sie gegen geltendes EU-Recht hinsichtlich **rassistischer Hetze** verstößt.

ÜBERSETZUNG

Prijati i-vse prost! Zvet bragk le sosed ne	In kraftvollem Gedeihen stehen wir hier
Kjo rjopak tavo garbus jket szor	Auf ewig vereint durch unsere Völker
Tegul dirba lietvej tegul zvut stker	Brüder innerhalb der Grenzen sind wir
Dmov dskvi a to jre ta inach mysl	Erlaben uns der Fülle unserer Heimat
Prej luk vdes po jkads kremt vse-toi	Streit sei gebannt und Freiheit herrsche
Bjor eshte qe djeshmor rteh	Unsere Frauen fruchtbar wie unsere feuchten Ebenen
Ejum je ta zvor kre zsovortkis	Nie sei die heldische Vergangenheit vergessen
Ejum und das sjorgem flai	Doch bestehe die glorreiche Zukunft
Verbot! Skuig vas-klem svethum	Eintracht und Friede sollen herrschen
Stumz stum plais-dein stumz!	Alle Invasoren werden zermalmt
Semia tzasumus vo dirba po	Zermalmt sie, singen wir, zermalmt sie
Ozivla ki vtopio bo-le skbri	Wir jagen die verfluchten Zigeuner aus dem Land

Molwaniens größte Pop-Sensation, Olja, verbindet heißen Latin-Sound mit der Rhetorik des kalten Kriegs.

LANDESFLAGGE

Die molwanische »Trikolor« ist insofern einzigartig, als sie nur über zwei Farben verfügt. Nach dem Verschwinden des Eisernen Vorhangs behielt Molwanien als einziger früherer Sowjetstaat Hammer und Sichel bei. So vernarrt war man in die Symbole der Einheit der Arbeiterschaft, daß man ein drittes Werkzeug hinzufügte – die Kelle.

GEOGRAPHIE

Ein zu Besuch weilender Autor schrieb einmal, Molwanien liege »auf der osteuropäischen Kreuzung«; zwar ist nicht auszuschließen, daß er nur eine ironische Bemerkung machen wollte, aber man kann feststellen, daß Molwanien wirklich eine zentrale Stelle in der europäischen Geschichte einnimmt. In geographischer Hinsicht ist das Land vielfältig; die südlichen Regionen bestehen größtenteils aus flachem **morastigen Marschland** und trockengelegten Sümpfen, im Norden dagegen findet man weitläufige windige Ebenen.

Die berühmte Tour dj Molvanîa oder, volkstümlich, der »EPO-Klassiker«.

Natürlich gibt es im entlegenen Südosten des Landes Berge: die weltberühmte **Postenwalj-Kette**, durch die sich alljährlich Radfahrer auf der beliebten Tour dj Molvanîa quälen. In den Wintermonaten werden diese Berge zum Mekka für Skisportler; in den Höhenlagen von kaum 700 m kann die Schneedecke allerdings zuweilen **wüstenartig** wirken, was die Bezeichnung »Mekka« nahelegt.

Zwei große Wasserläufe durchziehen Molwanien: der mächtige Šlyk-Strom, der sich immer gen Westen mitten durchs Land schlängelt, bis er die Grenze nach Deutschland überquert (dort kennt man ihn als »**Sachsengully**«), und die kleine, aber nicht minder beeindruckende Fiztula im Süden.

Weite Bereiche des zentralen Tieflands waren ursprünglich trockenes Brachland, aber dank großer Mengen an Düngemitteln und der progressiven Einstellung der molwanischen Regierung gegenüber **genetisch veränderten Pflanzen** ernten die dortigen Bauern heute üppige Mengen Futtermais, Hafer, Rote Beete und eine eigentümliche kartoffelähnliche Hybridknolle, die von EU-Wissenschaftlern erst noch für eßbar erklärt werden muß.

Molwanien ist stolz darauf, eine umweltbewußte Nation zu sein; alle **Abfälle** werden entweder getrennt und wiederverwendet oder über die slowakische Grenze gekippt. Die durchschnittliche jährliche Niederschlagsmenge beträgt 67 cm, vor allem Schnee, Graupeln und saurer Regen.

In geographischer Hinsicht ist Molwanien ein Land der Gegensätze – von den felsigen, größtenteils unfruchtbaren Bergen bis zu den felsigen, größtenteils unfruchtbaren Ebenen.

BEVÖLKERUNG

Anno 60 n. Chr. beschrieb der römische Historiker **Tacitus** die Molwanier:

> »Äußerlich sind sie kleinwüchsig und düster, ohne Neigung zu harter Arbeit oder schöpferischem Denken. Tatsächlich müßte man viele Meilen weit reisen, um irgendwo im Imperium einen noch streitsüchtigeren, ungebärdigeren, ungepflegteren Stamm von Jägern und Sammlern zu finden ...«

Noch heute werden die Molwanier als mürrisch, aufbrausend und gewaltbereit diffamiert; das ist jedoch nur ein Teil des Bildes. Tief im Innersten lieben die Molwanier jede Art Scherz und verfügen über den typischen warmherzigen **slawischen Humor**. Manche Aspekte ihres Benehmens mögen ein wenig gewöhnungsbedürftig sein – etwa ihre **Art zu telefonieren**, bei der brüsk zu sein als Tugend gilt. Doch ist Gastfreundlichkeit ein wesentlicher Bestandteil der molwanischen Kultur, und es gibt eine alte Redewendung, *»zva grek inst ur plebum szunj«* (»lieber ein Fremder unter der Schwelle als ein Freund über der Tür«), die in der Übersetzung ein wenig verlieren mag, aber doch die zwanglose Lebenseinstellung der Molwanier recht gut wiedergibt.

Trotz aller kulturellen Verschiedenheit besteht die molwanische Bevölkerung eigentlich nur aus drei größeren Volksgruppen: den **Bulgs** (68 %), vor allem im Zentrum und im Süden, den **Hungaren** (29 %), besonders in den nördlichen Städten, und den **Molwen** (3 %), fast ausschließlich im Gefängnis.

ZIGEUNER

Einige europäische Länder leiden an mangelnder Harmonie zwischen der seßhaften Bevölkerung und herumziehenden **Zigeunern**. Molwanien ist stolz darauf, dieses Problem nicht zu kennen, da die meisten Zigeuner Molwaniens erfolgreich vertrieben oder **eingekerkert** worden sind.

SITTEN & GEBRÄUCHE

Molwanier sind im Prinzip nicht besonders förmlich; es gibt jedoch einige **grundsätzliche Spielregeln** des gesellschaftlichen Umgangs, an die man sich besser halten sollte. Wenn Sie jemandem auf der Straße begegnen, sollten Sie ihm die Hand schütteln und sich leicht verbeugen – es sei denn, der Betreffende ist älter als Sie; in diesem Fall sollten Sie sich nur verbeugen und die Absätze aneinanderknallen. Bedenken Sie, daß unter solchen Umständen ein Händedruck eine grobe **Beleidigung** wäre; das gilt auch für das Knallen der Absätze gegenüber verheirateten Frauen oder Angehörigen des Klerus. Wenn jemand Sie nach Hause einlädt, vergessen Sie niemals, am Eingang zum Zeichen des Respekts die Schuhe auszuziehen und etwas griffbereit zu haben, womit Sie das Haustier der Familie schlagen können, falls dieses Sie angreifen sollte. Innerhalb des Hauses unterlassen Sie es bitte auf jeden Fall, sich (oder einem anderen) in Sichtweite der Küche **die Nase zu putzen**. Es ist auch angemessen, ein kleines Geschenk mitzubringen, etwa Blumen, Obst, Handfeuerwaffen oder – für Kinder – Zigaretten. Höflicherweise nimmt man nicht eher Platz, bis der Gastgeber (der *purv*) einem einen Sitz zugewiesen hat. Falls man auf den traditionellen *fjukazl*-Matten sitzt, sollten Frauen keinesfalls die Beine spreizen, vor allem nicht, wenn sie dem *purv* gegenübersitzen.

[*Molwanien – Für den Anfang*] 21

> **Reisetips**
> *Besucher, die zum ersten Mal in Molwanien sind, reagieren manchmal betroffen auf die recht direkte Art, in der die Einheimischen einander behandeln, gleich ob in Läden, beim Autofahren oder ganz einfach auf der Straße. Erhobene Stimmen und wildes Gestikulieren sind üblich, und einem Außenseiter mag es so vorkommen, als ob die Menschen einander nicht besonders mögen. In Wahrheit sind die Molwanier jedoch ein sehr unverblümtes Volk und kümmern sich nicht besonders um die Feinheiten des menschlichen Miteinanders. Einem anderen Autofahrer mit der Faust zu drohen oder ein Familienmitglied anzuspucken gehört für diese lockeren Leute zum gewöhnlichen Alltag. Ein Neuankömmling braucht natürlich eine gewisse Zeit, um festzustellen, wie er auf ein solches Verhalten reagieren sollte – die genaue Abstufung der Grobheit z. B., die nötig ist, um die Aufmerksamkeit eines Kellners zu erhalten. Wenn Sie zu sanft sind, wird er Sie ignorieren. Wenn Sie zu aggressiv sind, könnte er eine verborgene Waffe ziehen. Mein Rat: lieber zu höflich sein. Sagen Sie »brobra« (Danke sehr) zu Ihrem Concierge und »vriszi« (bitte) zum Kellner. Sagen Sie Ihrem Taxifahrer, sein Wagen sei sauber (tatsächlich gibt es keine molwanische Formulierung für diese Situation, aber Sie können sich ja mit Gesten behelfen). Kurz gesagt: Versuchen Sie es mit Höflichkeit und lassen Sie sich überraschen, wie weit Sie damit kommen.*

PFLANZEN UND TIERE

Molwanien war einmal von dichten Wäldern überzogen; heute besteht es aus **kargen Ebenen**. Der Legende zufolge hat Sankt Fjodor erfolgreich die Bäume aus dem Land vertrieben, aber die Einführung von **Kettensägen** in den fünfziger Jahren hat den Vorgang zweifellos beschleunigt. Molwanien liefert einen großen Teil des weltweiten Aufkommens an Gewürzgurken und weißen Rüben sowie *hvobecz*, eine kleine bittere Nuß, die oft als Kern von Golfbällen verwendet wird. Was die Fauna angeht, verfügt das Land über mehr Nagetiere pro Quadratkilometer als jede andere Weltgegend. Zu den größeren Arten gehören Bären, Hirsche, Luchse, Wildschweine und der berühmte **Molwanische Nieshund**.

Die fzipdat *oder Sägezahn-Distel ist Molwaniens Blumenemblem, ein scharfdorniger Kaktus, mit dem man nach alter Sitte molwanische Bräute bewirft. Die Blätter haben einen säuerlich-bitteren Geschmack und sind ein beliebter Bestandteil regionaler Gerichte.*

Das Schwein gilt allgemein als Molwaniens Symbol. Da sie vielen als heilig gelten, dürfen diese Tiere nur von Montag bis Samstag geschlachtet werden. Schweine finden im gesamten Land gründliche Verwendung und liefern Fleisch, Milch und – in entlegenen Gebieten – Gesellschaft.

SPORT

Wie viele westeuropäische Nationen ist auch Molwanien fußballverrückt. Bedauerlicherweise hat die Nationalmannschaft kaum **internationale Erfolge** aufzuweisen, vor allem seit der Einführung unangemeldeter Dopingproben. Molwaniens bedeutendster Spieler wäre ohne Zweifel **Viordar Czervkle** (allgemein nur »Cze« genannt), und man kann seinen Namen überall auf T-Shirts und Postern sehen. Zum Kummer der meisten Fans mußte Cze jedoch wegen einer ernsthaften Verletzung seine Profikarriere beenden; er wurde lebenslänglich gesperrt wegen eines **Kopfstoßes** gegen einen kroatischen Schiedsrichter bei einem Freundschaftsspiel 1996.

Das Stadion von Lutenblag (das *Lutenstaad*) wurde 1985 gebaut, als man davon ausging, daß Molwanien sich erfolgreich für die Ausrichtung der Weltmeisterschaft 1994 bewerben könnte. Leider scheiterte dieses Bestreben, und ein großer Teil der Anlage ist inzwischen verfallen. Das Stadion, das ursprünglich 80.000 Zuschauer aufnehmen sollte, wird heute vor allem für Rockkonzerte und **öffentliches Erhängen** benutzt.

Die Mannschaft des FC Interblag, auch bekannt als »Die Unbesiegbaren«, kurz vor ihrer Niederlage im Halbfinale 1995. (Viordar Czervkle steht in der hinteren Reihe, zweiter von rechts.)

Das Stadion von Lutenblag (das Lutenstaad*)*

Heimischer Heros!

Molwaniens berühmtester Sportheros, der Fünfkämpfer Hzerge Voldarj, wurde in Sasava geboren und trainierte am Institut Medekina Anabolika in Lutenblag, ehe er sein Land im Biathlon bei der Winterolympiade 1982 vertrat. Seine Tragödie: Er wurde in Führung liegend aus einem technischen Grund disqualifiziert, als er beim Schießen statt auf die Scheibe instinktiv auf ein vorüberhuschendes Karnickel zielte. Voldarj zog sich danach aus internationalen Wettbewerben zurück; heute hat er sein eigenes Sportquiz im Fernsehen, *Fragt Hzerge*.

Nur in Molwanien kennt man **Plutto**, eine Art Kombination von Lacrosse und Polo, das auf Eseln gespielt wird. Die Tiere werden speziell für diesen Sport gezüchtet; hochgeschätzt sind die mit besonders langen Ohren. An fast jedem Samstag kann man nachmittags in Parks und auf Plätzen die Zuschauer »*bzoukal! bzoukal!*« schreien hören (wörtlich: »Schlitz ihm die Kehle!«), während ihre Helden mannhaft kämpfen.

Die zweite große sportliche Leidenschaft der Molwanier ist natürlich die Jagd; schon in zartem Alter lernen die meisten Kinder schießen. **Wildschweine** sind vielleicht die beliebteste Beute, und die Jagdsaison geht von Mitte Oktober bis zum Ende der **Munitionsvorräte**. Zum jagdbaren Wild gehören ferner Enten, Gänse, Füchse, Bären, Straßenschilder und Karnickel; Touristen sollten allerdings beachten, daß diese nur von Personen gejagt werden dürfen, die einen gültigen **Schießschein** haben oder mit dem Besitzer eines solchen verwandt sind.

> **Ein olympischer Moment ...**
> Molwanien blickt zurück auf eine lange, stolze olympische Geschichte und hat sowohl bei Sommer- als auch Winterolympiaden zahlreiche Medaillen gewonnen. In der kommunistischen Epoche hielt das Land den Rekord an geflüchteten Athleten; Höhepunkt war die Olympiade 1976 in Montreal, bei der die komplette Mannschaft zu desertieren versuchte und mit einer weißen Fahne ins Stadion einmarschierte.

Die Offenen Molwanischen Tennismeisterschaften sind eines der wenigen ATP-Turniere, die auf einem Lehm-Rasen-Platz ausgetragen werden.

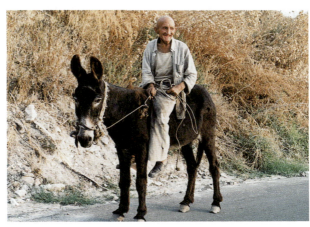

Molwaniens größter lebender Plutto-Champion auf seinem kostbaren Reittier Klodd.

RELIGION

Die Molwanier sind ein zutiefst religiöses Volk; die meisten gehören einer Kirche an oder werden von einer solchen unterstützt. Die vorherrschende religiöse Gruppierung ist die **Baltisch-Orthodoxe** Kirche, eine einheimische Glaubensgemeinschaft, die dem Katholizismus ähnelt (mit Ausnahme der Tatsache, daß die Katholiken schon lange nicht mehr der Meinung anhängen, die Erde sei flach). Ferner ist es den Baltisch-Orthodoxen gestattet, in der Kirche zu rauchen. Diese Religion ist mehrere tausend Jahre alt; Gläubige verweisen stolz darauf, daß einer der beiden neben Christus gekreuzigten Schächer wahrhaftig aus Molwanien stammte.

Viele fromme Gläubige machen sich regelmäßig auf den Pilgerpfad zum heiligen Schrein von **Sankt Ulgmat** in Jzerbo. Anno 1534 hatten hier zwei Schäfer, wie sie angaben, auf dem Heimweg aus einer örtlichen Gaststätte eine Vision: Etwas schwebte vor ihnen über dem Feld. Die Kraft dieser **Erscheinung** war so gewaltig, daß die beiden Männer auf der Stelle in tiefem Schlaf versanken und erst am folgenden Morgen erwachten, mit argen Kopfschmerzen und getrübtem Blick.

Touristen, die in eine molwanische Kirche eingeladen werden, haben **geziemende Gewänder** anzulegen; Frauen sollten ein Kleid und möglichst einen Hut tragen, Männer mögen darauf achten, daß zumindest ein Hemdknopf geschlossen ist.

In der **Karwoche** zwischen Palmsonntag und Ostern dürfen molwanische Familien kein Fleisch essen, und von Karfreitag bis Ostersonntag enthalten Eheleute sich oft häuslicher Gewalt.

Treulich geführt …!

Hochzeiten sind in Molwanien Ereignisse von großer gesellschaftlicher Bedeutung und daher mit ausgeklügeltem Zeremoniell behaftet. Der Tradition gemäß beginnen die Feierlichkeiten damit, daß Braut und Bräutigam 24 Stunden fasten. Anschließend darf die Frau das Haus nicht verlassen, während der künftige Gatte ausgeht, um zu trinken. Wenn der große Tag naht, badet man die Braut in duftenden Ölen, entfernt ihre Körperbehaarung mit Hilfe von heißem Wachs und Pinzetten* und kleidet sie dann festlich. Die Hochzeit selbst ist eine lange und muntere Feier, gefolgt von Festmahl und Gelage – danach werden die glücklichen Brautleute in getrennte Zimmer gebracht, um ihre Verbindung zu vollziehen.

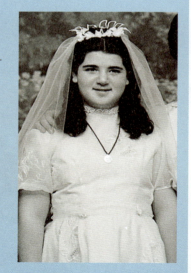

* In gewissen Gegenden des nördlichen Molwanien kann dieser Vorgang mehrere Tage dauern.

St. Fjodor – Schutzheiliger Molwaniens (1507–1563)

St. Fjodor wurde 1507 geboren; seine Familie bestand aus wohlhabenden molwanischen Grundbesitzern. Mit kaum vier Jahren erstaunte er die Ältesten seiner Kirche, indem er ein ganzes Faß **Meßwein** leerte. Diese religiöse Großtat sollte er in seinem späteren Leben viele Male wiederholen. Von der Mutter erbte Fjodor Gelassenheit und gläubige Hingabe an Gott. Von seinem Vater erbte er die Gicht. Fjodors erste Frömmigkeitsperiode begann, als er im Alter von zehn Jahren ausgeschickt wurde, um seiner Familie bei der Feldarbeit zu helfen, dies jedoch verweigerte und sagte, es sei Gottes Wille, daß er im Haus bleibe und meditiere. Seine Hingabe hierin war so groß, daß der junge Mann nur zu Mahlzeiten und Feiertagen sein Zimmer verließ. In diesen Phasen pflegte er bis zu drei Stunden lang zu fasten und weihte dem Herrn sein Unbehagen.

Fjodor war ein Mann vieler Widersprüche. Als seines Vaters Haus niederbrannte, bemerkte er, dies bedeute ihm nichts, da er nicht an materiellem Besitz hänge. Wenige Wochen später jedoch prügelte er mit einer Keule einen Mann beinahe zu Tode, weil dieser seine **Laute** gestohlen hatte, was Theologen einem Anfall religiöser Inbrunst zuschreiben.

Fjodor war ein großer Freund der Armen. Besonders am Herzen lag ihm das Wohl junger unverheirateter Frauen, und oft sah man ihn zu jeder Tages- und Nachtzeit ihre Häuser aufsuchen, gewappnet lediglich mit einer Bibel und einer Flasche **roten Meßweins**. Er pflegte dann das Evangelium zu verkünden und jenen, die vor ihm knieten, die Hände aufzulegen.

St. Fjodors Gottergebenheit war so groß, daß er mit 21 Jahren verkündete, er sei dazu berufen worden, jegliche Bewegung aufzugeben. Zu seinen Exerzitien gehörte es, monatelang in gelassener Kontemplation am Kamin zu sitzen und sich bis auf drei Mahlzeiten pro Tag zunebst Nascherein der Speise zu enthalten. Zu anderen Zeiten verschwand er länger ohne jede Erklärung und kehrte von solchen Andachtsübungen mit **undeutlicher Aussprache** und unstetem Gang zurück – ein Zeichen, wie er sagte, daß ihn der Heilige Geist behauste.

Mit 56 Jahren und mehr als 100 Kilogramm wurde er von **protestantischen Freischärlern** festgenommen, die ihn aufforderten, entweder seinem Glauben abzuschwören oder zu sterben. Fjodor lehnte dies ab, wobei er ganz ruhig sagte, der Herr werde ihn beschützen. Daraufhin wurde er an einen Baum gebunden, ausgepeitscht, mit Pfeilen durchbohrt und enthauptet. Seine letzten Worte waren: »*Copra sanctum*« (»heilige Scheiße«).

St. Fjodor wurde von Papst Paul 1617 seliggesprochen, 1623 von Papst Gregor XV. kanonisiert und war postum 1982 Gegenstand einer Episode der molwanischen Fassung der Serie **»Das ist Ihr Leben«**.

Reliquien seiner Unterhose kann man in der Sankt-Fjodor-Kapelle in Lutenblag betrachten.

Aus Leben der Heiligen
(Vatikanischer Universitätsverlag)

SPRACHE

Es ist nicht einfach, Molwanisch zu sprechen (geschweige denn zu beherrschen). Es gibt **vier Geschlechter**: Maskulinum, Femininum, Neutrum und das Kollektivsubstantiv für Käsesorten, eine eigenständige Nomina-Untergruppe. Die Sprache verfügt ferner über zahlreiche **unregelmäßige Verben**, archaische Fügungen, Wörter mit mehreren Bedeutungen und etliche einzigartige Phoneme, bei denen Linguisten argwöhnen, es könne sich um Relikte eines unzugänglichen Dialekts handeln oder aber um spezifisch bäuerliche Räuspergeräusche. Zusammen mit einer Rekordanzahl **stummer Zeichen** macht all dies die flüssige Beherrschung der Sprache zu einer Herausforderung. Man kann, wie einige Reisende experimentell feststellten, ein »j« oder ein »z« nach Belieben an irgendein Wort hängen – aber weit kommt man damit nicht.

Vielleicht ist es ein sinnvollerer Ansatz, einige »Nützliche Redewendungen« zu lernen, wie sie auf der nächsten Seite verzeichnet sind. Man bedenke auch, daß die syntaktische Struktur der molwanischen Schriftsprache recht kompliziert sein kann, wobei Schriftsteller häufig die **dreifache Negation** verwenden. So wird »Kann man das Wasser trinken?« zu »*Erkjo ne szlepp statsik ne var ne vladrobzko ne*«, wörtlich: »Ist es nicht (so), daß das Wasser nicht nicht untrinkbar ist?«

Zum Glück ist die molwanische Umgangssprache, wie Einheimische sie verwenden, weniger förmlich, und ein Eingeborener, der wissen möchte, ob er das Wasser trinken kann, wird lediglich sagen: »*Virkum stas?*« und dabei in einer Gebärde gastrischer Unpäßlichkeit an seinen Bauch fassen.

Wer unbedingt Molwanisch lernen möchte, findet in Lutenblag eine Privatschule, die im Sommer Intensivkurse anbietet. Für manche ist dies eine wundervolle Möglichkeit, sich in Molwaniens Kultur und Traditionen zu versenken. Für die meisten ist es **vergeudete Lebenszeit**. Zu bemerken: Einige ehemalige Schüler haben berichtet, der Lehrer, ein Herr Hzocbeter, neige gelegentlich zu einer gewissen Aggressivität, vor allem im Zusammenhang mit unregelmäßigen Verben.

Die Private Sprachenakademie Lutenblag (Linguistikprivatakademikalutenblag).

NÜTZLICHE REDEWENDUNGEN

ÜBLICHE FORMELN

Zlkavszka	Hallo
Grovzsgo	Auf Wiedersehen
Vriszi	Bitte
Brobra	Danke
Wakuz dro brugka ṣpazibo	Viel Glück (wörtlich: »Gott schicke dir einen kräftigen Esel«)
Sprufki doh çraszko?	Was ist das für ein Gestank?
Dyuszkiya trappokski drovko?	Regnet es immer so viel?
Kyunkasko sbazko byusba?	Wo ist das Toilettenpapier?
Togurfga trakij sdonchskia?	Was ist mit deinen Zähnen passiert?

UNÜBLICHERE FORMELN

Frijyhadsgo drof, huftrawxzkio	Mehr Essen, Herr Wirt!
Ok hyrafrpiki kidriki	Was für hübsche Kinder!

SEHR UNGEBRÄUCHLICHE FORMEL

Krokystrokiskiaskya	Hoffentlich bis bald!

Zungenbrecher!
Im amerikanischen Außenministerium existiert eine Liste von Sprachen, abgestuft nach der Zeit, die amerikanische Diplomaten und Anfänger benötigen, um sie zu erlernen. Für Spanisch werden fünf Monate angegeben, für Koreanisch (Nord) und Arabisch braucht man vierundzwanzig. Die amtliche Angabe für Molwanisch lautet »Sechzehn Jahre«; die Sprache gilt folglich als eine der kompliziertesten. Der offizielle Sprachführer des Außenministeriums gibt dafür mehrere Gründe an, so z. B. die Tatsache, daß das gleiche Wort ein Kompliment und eine Beleidigung sein kann, abhängig von Tonhöhe und Intonation.

GESUNDHEITS-WARNUNG!

WEGEN DER HÄUFIGKEIT GUTTURALER LAUTE IN DER GESPROCHENEN SPRACHE SEIEN ALLE NICHT MOLWANISCH-GEBÜRTIGEN DARAUF HINGEWIESEN, DASS BEIM VERSUCH, MEHR ALS EINIGE KURZE SÄTZE ZU SPRECHEN, DIE GEFAHR ERNSTHAFTER SCHÄDEN AN ZUNGE UND RACHENRAUM BESTEHT.

ESSEN & TRINKEN

Molwanier essen gern außer Haus – am liebsten in Frankreich oder Deutschland –, aber wer in diesem einzigartigen Land zu speisen wünscht, wird es als intensives und erregendes **kulinarisches Erlebnis** empfinden.

Nur in Molwanien kann man traditionelle Gerichte wie *hrosflab* kosten (**mariniertes Fleisch**), hinuntergespült mit einem Glas *zeerstum*, einem Schnaps, von dem einer unserer Leser schrieb, er schmecke »wie eine Mischung aus Wodka und Kerosin« – durchaus verständlich, da beide zu den landesüblichen Ingredienzien zählen.

Hrosflab *ist eine verbreitete Leckerei.*

Die meisten Molwanier haben außerdem einen »süßen Zahn« – oft den letzten, der ihnen nach lebenslangem Naschen an **überzuckerten** Süßigkeiten verblieben ist –, und die Desserts sind die Wonne aller Gastronomen. Die Vielfalt der Nachspeisen ist um so bemerkenswerter, als die meisten auf **Hammelmöhren** basieren.

Coffee Shops nach amerikanischem Vorbild finden sich überall im Land, aber natürlich sterben alte Gewohnheiten nicht so schnell aus, so daß man vormittags gegen 11 Uhr viele ältere Molwanier am Tresen von *zvadovar*-Bars sehen kann, wo sie Tassen des gleichnamigen Getränks, eines stark gesüßten **Chicorée-Extrakts**, durch Korkfilter leeren.

Reisetip

Zvadovar-Bars sind eine gute Möglichkeit, Atmosphäre und Lokalkolorit aufzunehmen; man sollte jedoch bedenken, daß es teuer werden kann, sich an einen Tisch im Freien zu setzen. Gesellen Sie sich lieber zu den im Lokal stehenden Einheimischen – aber eine Warnung: Eine Extrazahlung wird fällig, falls Ihr Ellenbogen irgendeinen Teil der Tresenoberfläche berührt.

Molwanische Weine werden weltweit exportiert – aus gutem Grund: Kein Molwanier würde sie freiwillig trinken.

[*Molwanien – Für den Anfang*]

Wer unbedingt Fast Food zu sich nehmen möchte, wird schnell bemerken, daß in den wichtigsten Zentren etliche Filialen von Burger King, McDonald's und Kentucky Fried Chicken aufgemacht haben, allerdings nicht ohne Gegenwehr von vielen örtlichen Gruppierungen, die gegen solche **amerikanischen Restaurantketten** opponiert haben. Schließlich einigte man sich auf einen Kompromiß: Alle in diesen Lokalen verkauften Produkte müssen mindestens 12 Prozent molwanischen **Weißkohl** enthalten, außer den Milchshakes, für die zehn Prozent vorgesehen sind. Es gibt auch einheimische Fast-Food-Läden wie die beliebten **Zitz-Pizza**-Restaurants, deren Besitzer mit attraktiven Angeboten wie »die zweite Portion ist gratis« werben im sicheren Wissen, daß kaum einer diese Offerte annehmen wird.

In der Regel ist das Essen in molwanischen Gaststätten recht billig, vor allem verglichen mit anderen Teilen Europas; allerdings sollten Sie Speisekarten sorgfältig auf **Extras** untersuchen wie z. B. einen zehnprozentigen Servicezuschlag (20 %, wenn Sie Besteck wollen), was die Preise aufblähen kann. In einigen größeren Städten müssen Sie außerdem damit rechnen, einen Zuschlag für einen **Kellner mit Schnurrbart** zu zahlen.

Alkohol ist überall in Molwanien jederzeit zu bekommen, und zwar in den meisten Bars, Restaurants, Cafés, Supermärkten und Kirchen.

Ein heimisches Tröpfchen …
Eines der beliebtesten Getränke Molwaniens ist *turpz*, ein mit Eichenharz aromatisierter Weißwein. An diesen fruchtigen Trank muß man sich zuerst gewöhnen, danach mag man allerdings kaum noch darauf verzichten, was zum Teil daran liegt, daß *turpz* Nikotin enthält.

Fisch Fisch übern Tisch …
Eine der begehrtesten Delikatessen Molwaniens ist *ovza*, der hiesige Kaviar aus den Eiern des Süßwasserkarpfens. Der säuerliche Rogen hat einen leicht bitteren Nachgeschmack und wird normalerweise gesalzt, gekocht, eingeweicht und dann mehrere Jahre in Öl aufbewahrt, ehe man ihn als dekorative Garnierung serviert.

Zwar ist Molwanien ein Binnenland, aber die Menschen dort lieben Fisch. Hier prüft ein Fischer vom Vjaza-See den Quecksilbergehalt seines Fangs.

MUSIK
FOLKLORE

Molwanien verfügt über ein reichhaltiges musikalisches Erbe, dessen Ursprünge aus dem Mittelalter stammen, als **Schäfer** immer ein *kvkadra* bei sich hatten, ein schlichtes Messinghorn, mit dem sie Wölfe vertrieben. Leider übte dieses Instrument eine ähnliche Wirkung auf Zuhörer aus, und im 16. Jahrhundert wurde es umgebaut zu dem, was wir heute *zjardrill* nennen: eine Sackpfeife aus Ziegenfell, aufgepumpt mit einem vom linken Ellenbogen bedienten Blasebalg, wobei eine Reihe von Ventilen und Blättchen an einem Fingerbrett vor- und zurückbewegt wird. Bei aller **technischen Kompliziertheit** konnte das *zjardrill* lediglich drei Töne hervorbringen, aber trotz dieser Beschränktheit entwickelte sich um das Instrument herum bald eine reiche Folkloretradition. Noch heute kann man hier und da ein *zjardrill* hören, besonders in entlegenen Gegenden, wo Menschen zusammenkommen, um **traditionelle Volkstänze** zu genießen, so z. B. den *mzazeruk* – hierbei hüpft ein Trio junger Frauen energisch im Kreis, während Männer sie zu begrabschen suchen.

KLASSISCH

In Molwaniens Kulturgeschichte hat auch klassische Musik eine bedeutende Rolle gespielt, und der große **Tzozar Czevkel** (1772–1821) gilt noch heute als einer der produktivsten Komponisten seiner Zeit. Nur wenige Jahre später als Beethoven wurde er in Gyrorik geboren, und dieser molwanische Maestro hatte viel mit seinem deutschen Zeitgenossen gemein. Beide hatten mit der Armut zu kämpfen, und wie Beethoven war Czevkel taub – und zwar **stocktaub** –, aber trotz dieser Schwierigkeiten schuf er ein höchst umfangreiches Werk, darunter Kammer- und Orchestermusik, Messen und Tänze. Sein *Konzert für Tuba und Triangel in e-Moll* ist bis heute eines der eigenartigsten (und eines der am seltensten aufgeführten) Werke der Musikgeschichte.

Auf Sendung! Zwar gibt es keine UKW-Sender, aber Popmusik ist über Kurzwelle oder Sprechfunk zu empfangen.

[*Molwanien – Für den Anfang*]   31

Die zweite große Gestalt in Molwaniens klassischer Musik war **Azmon Dirj** (1856 bis 1879), allgemein bekannt als »Vater des Halbtrillers«. Dirj komponierte mehrere Opern, die wunderbar die essentielle Freude, Würde und Kraft des Menschseins wiedergeben. Daß er imstande war, dies im musikalischen Rahmen einer **Polka** zu schaffen, sagt viel über sein abgründiges Talent. Viele von Dirjs Werken werden noch immer von der weltberühmten Molwanischen Operngesellschaft aufgeführt. Dieses neoklassische Ensemble spielt allabendlich im **Staatstheater Lutenblag**, wo man Kopfhörer mieten kann, um eine simultane Übersetzung ins Englische zu hören oder, wahlweise, die Musik auszublenden.

CHORWERKE

Eine Reise in diesen Teil der Welt wäre unvollständig ohne ein besonderes Erlebnis: die unglaubwürdigen Harmonien des **Molwanischen Knabenchors**. Zwar gab es jüngst negative Publicity hinsichtlich der »außerplanmäßigen Aktivitäten« des Chorleiters (alle Klagepunkte wurden übrigens von einem Schweizer Gericht verworfen), aber die jungen Stimmkünstler entzücken weiterhin ihre Zuhörer. Ein Tip für Sie – hören Sie sie bald, ehe die eingebrachten Gesetze gegen die Kastration verabschiedet werden.

Spatzal!

Zwei Mädchen, ein Junge und ein Transvestit bilden Molwaniens erfolgreichste Popgruppe, die vielfach preisgekrönte Band Spatzal!, die 1998 im Grand Prix Eurovision den fünften Platz belegten mit ihrem ansteckenden Tanzlied *Vlarsh ei Czolom* (»Deinen Boogie tu ich zappeln«). Leider löste sich die Gruppe 2001 auf; der Bassist Vron Gzapaov bereitet angeblich ein Soloalbum vor. Ihr Einfluß war jedoch so groß, daß noch immer zahlreiche Spatzal!-Revival-Bands die umliegenden Länder bereisen.

Nach dem Erfolg ihrer früheren LPs **Im' ready From Yuo!** *(1993) und* **Hey Beutifulls!** *(1994) wurde Spatzals* **Let's Rock** *ein Meilenstein in der Popgeschichte. Das Magazin* Rolling Stone *beschrieb das Album als die erste jemals in Molwanien veröffentlichte Platte mit »Korrekter englischer Orthographie«.*

THEATER, KUNST & LITERATUR

In den 20er Jahren war Molwanien Europas Theaterkapitale, geprägt vor allem von dem berühmten marxistischen Dichter und Dramatiker **Jurzse Vepcojat** (1897–1946). Vepcojat revolutionierte das **Schauspiel**, indem er eine neue Theaterform erfand; Ziel des Autors war es, das Publikum zu beleidigen – eine Philosophie, die er mit beachtlichem Erfolg durchsetzte und die alle molwanischen Dramatiker seither beeinflußt hat.

Bis heute gelingt es Vepcojats Stücken, ein vollbesetztes Theater binnen weniger Minuten zu leeren.

Molwanien besitzt viele herausragende Kunstwerke; die meisten wurden während der Kriege des 17. Jahrhunderts in Italien erbeutet. Was einheimische Geistesgrößen angeht, braucht man nur an Molwaniens berühmtesten Künstler zu denken, den enigmatischen **Jzacol Rebljeten** (1583–1611). Rebljeten war ein gewissenhafter Kunstwerker mit eingehenden Anatomiekenntnissen, erworben in langen Stunden des Sezierens von Leichen. Bemerkenswert ist, daß dieses Wissen kaum unmittelbar in seine Kunst einfloß, da Rebljeten immer nur Landschaften malte; dennoch gelang es ihm, einige der bedeutendsten Werke zu schaffen, die je in Mitteleuropa entstanden. Ein Kennzeichen seiner Malerei war die spezielle Form von **absichtlicher Verzerrung** der Proportionen seiner Gegenstände; viele Gelehrte halten dies heute für einen frühen Versuch, den **Naturalismus** zugunsten des Manierismus aufzugeben. Andere vermuteten, er habe einfach nicht gut zeichnen können; wie auch immer, jedenfalls sind Rebljetens Werke der Stolz vieler Galerien in Molwanien.

Eine der stärksten Strömungen der molwanischen Kunst wurde angeführt von einer Gruppe namens *Sverkj Krempzes* (»Gerichtskünstler«), die sich im 20. Jahrhundert entwickelte, als örtliche **Mafia-Größen** sie beauftragten, ihre wichtigsten Auftritte im Gerichtssaal auf Leinwand festzuhalten.

Es ist schwierig, aus einer langen und reichen Literaturgeschichte einen einzelnen Autor herauszugreifen, der als typisch für Molwaniens Literatur gelten könnte. Wahrscheinlich sprächen sich viele für den gefeierten Nationalisten **Bratislav Demkjo** (1734–1789) aus, einen Bauernsohn, der Schauspiele, Romane und satirische Gedichte schrieb. Sein berühmtestes Werk ist das **Epos** *Gorzenmko ur Turj* (»Mein pochendes Herz«), zwölf Bände dichter allegorischer, kunstvoll stilisierter Verse über das Geschick einer Familie aus der molwanischen Arbeiterklasse. Gelehrte halten es für eines der bedeutendsten ungelesenen Werke.

HUMOR

Man hat die Molwanier oft als herbe, humorlose Menschen beschrieben, in Wahrheit reißen sie jedoch genauso gern Witze wie ihre osteuropäischen Nachbarn. Die molwanische Komödie ist allerdings ein wenig gewöhnungsbedürftig. Typisch wäre etwa folgender Witz: **»Ein Mann ist gerade auf Hirschjagd im Wald unterwegs, als er über eine Truhe voller Goldmünzen stolpert. ›Die müssen wohl einem sehr reichen Mann gehören‹, denkt er und beschließt, auf die Rückkehr des Besitzers zu warten, um ihm diese Reichtümer zu rauben.«** (Der Witz dabei ist natürlich, daß er die Münzen einfach hätte nehmen können; so wäre ihm die Notwendigkeit eines langen Wartens und der nachfolgenden Gewalttat erspart geblieben.)

Molwanier lachen gern – vor allem auf Kosten anderer.

ZEITUNGEN, FILM & VIDEO

In Molwanien gibt es eine **englischsprachige Tageszeitung**, das für Touristen gedachte Blatt *Lutenblag Today*. Es erscheint jedoch monatlich, wodurch ein Teil des Inhalts ein wenig veraltet wirken mag.

Molwanier sind ausgesprochene Filmfans, und im ganzen Land finden sich **zahlreiche Kinos**, die ein breites Filmspektrum zeigen, von Hollywood-Blockbustern bis zu unabhängigen Produktionen heimischer Regisseure wie etwa **Jzan Zetwiski**. Der weithin als Vertreter des Autorenkinos betrachtete Regisseur beschreibt seine Filme als »moderne Fabeln, die Moral und Schönheit in einem chaotischen Universum erforschen«. Anderen gelten sie als **»billiger Euro-Porno«**, was nur die vielschichtige Brillanz der Werke dieses jungen Visionärs unterstreicht.

Wer in Molwanien ins Kino gehen möchte, sollte bedenken, daß die meisten Filme synchronisiert oder untertitelt sind, manchmal beides. Synchronisierte Filme sollte man tunlichst meiden, da offenbar sämtliche Stimmen von den gleichen zwei Schauspielern gesprochen werden; beide sind Männer, und einer von ihnen **stottert**.

Jene, die sich Filme lieber zu Hause ansehen, können überall einen Videoverleih finden; der einzige Nachteil ist, daß Molwanien sich in den 1980ern für Beta-Videorecorder entschieden und proklamiert hat, diesem System »gehört die Zukunft«. Zum Glück kann man auch **Beta-Abspielgeräte** mieten, ebenso wie Achtspur-Audiodecks und Space-Invaders-Konsolen.

In Lutenblag gibt es ein neueröffnetes Multiplex-Kino mit acht Vorführsälen; bei Redaktionsschluß gab es jedoch nur einen Projektor.

FERNSEHEN

Molwaniens Fernsehen ist nicht gut. Es gibt drei staatliche Kanäle: Telemolwa 1, Telemolwa 2 und das beste Netz, **Telemolwa Plus** (in Farbe).

Auf allen Kanälen gibt es eine Mischung aus kitschigen slowakischen Seifenopern, Fußballspielen, schlecht synchronisierten Filmen und dem heimischen Nachrichtenprogramm **Molwa Tuja!** mit Informationen darüber, welche Regierungsmitglieder an diesem Tag verhaftet wurden.

Zwar gibt es kaum **Sendungen auf englisch**, doch können in einem Hotelzimmer festsitzende Touristen immerhin einige kulturelle Einblicke erhaschen, wenn sie die Geräte einschalten. Ein typisches Sendeschema für einen beliebigen Tag:

6:30	**Guten Morgen, Molwanien!** (Enthält Nachrichten, Kommentare und Todesanzeigen)	19:30	**Molwa Tuja** (eingehende Berichte über neueste Entwicklungen, incl. 4113. Lottoziehung)
8:30	**Ctvrtek Listek** (Slowakische Serie. Putlo sieht ein, daß das Maultier wahrscheinlich gelogen hat. Der überzählige Iberzal macht Ziva ein Angebot, das er nicht versteht.)	20:30	**Marszalkowska** (Gerichtsmediziner-Drama. Die Nerven liegen bloß, als Zep, Jerv, Marta, Theodor und Bruc einsehen müssen, daß zu viele von ihnen an diesem Fall arbeiten.)
10:30	**Sendepause** (wegen technischer Reparaturen)	21:30	**Late Show mit Brashko Vedev** (Musik, Gelächter und Plaudereien mit Molwaniens Mister Entertainment. Unter den Gästen heute: Fußball-Legende Viordar Czervkle und das Komiker-Duo »Vatsak«. Außerdem Brashkos »Folterrad«.)
15:00	**Nejbors** (Neighbours; australische Serie mit sonnenverbrannten Teenagern. Die Funken fliegen, als Zarlin [Charlene] Zcott [Scott] ihre *tulbok* [toolbox] zeigt.)		
15:30	**Molwanische Familienfehde** (Zwei Familien, eine alte Feindschaft und viele verborgene Waffen – die beliebteste Spielshow des Landes)	23:30	**Epiloj** (Pfarrer Jzerco Mzemet – Foto – spricht ein Gebet zum Tagesausklang.)
17:00	**Dj Bradj Bunj** (*The Brady Bunch*, Remake einer amerikanischen Comedy-Serie. Ein Witwer mit drei Söhnen heiratet eine Witwe mit drei Schnapsbrennerei-Lizenzen; es ergeben sich lustige Verwicklungen [Wiederholung].)		
19:00	**Telenewz** (Das Neueste vom Tage, live aus dem Augenzeugenstudio in Lutenblag)	23:32	**Nachtprogramm** – Film-Marathon für Erwachsene (Lesbische Krankenschwestern zu Hause [XXX] und mehr!)

[*Molwanien – Für den Anfang*]   35

BESTE REISEZEIT

Grundsätzlich kann man Molwanien in jeder Jahreszeit besuchen; alles hängt davon ab, was man von der Reise erwartet. Frühling und Herbst sind oft **feucht**, der Winter ist **bitter kalt**, und im Sommer herrscht meist **drückende Hitze**. Die beliebteste Zeit ist natürlich der Juli; große Teile des Landes sind dann überflutet von slowenischen Ausflugsbussen. Wer eine ruhigere Zeit ohne derartige Massen erleben möchte, sollte Reisen in der Nebensaison erwägen, z. B. im Winter, oder während des **Jazz-Festivals in Lutenblag**. Viele Touristen finden es sinnvoll, ihre Reisen so zu legen, daß sie mit einem der vielen Feste oder Feiertage zusammenfallen, die Molwanier so gern begehen. Nachstehend einige der wichtigsten:

FEIERTAGE

- **2. FEBRUAR** – Tag des heiligen Fjodor. Am Geburtstag von Molwaniens Schutzpatron finden Umzüge, Gottesdienste und eine große internationale Waffenmesse statt.

- **MÄRZ** – Besuchen Sie die Berge und das pittoreske Lublova zur traditionellen Bullenhatz; dabei flieht eine verängstigte Rinderherde vor einer Gruppe schwer-bewaffneter junger Männer. Mit anschließendem großen Grillfest.

- **MÄRZ/APRIL** – Ostern ist in Molwanien ein wichtiger Feiertag; in allen Dörfern und Städten legen die Bewohner festliche Kleidung an, oft herkömmliche Tracht, und feiern die Auferstehung mit Musik, Tanz und den Frauen der anderen.

- **APRIL** – Fast überall feiern die Dorfbewohner **Spiegleglaz**, ein traditionelles Fest mit Tänzen und Liedern zum Frühlingsbeginn. Leider fallen die Festlich-keiten oft wegen Regens aus.

- **1. MAI** – Eröffnung der **Jagdsaison**, die bis 30. April dauert. Jagen ist ein populärer Zeitvertreib in Molwanien; Ente, Wachtel und Fasan stehen auf der Liste der bedrohten Spezies.

- **JUNI** – Das **Filmfestival in Lutenblag** lädt Filmemacher aus ganz Europa ein; Einladungen werden aber gewöhnlich nur in Bulgarien und Rumänien ange-nommen.

- **6., 7. oder 14. JULI** – An Molwaniens **Tag der Nationalen Einheit** feiert man die Gründung des vereinigten Nationalstaats. Leider herrscht noch immer Uneinig-keit über das Datum, an dem dieses Ereignis gefeiert werden sollte.

- **AUGUST** – Die molwanische **Militärparade** findet jedes Jahr auf dem Gelände des Lutenblag-Palasts statt. Zu den Höhepunkten gehört eine Darbietung der berühmten Königlichen Schlitterhusaren; ihre Übung »Rutschen und Absitzen« ist vor allem in dem Moment besonders beliebt, wenn die Prellwand plötzlich hochgefahren wird.

- **OKTOBER** – Für alle, die sich dann in Lutenblag aufhalten, ist dies der große Tag – **Schweinefest** (es beginnt am letzten Sonntag im Oktober und endet, so-bald das Blut geronnen ist).

- **DEZEMBER** – **Weihnachten** wird in Molwanien am 27. Dezember gefeiert; dieses Datum gibt der Bevölkerung die Möglichkeit, ins Ausland zu reisen und dort den nachweihnachtlichen Ausverkauf zum Erwerb billiger Geschenke zu nutzen.

KRIMINALITÄT

Selbst in einem relativ sicheren Land wie Molwanien müssen Reisende bedenken, daß die Möglichkeit besteht, Opfer von Diebstahl oder Gewalttaten zu werden. **Taschendiebe** sind besonders in der Nähe der größeren **Bahnhöfe** aktiv; dort sollte man seine Habseligkeiten gut im Auge behalten. Sollte einem doch etwas abhanden kommen, empfiehlt es sich, nach dem nächsten *Guarjda Civilje* Ausschau zu halten. Es besteht eine gute Chance, daß er und der Dieb identisch sind.

Eine weitere Gegend, die man besser meidet, ist der Bezirk Sklertzen in der City von Lutenblag, wo bekanntlich Elemente der molwanischen Mafia operieren. Nachts wird Sklertzen zum **Rotlicht-Viertel** mit schäbigen Striplokalen, wo man örtliche Geschäftsleute sieht, die einigen der ältesten Sexarbeiterinnen des Balkan amerikanische Dollars in die Strumpfbänder stopfen.

Sollten Sie es für nötig halten, ein Verbrechen zu melden, bedenken Sie bitte, daß es siebzehn verschiedene Abteilungen der molwanischen *polizi* gibt, jede mit ihrer eigenen Zuständigkeit. Bei einem Autounfall braucht man z. B. die *Polizi Autzo* (Tel. 133), bei Gewaltverbrechen dagegen die *Polizi Hzuomo* (Tel. 128). In dem unwahrscheinlichen Fall, daß Sie Opfer eines Akts von internationaler Piraterie werden, sollten Sie die *Polizi Aquza* (Tel. 142) rufen.

Molwaniens Polizei ist gewöhnlich eine tolerante Organisation, zögert aber nicht mit dem Verhängen von Strafmandaten für Vergehen wie Überschreiten des Tempolimits oder öffentliche Trunkenheit, ohne Ansehen der Frage, ob der Schuldige ein Einheimischer ist oder ein Tourist. Mit Gefängnisstrafen werden ernsthaftere Gesetzesverstöße bedroht, so etwa Überfall, Diebstahl oder öffentliches Säugen.

Philippe Miseree schreibt ...

»Es ist lächerlich, wenn Touristen über Taschendiebe klagen oder sich sorgen, daß sie überfallen werden könnten, falls sie sich in ein bestimmtes Stadtviertel begeben. Opfer eines geringfügigen Vergehens zu werden gehört für mich unabdingbar zum Gesamterlebnis des Reisens. Im Zimmer eines schäbigen Hotels in Lutenblag entdeckte ich einmal beim Erwachen, daß Diebe mir die Brieftasche, die Kamera und eine Niere gestohlen hatten – es war eine Reise, die ich nie vergessen werde!« – *P.E.*

Leider hat sich die Unterwelt sogar des Handels mit Eiern bemächtigt.

TOURISTINNEN

Frauen, die Molwanien allein bereisen, erwarten außer den üblichen Dingen (wie **Überfälle**, bewaffneter Raub und Belästigungen, wie man sie in den meisten osteuropäischen Ländern erlebt) nur wenige Probleme. Ein Ehering (an der linken Hand getragen) hat den Vorteil, Sie möglicherweise vor amourösen Avancen zu schützen. Andererseits macht er Sie ganz sicher zum Ziel diebischer Zigeuner.

BEHINDERTE REISENDE

Molwanien ist stolz auf seine Einstellung zu Behinderten; 1985 wurden ihnen gesetzlich gestattet, ohne besondere Genehmigung zu **betteln**.

SCHWULE REISENDE

Zwar sind die Molwanier konservativ, doch haben sie in den letzten Jahren große Fortschritte gemacht, und in vielen Landesteilen ist für Männer der Schnurrbart nicht mehr zwingend vorgeschrieben. In einigen größeren Städten ist sogar die Verwendung von **Kölnisch Wasser** zulässig. Natürlich steht es Besuchern frei, sich den eigenen Wünschen gemäß zu verhalten; man sollte jedoch gut abwägen zwischen dem Recht, offen Zuneigung zu bekunden, und der Wahrscheinlichkeit, öffentlich verprügelt zu werden.

In weiten Teilen Molwaniens sind schwule Reisende willkommen, sollten allerdings darauf achten, nicht aufzufallen.

BLÜTENLESE

Wie in vielen osteuropäischen Ländern leidet auch in Molwanien die Währung unter zahlreichen Fälschungen; Besucher sollten sich vorsehen, um nicht von Betrügern über den Tisch gezogen zu werden. Wenn man Ihnen einen molwanischen *strubl* reicht, schauen Sie genau hin. Wenn das Papier schlecht, die Druckfarbe verwaschen und der Schein voller Druckfehler ist, haben Sie wahrscheinlich eine echte Banknote in der Hand.

NÜTZLICHES

ELEKTRIZITÄT

Außer in den entlegensten Landesteilen Molwaniens ist die Versorgung inzwischen recht zuverlässig; die verwendete Spannung ist allerdings eher ungewöhnlich, nämlich 37 Volt, festgelegt nach Operationen auf dem Gebiet der Zahlenmystik. Wenn Sie unterwegs Geräte verwenden wollen, die außerhalb von Molwanien hergestellt wurden, benötigen Sie einen Transformator.

NB: Stellen Sie sicher, daß das betreffende Gerät geerdet und mindestens drei Meter von entzündlichen Flüssigkeiten entfernt ist.

WÄHRUNG

1 *strubl* () = 100 *qunts* (100 q)

In Kriegszeiten oder während wirtschaftlicher Krisen wird oft Knoblauch als Zahlungsmittel akzeptiert. Seit der Freigabe der Kurse unterliegt der *strubl* auf den Währungsmärkten einer hektischen Oszillation und wurde in den vergangenen Jahren beträchtlich abgewertet; seit die amtliche Inflationsrate unter 28 % gesunken ist, gibt es wieder eine gewisse Stabilität.

UNGEZIEFER

Insektizide sind unabdingbar, am besten besonders starke, um mit Molwaniens Kleingetier fertig zu werden: Moskitos (Januar–März), Wespen (Februar–Mai), Stechmücken (April–August) und Blutegel (ganzjährig).

PHOTOGRAPHIE

Mit seinen pittoresken Dörfern und überwältigenden Landschaften ist Molwanien der Traum eines jeden Fotofans. Normalerweise lassen die Leute sich gern knipsen; man sollte aber zuerst fragen.

NB: Zigeuner nie ohne ausdrückliche Erlaubnis und unbehinderten Fluchtweg photographieren!

PÄSSE

Ein gültiger Reisepaß ist an allen Grenzübergängen vorzuzeigen; manchmal werden unerwünschte Besucher abgewiesen, z. B. aktenkundige Straftäter, Leute mit Verbindungen zu Terrororganisationen oder Vegetarier.

In Zeiten schlimmer Rezession gilt Knoblauch oft als legales Zahlungsmittel.

ANREISE

Luft Molwaniens staatliche Fluggesellschaft ist die Aeromolw; die internationale Presse berichtete 2000 ausgiebig darüber, als die Piloten streikten, weil die Regierung plante, ihnen den Genuß von Alkohol in den letzten beiden Stunden vor Flugbeginn zu verbieten. Die Flotte der Aeromolw besteht vor allem aus älteren Maschinen des Typs B 717; Passagiere steigen durch die Luke über dem Bugrad ein. Es gibt auch mehrere Billiglinien für Reisende, die keinen Wert auf Luxus wie Mahlzeiten an Bord oder Navigationsinstrumente legen.

Der Chefpilot von Aeromolw,
Kapitän Jelso Vrboska, beim Checken
der Instrumente vor Flugbeginn.

Bus Lutenblag und einige Provinzstädte sind von vielen europäischen Städten aus per Bus erreichbar. Von der Regierung kontrollierte Buslinien sind im allgemeinen die besten und zuverlässigsten. Meiden sollte man private Busunternehmen, die in Ländern wie Slowenien und Polen Transport zu Dumpingpreisen anbieten, da ihre »Billig«-Reisen oft die Überquerung von Grenzen in versiegelten Frachtcontainern enthalten.

AUSREISE

Die Ausreisesteuer beträgt 3000 $ – eine der höchsten in Europa, aber die meisten Touristen halten sie für preiswert. Man muß außerdem eine Ausreisekarte ausfüllen. Viele Leser haben darauf hingewiesen, daß die letzten darauf zu beantwortenden Fragen reichlich indiskret sind und Sexualkontakte samt zugehörigen Telefonnummern betreffen.

NB: Diese Fragen zu beantworten ist nicht obligatorisch, hebt aber die Laune der Paßbeamten.

REISEN IM LAND

Das Auto ist die beliebteste Transportmöglichkeit; viele molwanische Straßen werden jedoch den Anforderungen durch den Verkehr nur mühsam gerecht. Lutenblag und Svetranj sind durch die wohl einzige Kopfsteinpflaster-Autobahn Europas verbunden. Bitte beachten Sie, daß man in Molwanien auf der rechten Seite fährt, wiewohl diese Regel um Weihnachten und an staatlichen Feiertagen ein wenig aufgeweicht wird. Traktoren haben immer noch die Vorfahrt, und Kinder unter 12 müssen auf der Rückbank sitzen. (Das gilt auch für Vieh.) In den größeren Städten sind Parkplätze durch eine blaue Linie und Schilder mit Zeitbeschränkungen markiert. Das Zeichen für »Parkverbot« ist ein Schädel in rotem Kreis mit gekreuzten Knochen darunter.

KONTROLLEN & ZOLL

Strenge Vorschriften regeln, was man nach Molwanien einführen darf. Erwachsene Besucher dürfen maximal 2500 Zigaretten pro Person mitbringen (Kinder 1500). Theoretisch gibt es **keine Begrenzung** der Alkoholmengen, die man mitbringen darf; allerdings verlangen Zollbeamte oft, daß man eine Flasche öffnet, damit sie den Inhalt testen können, ehe sie einen ins Land lassen. Was den Export von Alkohol angeht, so gibt es keine Begrenzung der Menge molwanischen Weins, den man ausführen kann – wer bereit ist, zwei Dutzend Flaschen oder mehr mitzunehmen, erhält von der Regierung einen **Zuschuß in bar**.

KRANKENHÄUSER & APOTHEKEN

Vorbei sind die Zeiten, da Reisende ihren eigenen **Erste-Hilfe-Kasten** sowie Blutkonserven mitbringen mußten.* In den meisten größeren Städten gibt es Apotheken, die Medikamente gegen gewöhnliche Unpäßlichkeiten (Durchfall, Halsschmerzen, Syphilis) abgeben und auch Immodium, Tampax, Aspirin und eine einheimische Pille zur **Empfängnisverhütung** verkaufen, die so wirksam ist, daß nach einer Einnahme Schwangerschaften in den folgenden fünf Jahren ausgeschlossen werden können. In abgelegenen Landesteilen sind Arzneimittel gewöhnlich vom nächsten Fleischbeschauer zu beziehen; man sollte allerdings keine außerordentlich **billigen Medikamente** kaufen, die den Aufdruck *zve crojezn ub* (»nur für Tiere«) tragen.

Kliniken und chirurgische Ambulanzen sind ebenfalls überall in Molwanien zu finden, und die meisten größeren Städte verfügen über mindestens ein Krankenhaus. Das **Städtische Krankenhaus Lutenblag** bietet nicht nur die ganze Bandbreite an Leistungen für ambulante Patienten; außerdem ist es eines der wenigen medizinischen Zentren Europas mit vierundzwanzigstündigem Autopsie-Service.

TOILETTEN

Öffentliche Toiletten (*urinjaztkis*) sind in Molwanien heute häufiger und sauberer als früher. Normalerweise müssen Sie einem Wärter 40–50 $ zahlen; daraufhin gibt er Ihnen ein wenig Toilettenpapier und einen Vordruck, auf dem Sie mit Ihrer Unterschrift die Besitzer der Anstalt von jeder Haftung für langandauernde physische oder psychische Schäden freistellen, die sich aus Ihrem Aufenthalt dort ergeben könnten. In abgelegenen Gebieten sind öffentliche Toiletten natürlich so gut wie **unbekannt**. Einheimische erledigen ihre Bedürfnisse, wenn es sie überkommt, einfach an einem Baum, Zaun oder Denkmal.

Molwanische Toilettenschilder

WASSERVERSORGUNG (HEISS & KALT)

Das molwanische Leitungssystem ist zuweilen ein wenig heikel, vor allem da es sich mit den Gebieten ändert. In der Hauptstadt Lutenblag und den meisten westlichen Orten finden Sie den Heißwasserhahn links, den kalten rechts; beide werden **gegen den Uhrzeigersinn** betätigt. Im Osten und einigen Bergregionen des Südens dagegen wird diese Anordnung meistens umgekehrt, und die Hähne werden durch Hebel links von »warm« oder rechts von »kalt« betätigt, je nachdem, wie Sie vor dem Becken stehen.

---

* Es kann aber noch immer nicht schaden.

TRINKWASSER

Trotz neuerlicher Verbesserungen in Molwaniens Wasserversorgung gibt es immer noch Anlässe zur Besorgnis hinsichtlich der Qualität und Sicherheit des Leitungswassers. Es vor dem Trinken abzukochen entfernt den größten Teil der **bakteriellen Kontamination**, aber der oberhalb aller empfohlenen Grenzwerte liegende Bleigehalt bleibt ein Gesundheitsrisiko (vgl. den Abschnitt über »Molwaniens Königliche Familie«). Mineralwasser in Flaschen ist leicht zu bekommen und eine vernünftige Alternative.

Ein Glas molwanisches Leitungswasser enthält 80 % des Jahresbedarfs einer Person an Spurenmetallen und Kolibakterien.

TRINKGELD

In Molwanien ist es nicht nötig, Trinkgelder zu geben, es sei denn, man möchte, daß etwas erledigt wird. Als **Zeichen guten Willens** ist es jedoch üblich, jemanden zu belohnen, der einem geholfen hat, sei es als Fahrer, als Gepäckträger oder auch nur bei der Erledigung kleiner chirurgischer Eingriffe.

Die meisten Rechnungen in Hotels und Restaurants enthalten einen kleinen **Bedienungszuschlag** (10–15 %) sowie einen geringen zweiten Zuschlag (3–5 %) für die Erhebung des ersten. Nach einer Mahlzeit sollten Sie Ihre Rechnung auf den nächsten Zehner aufrunden (wenn die Rechnung auf $ 73 lautet, geben Sie dem Kellner $ 80). Träger, die das Gepäck auf Ihr Zimmer gebracht haben, sollten etwa $ 30 erhalten oder so viel wie nötig ist, damit sie gehen. Vergessen Sie nie, den Mädchen ein Trinkgeld zu hinterlegen, die Ihr Zimmer gemacht haben, anderenfalls kommen sie vielleicht zurück und bringen alles wieder in Unordnung. **Taxifahrern** sollte man mindestens 10 % geben, wenn man nicht aus dem fahrenden Wagen springen will. Ferner ist es unter Flugpassagieren durchaus nicht unüblich, nach einer unfallfreien Landung dem Piloten ein Trinkgeld auszuhändigen.

In vielen ländlichen Gegenden könnten die Menschen beleidigt reagieren, wenn man ihnen ein Trinkgeld anbietet – sie nehmen es trotzdem an und neigen sogar dazu, eine Beleidigung zu verlangen, falls Sie es vergessen.

GELDAUTOMATEN

Automatische Auszahlgeräte finden sich überall in Molwanien immer häufiger; allerdings enthalten die wenigsten Geld. Wegen der erratischen Stromversorgung des Landes ist es oft notwendig, eine an den meisten Maschinen seitlich angebrachte **Kurbel** zu benutzen, um den Abhebevorgang erfolgreich abzuschließen.

> *Reisetip*
>
> *Wenn Sie in Molwanien einkaufen, werfen Sie bitte auf keinen Fall Ihre Mehrwertsteuerquittung fort. Es gibt zwar kein funktionierendes Rückerstattungssystem, aber etwas auf die Straße werfen ist eine Ordnungswidrigkeit.*

SCHUSSWAFFEN

In ganz Molwanien gelten strenge Waffengesetze; auf der Liste jener, denen es gestattet ist, **Handfeuerwaffen** zu tragen, stehen lediglich Polizisten, Soldaten, Mitglieder von Sportschützenvereinen, Zollbeamte, Parkplatzwächter, Tierärzte, Briefträger, Grundschullehrer, Festangestellte und Nonnen.

EINKAUFEN

Die Molwanier lieben ihre traditionellen Märkte und Verkaufsstände auf den Straßen; in letzter Zeit entstanden aber auch einige wenige **Supermärkte** westlicher Art. Allem Anschein zum Trotz ist das Angebot dieser Läden oft karg und der Service entsetzlich langsam. Das gilt besonders für die sogenannten »Express 10 Waren oder weniger«-Abfertigungskassen; dort sieht man nicht selten **vielköpfige molwanische Familien**, von denen jedes Mitglied zehn Waren trägt, so daß sie bis zu 180 Einzelposten abschleppen.

MWST-ERSTATTUNG

Wenn Sie das Land verlassen und neuwertige Waren im Wert von 5000 $ oder mehr mitnehmen, haben Sie Anspruch auf Erstattung der **Mehrwertsteuer** (MWSt). Um die **Erstattung** zu erhalten, suchen Sie in der Abflughalle jedes internationalen Flughafens in Molwanien den braunen *Zcajajac*-Schalter. Zeigen Sie dem diensttuenden Zollbeamten Ihre Waren (und die Quittungen!); er wird Sie daraufhin ein Erstattungsformular ausfüllen lassen, das am anderen Ende des Terminals von einem anderen Beamten abgestempelt werden muß. Dieser zeigt Ihnen die nächstgelegene autorisierte MWSt-Kreditagentur. Leider dürfen alle Erstattungen ausschließlich in molwanischem Münzgeld vorgenommen werden, dessen Gewicht Ihnen dann einen **Freigepäck-Zuschlag** einträgt.

Reisetip

Beim Besuch von Speisegaststätten sorgen sich viele Touristen wegen der angeblichen molwanischen Gepflogenheiten, ausländische Gäste übers Ohr zu hauen. Unser Rat: Sorgen Sie sich nicht. Höchstwahrscheinlich wird man Ihnen zuviel abverlangen, aber seien Sie deshalb nicht beleidigt. Diese Art von Betrügerei auf unterstem Niveau ist nicht persönlich gemeint; meist geschieht sie sogar mit einem Lächeln. Tatsächlich sind viele Reisende, die aus Griechenland oder der Türkei kommen, angenehm überrascht darüber, wie gering die Extrazahlung ist.

Kein Zweifel, Molwanien ist ein Einkaufsparadies.

TELEFON

Molwaniens internationale Vorwahl ist 372. In Lutenblag ist für siebenstellige Telefonnummern keine zusätzliche Ortsvorwahl nötig. Bei sechsstelligen Nummern muß man zuerst eine 2 wählen. Achtstellige Nummern, die mit 09 beginnen, führen Sie in der Regel zu **automatischen Ansagen** rüder sexueller Natur.

Die meisten Städte können innerhalb von Molwanien direkt angewählt werden; in einigen Fällen braucht man jedoch die Hilfe einer **Vermittlung**. Wählen Sie einfach 01 und warten Sie auf einen Summton, dem gewöhnlich lautes Räuspern und ein Fluch folgen. Dann sind Sie mit der Vermittlung verbunden.

Die meisten Hotelzimmer verfügen über Telefone; deren Benutzung kann jedoch sehr teuer werden. Billiger (wiewohl nicht ganz so bequem) ist es, ein **öffentliches Telefonbüro** oder *Cweveskid* aufzusuchen. Sorgen Sie dafür, daß Sie reichlich Münzen haben, und warten Sie, bis eine Telefonzelle frei wird. Danach brauchen Sie nur noch eine 10-q-Münze einzuwerfen, ehe Sie den Hörer abheben und auf ein Freizeichen warten. Wenn dieses ertönt, müssen Sie eine weitere 10-q-Münze einwerfen. Wählen Sie die gewünschte Nummer, und sobald dort jemand abhebt, stecken Sie sämtliche übrigen Münzen in den Apparat.

Statt dessen können Sie auch in jedem Postamt eine *fornikarta* (Telefonkarte) kaufen.

MOBILTELEFONE

Das Mobilnetz außerhalb von Lutenblag ist zuweilen lückenhaft, und für SMS – wo dies überhaupt möglich ist – muß man **Morsezeichen** verwenden. Andererseits verfügt Molwanien über eines der weltweit ausgedehntesten Walkietalkie-Netze. Diese nützlichen Geräte – viele sind so klein, daß sie in einen gewöhnlichen Rucksack passen – ermöglichen die Kommunikation außer in den besonders abgelegenen Teilen des Landes.

INTERNET

Die Internetnutzung hat sich in Molwanien nur langsam durchgesetzt, und bei der Maximalleistung von 17 bps stellen viele Besucher fest, daß Postkarten tatsächlich schneller ankommen als E-Mails. Trotzdem sind in den meisten größeren Städten zahlreiche **E-Cafés** aus dem Boden geschossen. Diese Lokale ziehen jedoch eine eher zweifelhafte Sorte von Web-Nutzern an: Personen, die sich stundenlang in Molwaniens meistbesuchte Internetseite einloggen: www.nudigurlz.com.mv.

FÜR NOTFÄLLE ...

Die Notrufnummer in ganz Molwanien ist 00990. Anrufer werden aufgefordert, ihre Lage genau zu beschreiben und anzugeben, ob sie die Polizei, die Ambulanz oder Brandstiftungs-Ermittler brauchen. Erwarten Sie bitte keine sofortige Reaktion, da Sie mit einem Anrufbeantworter sprechen; das Band wird aber ziemlich regelmäßig abgehört.

LUTENBLAG
(Lutnblaag)

LUTENBLAG

Andere europäische Hauptstädte haben Lutenblag früher als so etwas wie einen rückständigen, provinziellen Vorposten betrachtet; aber selbst wenn dies je gestimmt hätte, so heute gewiß nicht mehr. Seit Lutenblag Gastgeber und Schauplatz einer ganzen Reihe bedeutender internationaler Ereignisse war – darunter die **Pétanque-Weltmeisterschaft 1998** und anno 2001 die *Stverska! Folklorique Dance Expo* –, hat sich die Metropole zu einer lebhaften kosmopolitischen Stadt entwickelt und verfügt über eine muntere Nachtclub-Szene, einen vollen Kulturkalender und eine recht zuverlässige Stromversorgung außer in den abgelegensten Vororten.

Zwar hat die Stadt einige Probleme, darunter Umweltverschmutzung – vielen Besuchern ist die dicke Smogdecke aufgefallen, die große Teile der City bedeckt. Aber Besserung ist in Sicht, seit Molwanien vor kurzem das **Kyoto-Protokoll** unterzeichnet und angekündigt hat, die Energieerzeugung durch Braunkohle-Kraftwerke abbauen zu wollen. Bis 2010 soll die gesamte Energieerzeugung auf Diesel umgestellt werden.

Getreu seinem Motto ist Lutenblag die **»Stadt des Wachstums«**, was ebenso für die aus dem Boden schießenden Vororte gilt wie für die derzeitigen Kriminalitätsraten.

GESCHICHTE

Lutenblag liegt im Zentrum Molwaniens, auf beiden Ufern der **Šlyk**, und bestand ursprünglich aus zwei Städten, *Luten* – »Ort vieler Hügel« – und *Blag* – »Städtischer Zipfel« –, die sich im 12. Jahrhundert vereinigten. Seit die Zeitläufte friedlicher wurden, blühte Lutenblag auf als Stadt der Kaufleute und Handwerker und wurde eines der wichtigsten europäischen Zentren des Buchdrucks für Erwachsene. Tatsächlich wurde hier 1506 der Welt erste **pornographische Lithographie** veröffentlicht. Nach einer Feuersbrunst im Jahre 1654 wurde ein großer Teil der Stadt in barockem Stil neu errichtet. Nach einem weiteren Brand 1951 fand eine Neuerbauung in Beton statt.

INFORMATION FÜR TOURISTEN

Die beste Quelle von Informationen über Lutenblag ist das **Nationale Tourismus-Büro** (*Offij Turizm Nazjonal*), zu finden auf der Avenue Busjbusj (Tel. 31769800). Es ist von Montag bis Freitag geöffnet; zwar spricht kaum einer der Mitarbeiter Englisch, aber sie sind alle gute Pantomimen. Das Büro verfügt über die üblichen Pläne, **Karten und Broschüren**, arrangiert Unterkunft und Wagenmiete sowie, für eine kleine Extragebühr, erstklassige Begleiterinnen (nur für Erwachsene).

[*Lutenblag*] 47

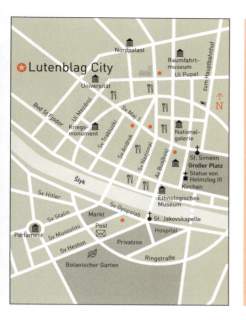

> **Reisetip**
> *Im allgemeinen ist Lutenblag für den Besucher eine sehr sichere Stadt; die Silvesterfeierlichkeiten sollte man jedoch tunlichst meiden, da sie organisiert und durchgeführt werden vom Militär, das dazu neigt, die Feier als Gelegenheit zu Forschung und Entwicklung zu nutzen. Diese Praxis erreichte ihren Höhepunkt während der Feiern zur Jahrtausendwende 1999/2000, als man die erste weitreichende Feuerwerksrakete der Welt vorführte, die ein grenznahes Dorf in Rumänien auslöschte.*

VORSCHLAG FÜR BESICHTIGUNGSTOUREN

Abhängig von der Länge Ihres Aufenthalts empfehlen wir Ihnen folgende Besichtigungen und Aktivitäten:

Ein Tag	Besuch des Königspalasts (Palatz Rojal) und Rundgang durch die Altstadt.
Zwei Tage	Ausgedehnter Rundgang durch die Altstadt; danach Besichtigung der zahlreichen römischen Ruinen flußaufwärts an der Šlyk.
Drei Tage	Weitere gründliche Besichtigung der Altstadt; danach vielleicht ein Picknick im Botanischen Garten *(Jardn Botanjka)*.
Vier Tage	Dito; plus abends eine Aufführung im berühmten *Konkerthaus*.
Fünf Tage	Gute Gelegenheit, Ihre Wäsche zu waschen
Sechs Tage	und ein paar Postkarten zu schreiben.

EINKAUFSBUMMEL

Viele Molwanienreisende dürften den Wunsch haben, ein nettes Reiseandenken zu erwerben, und natürlich bietet Lutenblag ein breites Spektrum von Möglichkeiten für den gewieften Souvenirjäger. Natürlich möchten Touristen sicher sein, daß das, was sie kaufen, ein echtes heimisches Produkt ist, und zu diesem Zweck hat die molwanische Regierung ein Netz von Läden eingerichtet, die unter dem Zeichen *Uzrec ej Molwanja* **Handwerkserzeugnisse** an Touristen verkaufen. Wenn Sie einen Gegenstand finden, der diesen Aufkleber trägt, können Sie sicher sein, daß er a) authentisch und b) 62 % übertreuert ist.

TRANSPORT & VERKEHR

Auto Ein Wagen ist eine gute Möglichkeit, sich in der Stadt zu bewegen; allerdings kann es wie in den meisten Großstädten zur Stoßzeit ein wenig hektisch werden. Durch den Bau von Lutenblags lang erwarteter **Ringstraße** (*Kirklbaan*) mitten durchs Stadtzentrum wurde es leider nicht viel besser. Die meisten Durchgangsstraßen haben eine Transitspur für Motorräder, Taxis und Vieh. Beliebt ist auch die Bildung von Fahrgemeinschaften, und bei mehr als fünfzehn Personen auf einem Traktor gibt es Zuschüsse. Bleifreies Benzin ist überall zu haben; suchen Sie an der Zapfsäule einfach nach dem Wort *Methylalkohol*. Theoretisch gibt es auf Molwaniens einziger Autobahn **keine Geschwindigkeitsbegrenzung**; die zahlreichen Schlaglöcher und unbefestigten Streckenteile machen aber alles über 70 km/h unwahrscheinlich, wenn nicht gefährlich. Der zulässige **Blutalkoholwert** beträgt 1,2 Promille (1,5 an Wochenenden); man braucht sich aber keine allzu großen Sorgen zu machen, da die Ergebnisse der in Rußland hergestellten Atemtestgeräte, die die Verkehrspolizei verwendet, bei Gericht nicht zugelassen sind.

Leben auf der Transitspur! Dieser molwanische Arbeiter bricht früh auf zu einem weiteren Tag an der Börse.

Taxi Lutenblags Taxifahrer haben leider den Ruf der Unehrlichkeit erworben; zusammen mit mangelhaftem Einsatz in Sachen persönlicher Hygiene hat dies dazu geführt, daß weniger Menschen für Stadtfahrten Taxis nutzen. Der Schlüssel zum Überleben ist hier gesunde Vernunft – bestehen Sie einfach darauf, daß der Fahrer bei Fahrtbeginn das Taxameter einschaltet, und achten Sie immer auf Hinweise, die auf Umwege deuten, wie z. B. »Deutsche Grenze 20 km«.

Bahn Das Eisenbahnnetz um Lutenblag ist billig und effektiv; Besucher finden es allerdings manchmal ein wenig kompliziert. Im Prinzip gibt es vier Zugtypen; da jedoch einer nicht mehr eingesetzt wird, bleiben drei: **Expreß-** (*Ezprezz*), **Schnell-** (*Rapjid*) und **Personenzug** (*Pendjlken*). Es herrscht Reservierungspflicht für alle Expreß- und Schnellzüge außer dem Intercity; hier kann man die Fahrkarte an Bord kaufen, aber nur in Zügen, die Lutenblag verlassen, und nicht an Feiertagen. Personenzüge haben in der ersten Klasse keine reservierten und in der dritten überhaupt keine Sitzplätze außer dem Dach. Die meisten Bahn- und Busgesellschaften bieten Verbilligungen für behinderte Fahrgäste an; einem neueren Gerichtsurteil zufolge gilt jedoch Trunkenheit nicht mehr als Behinderung. **Nachlässe** für Rentner (20 %) können von allen Passagieren über 90 in Anspruch genommen werden; dazu muß man sich allerdings ausweisen.

Fahrrad Eine englischsprachige Broschüre »Seeing the City by Bike« ist erhältlich in den meisten Buchläden sowie in der Unfallambulanz des Städtischen Krankenhauses von Lutenblag.

UNTERKUNFT

Lutenblag bietet vielfältige Möglichkeiten der Unterkunft; die besten sind nachstehend aufgelistet. Nach europäischen Maßstäben sind die Preise niedrig, und mit etwas Suchen kann man für weniger als $100 pro Nacht unterkommen. Derlei Quartiere sind natürlich eher **rudimentär**, und Reisende, die Wert auf ein wenig Behaglichkeit legen, sollten sich eher in der Preisklasse zwischen 200 und 260 $ pro Nacht umsehen; auf diesem Niveau dürfen Sie die üblichen Annehmlichkeiten erwarten wie eigenes Bad, Fernsehen, Klimaanlage und Spucknäpfe.

$$$ Unterkunft **Luxus**

Am oberen Ende der Skala nicht zu übersehen ist das **Rojal Palatz Hotjl**, das, wie der Name schon andeutet, unmittelbar gegenüber einer Fabrik für Preßpappe steht. Das »Palast« gilt allgemein als eines der besten Hotels in ganz Molwanien; es vereinigt modernen Service mit Charme und Bädern aus dem 19. Jahrhundert. Ohne Übertreibung kann man die Zimmer luxuriös nennen; der Preis für die Übernachtung enthält ein kontinentales Frühstück (ein Brötchen und Orangenlimonade). Die Preise sind verständlicherweise hoch; man kann allerdings einiges sparen, wenn man während der Nebensaison im Winter bucht, in der das Hotel geschlossen ist.

- ✉ 192 Sv Nazional
- ☎ 19 1196
- 📠 19 1197
- ＠ palatz@moldi.co.mv
- 🔑 56 🍴
- 🖥 DC, MC, V

Das ausgiebig restaurierte Jugendstilgebäude **U Tri Hradjna** erhielt vor kurzem die Auszeichnung »Schönstes Hotel« von den Lesern des Magazins *Vision Euro*, einer Vierteljahresschrift, die sich an sehbehinderte Reisende richtet. Zwar sind die Zimmer relativ klein, aber raffiniertes Innendesign mit Elementen wie Klappbetten und der Kombination aus Faxgerät und Hosenpresse sorgen dafür, daß genug Bewegungsraum bleibt.

NB: Die auf den Kopfkissen zu findende Begrüßungsschokolade ist rein dekorativ. Sollten Sie zufällig eine verschluckt haben, wenden Sie sich bitte sofort an Lutenblags Gift-Hotline unter 03-77633310.

- ✉ 233 Sv Nazional
- ☎ 12 2531
- 📠 12 2555
- ＠ utri@molnet.co.mv
- 🔑 70
- 🖥 DC, MC, V

Wer ein wenig mehr Chic sucht, könnte es mit dem luxuriösen **Trybekka** versuchen, einem frischrenovierten Boutique-Hotel, das so modern, stilvoll und minimalistisch ist, daß man dort sogar auf Nottreppen verzichtet hat. Das »Tryb« ist eines der wenigen schwulenfreundlichen Hotels in Molwanien; gleichgeschlechtliche Paare sollten keine Schwierigkeiten haben, dort ein Zimmer zu finden, solange sie es nicht miteinander teilen.

- ✉ Ay Busjbusj
- ☎ 10 5836
- 📠 10 5835
- ＠ trybe@molnet.co.mv
- 🔑 40
- 🖥 DC, MC, V

50   [*Lutenblag*]

$$ Unterkunft **Mittlere Kategorie**

Pensjon Zegmar ist ein gemütliches Gästehaus in einer stil-
len Wohngegend nahe dem Museum; insgesamt eine gute
Alternative zu einem Haus der großen Hotelketten. Einige
Zimmer bieten einen hinreißenden Ausblick über die Altstadt; diese sind leider dem Personal vorbehalten.

✉ *22 Av Busjbusj*
☎ *14 3805*
🖷 *14 3806*
@ *zegmar@mol.co.mv*
🗝 *16*
▤ *DC, MC, V*

NB: Die Besitzer sind einigermaßen freundlich und sprechen Englisch,
verlangen dafür aber möglicherweise einen Zuschlag.

Ein wahres *understatement* an Stil und Komfort ist die Ein-
gangshalle dieser stattlichen Backsteinresidenz. In der
Lobby des **Jze Petra** begrüßt ein Pianist am Flügel die Gäste
mit molwanischen Schlagern, während diskret bewaffnete
Sicherheitspatrouillen bettelnde Zigeuner in Schach halten.
Das »Petra« ist stolz auf sein historisches Ambiente (Rzemec,
Sohn von Kaiser Vladzjic III., soll hier 1856 die Toiletten benutzt haben), und man kann zahlreiche ausgestellte Antiquitäten bewundern, darunter Gemälde, Skulpturen und
das computergestützte Reservierungssystem des Hotels.

✉ *47 Sv Maj 1*
☎ *19 6097*
🖷 *19 6098*
@ *jze@molnet.co.mv*
🗝 *12*
▤ *DC, MC, V*

Das **Zizjkov**, weithin bekannt als Spielkasino und beliebte
Diskothek (beides rund um die Uhr), wird seit langem besonders geschätzt von Rockstars und EU-Beamten. Das
Hotel verfügt über geräumige, gut eingerichtete Zimmer,
alle mit eigenem Bad und eigener Bar.

✉ *52 Sv Maj 1*
☎ *17 1884*
🖷 *17 1885*
@ *ziz@molnet.co.mv*
🗝 *12*
▤ *V*

NB: Für behinderte Reisende gibt es zwei reservierte Zimmer; diese befinden sich unter dem Dach und sind über mehrere Treppen sowie eine
Leiter zu erreichen.

Das gegenüber dem Bahnhof in einem ziemlich abgeris-
senen Viertel von Lutenblag gelegene **Hotjl Oljanka** hat
sich den eher schäbigen Ruf erworben, Treffpunkt für Kri-
minelle und zwielichtige Charaktere zu sein. Die oft zu
hörenden Befürchtungen hinsichtlich der Sicherheit in den
Zimmern sind jedoch stark übertrieben, und seit 1999 zeit-
versetzte Türschlösser, Maschendrahtfenster und – in der
Lobby – Metalldetektoren eingebaut wurden, hat es keine
Entführungen oder ernstzunehmenden Überfälle mehr gegeben.

✉ *72 Sv Androk*
☎ *13 1636*
🖷 *13 1639*
@ *oljanka@moldi.co.mv*
🗝 *14* 🍽 ✎
▤ *DC, MC, V*

Weitere Möglichkeiten in der mittleren Preiskategorie bieten die vielen in Lutenblag
erhältlichen privaten Unterkünfte. Schon ab 50 $ können Sie mit einem invaliden
Rentner oder einem zu längerem Hausarrest verurteilten Einheimischen die Wohnung teilen.

$ Unterkunft **Economy**

Lutenblag ist ein Paradies für Rucksacktouristen; es gibt zahlreiche Herbergen und Pensionen, die billige Unterkünfte anbieten. Das **Diagzop Hostjl** gegenüber dem Bahnhof ist recht beliebt, trotz der zuweilen mürrischen Art des gründlich tätowierten Personals. Schon ab 25 $ kann man hier in ziemlich überfüllten Schlafsälen ein Bett bekommen.

✉ 73 Sv Androk
☏ 14 7791
📠 14 7792
@ diag@moldi.co.mv
🏷 162

NB: Es gibt weder Duschen noch Toiletten, aber schräg gegenüber eine Discount-Autowaschanlage.

Ein weiteres ähnlich billiges Quartier ist das **Majkvic Jverzte**; es liegt in einer friedlichen Gegend, weit weg von Verkehr, Lärm und Getriebe. Der Nachteil: Bis zum Stadtrand braucht der Bus drei Stunden – aber immerhin sind die Zimmer sauber und werden regelmäßig ausgeräuchert. Die Einrichtung ist natürlich karg, mit Gemeinschaftsbädern und doppelstöckigen Betten in Schlafsälen. In der Nebensaison gibt es einen zehnprozentigen Preisnachlaß für Studenten, die diesen Status durch einen amtlichen Ausweis oder irgendein Körperpiercing nachweisen können.

✉ 14 Sv Jabba
☏ 19 7828
@ majk@molnet.co.mv
🏷 56
💳 MC, V

Philippe schreibt ...
»In vielen Jahren des Reisens habe ich eine schlichte Tatsache gelernt: In einem Fünf-Sterne-Hotel werden Sie nie einen wirklich interessanten Menschen kennenlernen. Um ein Land wirklich zu erleben, muß man frieren, sich unbehaglich fühlen und im Morgengrauen von einem örtlichen Handwerker geweckt werden, der sich lautstark räuspert und ausspuckt. Ihre weißen Laken und klimatisierten Lobbys können Sie behalten – ich ziehe jederzeit den Keller einer kleinen örtlichen Pension ohne Personal vor.« P. M.

Gäste des Hotjl Oljanka *werden vom hoteleigenen Lkw abgeholt.*

GESUNDHEITS-WARNUNG

IN MOLWANIENS BILLIGEREN HOTELS FINDEN SICH OFT WANZEN, SIND JEDOCH SELTEN EIN PROBLEM IN DEN TEUREREN ETABLISSEMENTS, WO ZIGARRENRAUCH DIE ZIMMER GANZ NATÜRLICH AUSRÄUCHERT.

ESSEN

Lutenblags Gourmet-Szene ist lebhaft und immer abwechslungsreich; nahezu jeden Monat werden neue Restaurants eröffnet und alte ebenso regelmäßig von Inspektoren des **Gesundheitsamts** geschlossen. Leider haben einige Restaurants, vor allem die von Touristen frequentierten, die Angewohnheit, die Rechnungen ihrer Gäste zu »verschönern«. Die Behörden sind hart gegen diese Praxis eingeschritten, aber noch immer gibt es etliche skrupellose Wirte, und es lohnt sich, vor dem Bezahlen die diversen »besonderen Zuschläge« zu prüfen. Typisch sind solche Posten wie **»Servicezuschlag«** (Bedienung durch einen Kellner), »Ausrichtung des Zubehörs« (Ihre Serviette war gefaltet), »Brandsätze« (Kerzen auf dem Tisch) und, in einem Bistro der Innenstadt, eine Gebühr für das **Verlassen des Lokals** von 12 %.

Je weiter Sie sich von der Hauptstadt entfernen, desto begrenzter wird natürlich die Auswahl an Essensmöglichkeiten, und oft ist das einzige verfügbare Restaurant eine *tavernja* (**traditionelle Taverne**). In solchen Lokalen gibt es meistens kein Besteck, und man sollte das Essen mit der rechten Hand zu sich nehmen (nie mit der linken, die zum Waschen und zur Begrüßung von Mitgliedern der königlichen Familie benutzt wird).

> *Korrektur!*
> *Die Herausgeber möchten klarstellen, daß das **Jhahmim-Restaurant** in Lutenblag libanesische Küche und Tänze bietet, nicht – wie in einer früheren Auflage zu lesen – libidinöse. Positiv zu vermerken ist allerdings, daß das **Jhahmim**, einer Mitteilung seiner Besitzer zufolge, für die nächsten drei Jahre ausgebucht ist.*

Molwanische Restaurantbesitzer setzen oft Volksmusiker ein, um die Gäste nach dem Mahl zum Verlassen des Lokals zu ermuntern.

$$$ Essen **Luxus**

Schmiedeeiserne Tische, Deckengewölbe und frisch ge-
stärkte, weiße Tischtücher machen das exklusive **Zvermej
Kval** zum idealen Restaurant für jene, die gern ein erle-
senes Mahl genießen. Weshalb nun die Besitzer beschlossen haben, aus dem Lokal eine Karaoke-Bar zu machen, ist
ein Rätsel; dies scheint jedoch die vielen Stammgäste nicht
abgeschreckt zu haben, die jeden Abend herkommen, um
zu essen, zu trinken und zu grölen.

✉ *131 Sv Nazjonal*
☎ *19 0245*
▤ *DC, MC, V*
✎

Romjaci ist ein gemütliches, elegantes Restaurant samt
Weinbar und serviert vorzügliches Essen in stilvoller Umgebung. Die Karte bietet für jeden etwas – falls man Schweinefleisch mag –, und der Service ist gut, wenn auch ein wenig langsam. Zu den Besonderheiten gehören ein beliebter
Biergarten (oft wegen Wespen geschlossen), eine rote Rose
für alle weiblichen Gäste und eine 5l-Karaffe »Wein des
Hauses« für die Männer.

✉ *5 Sv Nazjonal*
☎ *17 3865*
▤ *DC, V*
🍃

Wer es gern beim Essen ein wenig lebhafter hat, sollte einen
Tisch in **Alic's Kabaret** buchen, einer der beliebtesten und
anregendsten Speisetheatergaststätten von Lutenblag. Der
extravagante Besitzer und Küchenchef Alic hat etwas von einem Showman und neigt dazu, die Gäste ins Kochen einzu-
beziehen, indem er über und neben ihren Köpfen Eier wirft,
Teller herumwirbelt und mit allen denkbaren Utensilien jon-
gliert. Man sollte sich nie weigern, daran teilzunehmen, denn
Alic verfügt nicht nur über große Überredungskünste, sondern auch über ein leicht erregbares Temperament.

✉ *140 Sv Nazjonal*
☎ *17 3199*
▤ *DC, MC, V*

NB: Vorbestellung, Schutzkleidung und Helme sind unerläßlich.

Speisefreaks, die in Lutenblag den ultimaten Gastro-Kick
suchen, sollen vielleicht das berühmte **Kreiselrestaurant**
(*Gastrodizzi*) besuchen, wo man gutes Essen mit einem Pan-
oramablick auf die Stadt verbinden kann. Wegen der unzuverlässigen Stromversorgung dreht sich das Restaurant gelegentlich recht langsam (eine Umdrehung kann bis zu sechs
Monate in Anspruch nehmen), aber die atemberaubende
Aussicht aus der dritten Etage wiegt die Wartezeit auf.

✉ *140 Sv Maj 1*
☎ *12 4656*
@ *revolve@moldi.co.mv*

Reisetip
*Viele Restaurants und Hotels in Lutenblag nennen sich »rauchfrei«; das heißt,
daß es Gästen freisteht, in sämtlichen Räumen zu rauchen.*

[*Lutenblag*]

$$ Essen **Mittlere Kategorie**

Die helle und geräumige **Kaça Napoljtana** ist eine belebte Pizzeria, in der man gute Speisen mit Salaten und großen Karaffen Hauswein serviert. Kann sehr laut werden wenn voll (so auch der Koch).

152 Sv Nazjonal
14 7593

The Sushi Train ist in amerikanischem Besitz und serviert japanisches Essen in Filialen in der ganzen Welt. Leider mußte die Filiale in Lutenblag wegen eines mechanischen Fehlers vor einiger Zeit schließen, nachdem ein Gast mehrere Finger verlor, als er nach einem *nori*-Brötchen griff. Es kam zu einer außergerichtlichen Einigung; The Sushi Train konnte wieder geöffnet werden, man sollte aber kein vollkommen authentisches japanisches Essen erwarten. Fast alles, sogar *sashimi*, ist Tiefkühlkost.

74 Sv Androk
19 5738

Zwar ist es etwas abgelegen, aber trotzdem war **Nenja Olgja's** (»Bei Tante Olga«) schon immer eines der Lieblingslokale all jener, die echtes einheimisches Essen suchen. Das Restaurant ist gebaut wie eine *tavernja* alter Art und ähnelt einer typischen molwanischen Küche: Knoblauchzöpfe baumeln von tiefen Holzdecken über Tischen, auf denen befleckte rotweiße Baumwolltücher liegen, und in einer Ecke des Schankraums sind ein paar kettenrauchende Greise damit beschäftigt, sich hektisch zu betrinken. Die Speisen sind typisch und rustikal: Gänseleber in Paprikasauce, Blutwurst mit Kohl und Lammbries in Sahne, Bratwursteintopf und, natürlich, Kuttelsuppe (ein molwanisches Standardgericht aus den Tagen, als Stalin versuchte, die Bevölkerung auszuhungern).

Ul Hoxha
11 6499

NB: Viele Taxifahrer weigern sich, Gäste zu befördern, die bei Tante Olga gegessen haben, weil ein ungewöhnlich hoher Prozentsatz von ihnen sich im Wagen erbricht.

Die Lutenblag-Taverne *bietet traditionelle Volkstanz-Aufführungen. Essen & Show: 50 $. Nur Essen: 75 $.*

[*Lutenblag*]

$ Essen **Economy**

Kisjipja wird geleitet von einem Ehepaar (wenn die aus der Küche zu vernehmenden Streitereien nicht täuschen) und ist spezialisiert auf leichte Mahlzeiten, die an Kaffeehaustischen serviert werden. Achten Sie auf die Tafel mit Tagesangeboten, interessanten Salaten und dem »Fisch des Monats«. Im Sommer kann man draußen in einem großen Innenhof an Picknicktischen essen.

NB: Sie sollten eine Dose Insektenspray mitbringen; es wird nicht nur die Moskitos vertreiben, sondern kann auch, über das Essen gesprüht, dessen Geschmack verbessern.

✉ *129 Av Busjbusj*
☎ *15 4729*

Jawohl, die unvermeidliche amerikanische Hamburger-Kette **McDonald's** hat auch Molwanien infiltriert, allerdings nicht ohne Gegenwehr einheimischer Wirte, wie man anmerken muß, die einen langen harten Kampf gegen die Einrichtung dieses Fast-Food-Etablissements geführt haben, weil sie befürchteten, daß die Kombination aus fetthaltigen, überzuckerten Speisen und steriler, seelenloser Atmosphäre die Ansprüche hochtreiben würde.

✉ *75 Av Busjbusj*
☎ *12 9038*
▭ *DC, MC, V*

Das **Bistroj Vjo Dzar** ist ein 24 Stunden geöffnetes Café unweit des Bahnhofs. Das Essen ist billig, wenn auch ein wenig fade, und den Kellnern kann man nichts vorwerfen, da sie bewaffnet sind. Die dicken Suppen sind ihren Preis wert, und die bodenlosen (Trink-soviel-du-willst-) Kaffeetassen sind ein weiterer Trumpf, vor allem für Mitglieder von Lutenblags Obdachlosen-Gemeinde, von denen einige das Angebot im Jahre 2001 angenommen haben und seither immer denselben Tisch besetzt halten.

✉ *78 Sv Androk*
☎ *15 5328*

Das Café **Sadjevcis**, günstig in der Nähe von Lutenblags Universität gelegen, bewirtet vor allem die Akademiker und Intellektuellen der Stadt und ist daher normalerweise leer.

✉ *13 Sv Maj 1*
☎ *19 3470*

Der Markt von Lutenblag ist nach wie vor einer der besten Orte in ganz Mitteleuropa für Discount-Karpfen.

UNTERHALTUNG
KLASSISCHE MUSIK

Das **Konkerthaus Lutenblag** sollten Sie zumindest einmal besuchen, um dort Musik zu hören und die Atmosphäre dieses einzigartigen Gebäudes zu genießen. 1946 wurde Molwaniens angesehenstem Architekten, **Petjka Schovjen**, die Aufgabe übertragen, etwas zu entwerfen, was das reiche kulturelle Erbe der Stadt verkörpern sollte. Seine umstrittene Wigwam-Struktur wurde im August 1948 fertiggestellt; zwar entspricht sie seiner leidenschaftlichen Vorliebe für die Kultur der nordamerikanischen Indianer, nicht jedoch gewissen Gesetzen der Belastbarkeit von Metallen, und zwei Monate nach der Fertigstellung brach das Bauwerk unter dem Druck eines milden Herbststurms zusammen. In den 50er Jahren wurde es grundlegend umgebaut und ist heute die Heimstatt des **Symphonieorchesters Lutenblag**, das hier regelmäßig Konzerte gibt. Auch Werke der **Molwanischen Nationaloper** werden hier aufgeführt, allerdings seltener, und zwar wegen ihrer Komplexität, ihrer Länge und ihres Mangels an feststellbarer musikalischer Form. Die meisten dieser Werke verlangen ferner den Einsatz von bis zu einem Dutzend molwanischer *bashken*-Hörner, die zwar in Gebirgstälern außerordentlich wirksam sind, in geschlossenen Räumen jedoch als gehörgefährdend gelten.

FOLKLORE & BRAUCHTUM

Viele Gruppen bieten Volksmusik dar, und das **Kulturhaus Kzamailkia** (*Jignstumpf*) zeigt jeden Tag um 19 Uhr traditionelles molwanisches Puppentheater. Diese stark stilisierten hölzernen Marionetten werden verwendet, um schlichte moralische Fabeln aufzuführen – außer an Samstagen, an denen um 23 Uhr eine Show **nur für Erwachsene** stattfindet.

PUBS & CLUBS

In Lutenblag gibt es viele Clubs und Diskotheken, in denen man die Nacht durchfeiern kann – möglicherweise allein, da die Einheimischen lieber früh zu Bett gehen. Jazzfreunde sollten sich im Zentrum ins **Bje Bjop** begeben, einen als *funky* geltenden Kellerclub; der Eintritt ist frei, man hat aber einen kleinen Zuschlag für die Feuerversicherungsprämien zu zahlen. Lutenblag hat sogar eine Art Irish Pub, **Vlad O'Reilljys**, wo heimwehkranke Reisende sich bei einem Glas Guinness und einem Teller marinierter Roter Beete entspannen können, ehe sie mit einem streitsüchtigen Trinkkumpanen einen Faustkampf beginnen.

Nachtleben à la Lutenblag

[*Lutenblag*]

HIGHLIGHTS

Eine Besichtigung der Stadt wäre unvollständig ohne einen Besuch im **Königlichen Palast** (*Palatz Rojal*), Wahrzeichen von Lutenblag und Wohnsitz von Molwaniens überaus beliebter königlicher Familie (im Exil). Vor den wichtigsten Toren stehen schwerbewaffnete Posten. Diese farbenfroh gewandeten Milizionäre in ihren **eigentümlichen grauen Hosen** und hohen Federhelmen sind Angehörige der Königlichen Leibtruppen, der **Bazurkas**, die seit der »Nacht der Tausend Löffel« 1754 den Palast bewachen (vgl. Kapitel »Geschichte«). Jeden Morgen halten sie vor dem Palasteingang eine Parade ab, in einer lockeren Choreographie, die weniger als Marsch denn als Handgemenge beschrieben wurde. Sie dürfen ruhig zuschauen und Photos machen; wundern Sie sich aber nicht, wenn einer von ihnen auf Sie schießt.

Die beste Möglichkeit, eine Ahnung von Lutenblags Geschichte und Vergangenheit zu bekommen, ist ohne Zweifel ein Spaziergang durch die **Altstadt**. Betreten Sie diese durch das schmale Tor im Norden, dann sehen Sie zu Ihrer Linken eine alte **römische Säule**, die ursprünglich als Schandpfahl benutzt wurde und heute als Transmitter für das Mobilnetz von Molwania-Telski dient.

> **Griff nach den Sternen ...**
> Zu einem Aufenthalt in Lutenblag gehört unbedingt ein Blick ins **Molwanische Raumfahrtmuseum**, wo Besucher viel Wissenswertes erfahren können über die bedeutende Rolle, die das Land bei der Entwicklung des russischen Raumfahrtprogramms gespielt hat. In den späten 50er Jahren entwickelten und bauten molwanische Wissenschaftler die erste Rakete, die von raffiniertem mineralischen Terpentin angetrieben wurde. Es kam jedoch zu einer Tragödie: *Splutfab I* explodierte beim Start, wobei die gesamte Besatzung getötet und im Umkreis von fünf Kilometern die Tünche von den Häusern entfernt wurde. *Splutfab II* dagegen war ein Erfolg; 1963 gelang es Molwanien als erstem Land, einen Astronauten in Polen landen zu lassen.

Madame Tussaud hat vor kurzem in Lutenblag ein Museum eröffnet, das die weltweit größte Sammlung bärtiger Männer zeigt.

[*Lutenblag*]

> **Die ganze Welt ist eine Bühne!**
> Nur ein paar Schritte von Lutenblags Großem Platz entfernt findet man das historische **Arbeitertheater**, ein kleines, in der Sowjetära errichtetes Gebäude, wo häufig regierungsfeindliche Stücke über soziale Gerechtigkeit und politische Reformen aufgeführt wurden. Die Akustik in diesem Theater war angeblich so gut, daß ein Flüstern auf der Bühne im Informationsministerium auf der anderen Straßenseite deutlich zu hören war.

Hinter der römischen Säule beginnt der Große Platz, und an dessen Nordostecke sieht man die **Sankt-Simeons-Kirche** (*Crkja Simun*), die im Zweiten Weltkrieg stark beschädigt wurde. Seither wurden die Restaurierungsarbeiten nie unterbrochen; ein Teil der Gerüste stammt noch aus dem Jahr 1948. Die Kirche ist dem **Schutzpatron der Armen** geweiht und der Öffentlichkeit zugänglich (Eintritt 120 $); im Inneren kann man einige wunderbare Werke der Handwerkskunst des 14. Jahrhunderts besichtigen. Der Simeons-**Sarkophag** ist 2,30 m hoch; auf der Vorderseite sind Szenen aus dem Leben des Heiligen dargestellt, einschließlich seiner Geburt, seiner frühen Jahre als Prediger und seiner unkonventionellen Himmelfahrt auf dem Rücken einer spärlich bekleideten Jungfrau.

Auf der anderen Seite des Platzes befindet sich ein hervorragendes **Ethnologisches Museum** (*muzm ethnojgrafskro*) mit einer großen Sammlung molwanischen Bestecks. Der Eintritt ist frei; allerdings wird eine Gebühr von 90 $ für die Durchquerung der Tür erhoben.

Am Nordende der City liegen die kargen Ruinen von Lutenblags **Alter Burg**, einem beeindruckenden Bauwerk aus Stein, das jahrhundertelang den Angriffen von Türken, Hunnen, Mongolen und Tataren widerstanden hat. Bedauerlicherweise fiel es schließlich einem slowakischen Immobilienmagnaten zum Opfer, dem es gelang, die großartigen Wälle zu schleifen, um Platz für einen Wohnblock zu schaffen.

Das berühmte **Standbild von Helmzlog III.** (»Lutenblags Befreier«) steht mitten auf dem belebten Platz. Helmzlog reckt ein Schwert empor und etwas, das man jahrelang für einen Schild hielt; bei einer genaueren Untersuchung stellte sich jedoch vor kurzem heraus, daß es sich dabei um den Kühlerrost eines Fiat 350 handelt.

Unmittelbar außerhalb der Altstadt findet sich in einem hübschen Ortsteil namens Zamocja ein rotes Backsteinhaus in der Avenue Verbek 20. An der Außenseite ist eine kleine **Gedenktafel** angebracht zur Erinnerung daran, daß hier im Zweiten

Weltkrieg der Kaufmann **Jorg Grekjez** fünfundvierzig Juden aus Lutenblag während der Besetzung durch die Nazis versteckte. Zu Beginn waren es weniger, aber als die Zahl wuchs, wurden zwei große Keller gegraben, um sie zu verbergen, und diese tapferen Menschen überlebten mehrere Jahre lang in drangvoller Enge, Schmutz, Gestank und fast ohne Luftzufuhr. Heute werden diese Kellerräume zur Unterbringung von Studenten genutzt.

Reisetip

Neben vielen anderen interessanten Exponaten zeigt **Lutenblags Museum für Stadtgeschichte** *auch ein Video mit dem Titel »Schätze der Vergangenheit«. Ein Leser teilte uns mit, die Vorführung sei für Kinder ungeeignet wegen der Länge, der Lautstärke und der ausschweifenden Darstellung mittelalterlicher Folterungen. Ferner entbehre die Darstellung molwanischer Zigeuner nicht gewisser rassistischer Untertöne.*

Viele halten sie für eines der besten Beispiele der Renaissance-Architektur in ganz Europa: die zwischen 1431 und 1536 gebaute, wunderschöne **Sankt-Jakovs-Kapelle**. Anfangs sollte es nur eine schlichte Kirche mit einem einzigen Schiff werden, aber die Stadtväter bekundeten ihren Wunsch nach einem imposanteren Gebäude, und so wurden im Verlauf der Bauarbeiten weitere Elemente hinzugefügt, darunter Querschiffe, Apsiden und eine **Billardkrypta**. Offiziell ist die Kapelle der Öffentlichkeit nicht zugänglich, aber für ein kleines Trinkgeld wird der zuständige Wächter Sie einlassen. Für ein Extratrinkgeld liest er sogar die Messe.

Was »moderne« Anblicke angeht, ist ein Besuch von **Lutenblags Börse** (Zvordem Placa 143) durchaus einen Umweg wert. Hier kann man Molwaniens erfolgreichste Geschäftsleute sehen; die meisten haben ihr Vermögen mit Beton, Karrenrädern und Sperrholz gemacht. Der amtliche Handel beginnt um 9:30 Uhr, wenn der Vorsitzende der Börsengesellschaft eine Kalaschnikow in die Luft abfeuert. Besichtigungstouren montags bis freitags um 9:30 Uhr.

Philippe schreibt ...

»Kunstkennern kann Lutenblag viel bieten; die Galljeri Nazjonal (Nationalgalerie) lockt jedes Jahr Tausende Besucher an. Es gibt hier eine recht beeindruckende internationale Sammlung, u. a. mit Werken von Rembrandt, Van Gogh, Tizian und Picasso, alle während des Zweiten Weltkriegs in ganz Europa zusammengestohlen. Aber für jene, die bereit sind, einen Blick über den offensichtlichen Flitterkram einer solchen populistischen Darbietung hinaus zu riskieren, hätte ich eine andere Empfehlung, eine kleine Galerie namens Vcetrezen (Sv. Medezeni 413). Hier ist zwar der Stil minimalistisch, die Exponate jedoch sind absolut überwältigend. Ein Raum war völlig leer bis auf einen kleinen an einer Wand angebrachten Feuerwehrschlauch. Minder Kunstbeflissene als ich wären wohl an dieser enggewickelten Installation vorübergegangen, unempfänglich für die heitere Ironie ihrer Widersprüchlichkeit. Bravissimo!« P. M.

Nicht weit südlich des Museums liegt ein gepflegter Park, in dem ein kleiner **Privatzoo** eingerichtet wurde. Hier gibt es eine große Menge Wildkatzen, Vögel und Säugetiere, leider alle im gleichen Käfig; der Zoo ist während der Sommermonate täglich Montag bis Samstag geöffnet. Der Bestand ist natürlich variabel. In früheren Jahren kamen viele Besucher her, um den äußerst seltenen *bvoric* zu sehen, eine nur in Molwanien heimische **Einhornziege**, aber dieses Tier verschied leider 1993. Dank der Fortschritte in den Bereichen Taxidermie und Computeranimation kann man aber immerhin ein passables Replikat betrachten.

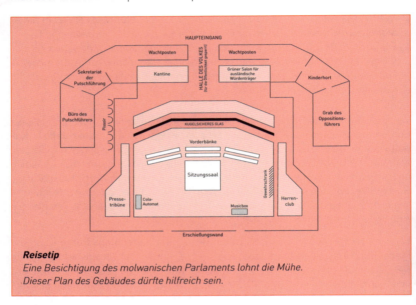

Reisetip
Eine Besichtigung des molwanischen Parlaments lohnt die Mühe.
Dieser Plan des Gebäudes dürfte hilfreich sein.

Das **Museum für Wissenschaft und Technologie** (*muzm șkjenteknolojyka*) feiert die vielen wissenschaftlichen Errungenschaften Molwaniens, darunter die Erfindung von Greifzirkel, blauer Nelke und Harpune. Eine besondere Ausstellung ist **Jzeovak Tkermec** (1936–1994) gewidmet, einem der brillantesten Wissenschaftler Molwaniens. Tkermec war ein Pionier auf dem Gebiet der Gentechnologie. 1987 gelang es ihm, ein menschliches Ohr auf eine Maus zu verpflanzen. Sein größter Durchbruch erfolgte jedoch ein Jahr später, als es ihm glückte, eine Maus an ein menschliches Ohr zu verpflanzen.

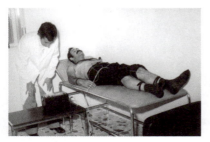

Bei wissenschaftlichen Leistungen war Molwanien lange Zeit führend. 1959 entwickelte Prof. V. C. Ulcviecel die weltweit erste Elektrolyse-Maschine; das Bild zeigt den ersten Test, den er an seiner Mutter vornahm.

[*Lutenblag*]

Wer sich vom Gedränge und Getriebe dieser geschäftigen Stadt erholen möchte, sollte einen Spaziergang durch Lutenblags wunderbar gestalteten **Botanischen Garten** unternehmen. Hier kann man verweilen und viele verschiedene Arten der molwanischen Rose betrachten (Bild rechts), eine einheimische Sorte, die weder Blüten noch Blätter, sondern nur Dornen hervorbringt. Beim Pavillon kann man im Sommer Boote mieten, was ein nettes Vergnügen ist wiewohl letztlich sinnlos, da es auf 200 Kilometer im Umkreis keine schiffbaren Gewässer gibt. Der Eintritt zum Garten kostet 120 $, und Sie erhalten drei bunte Eintrittskarten: eine als allgemeinen Einlaß, eine für das Herbarium und eine weitere, die es Ihnen gestattet, die **Rasenflächen** zu genießen und bei städtischen Wahlen abzustimmen. Achten Sie darauf, keine dieser Karten zu verlieren, da die Parkinspektoren (*polizi parzca*) nicht nur aktiv, sondern auch schwerbewaffnet sind.

Zu guter Letzt wäre kein Besuch von Lutenblag vollständig ohne einen Blick auf das berühmte **Kriegsmahnmal** (*miljtakslaab*). Dieses Monument aus massivem Marmor im Herzen der Altstadt ist den etwa 18 000 molwanischen Soldaten gewidmet, die im Zweiten Weltkrieg im Ausland gekämpft haben und nie heimgekehrt sind. Einige fielen, die Mehrzahl desertierte, und viele leben wahrscheinlich noch heute in Westeuropa als illegale Immigranten.

Für einen Groschen ...

Wer Lutenblags Großen Platz besichtigt, mag sich über ein kleines schmiedeeisernes Objekt gegenüber dem Rathaus wundern. Dieser Prototyp wurde aus Anlaß der Internationalen Handelsmesse 1896 errichtet und ist das erste und bis heute einzige Frauenpissoir der Welt. Es ist nach wie vor in Betrieb; erstmaligen Benutzerinnen wird jedoch geraten, ein Paar Ersatzschuhe mitzubringen.

Lutenblags historischer Königlicher Tennisclub *wurde während des Bürgerkriegs schwer beschädigt, inzwischen jedoch wieder geöffnet. Die Spieler sind verpflichtet, den Platz abzuspritzen und zu planieren sowie verbliebene Blindgänger zu suchen.*

DIE MOLWANISCHEN ALPEN
(Alpi Molwanjka)

DIE REGION

Stellen Sie sich eine gemütliche schneebedeckte Berghütte vor, die reifbedeckten Fenster erhellt vom Licht eines lodernden Holzfeuers, das die kalte Abendluft erwärmt. Willkommen im Sommer der Molwanischen Alpen. Diese einzigartige Berglandschaft, die den mächtigen **Fiztula-Fluß** überragt, wurde als Ferienziel jahrelang übersehen. Dank **verbesserter touristischer Infrastruktur** und eines Waffenstillstands im Krieg mit Rumänien beginnen Besucher jetzt die Reize dieses vergessenen Kleinods zu entdecken.

Der Bereich der Molwanischen Alpen erstreckt sich von den fruchtbaren Ebenen des Jerko-Beckens ostwärts bis zu den gewaltigen Postenwalj-Bergen und bietet vielerlei Reisemöglichkeiten. Natürlich gibt es herrliche Ski-Gebiete für Anfänger und Profis, mit mehr als 2000 Kilometern gepflegter und von Minen geräumter Hänge und Loipen. Auch Naturliebhaber kommen voll auf ihre Kosten in den zahlreichen Nationalparks des Gebiets, in denen viele der bedrohten Pflanzen- und Tierarten Molwaniens Zuflucht finden. Hier können Sie einen Trek über den berühmten **Valentinji Promendjj** (»Weg der Liebenden«) unternehmen, inmitten der Schönheit bewaldeter Hänge voller Alpenveilchen, Heidekraut, Ginster und benutzter **Kondome**.

Svetranj ist die größte Stadt der Region und Sitz der Verwaltung. Der lebhafte, aufregende Ort am Ufer des Jerko ist der ideale Ausgangspunkt für eine Tour durch diese faszinierende Gegend. Zu erwähnen ist ferner die ehrfurchteinflößende Majestät der **Großen Ebene** (*Planja Grandj*), vor kurzem von der UNESCO zum Weltkulturerbe erklärt wegen ihrer »einzigartigen Monotonie«. Schließlich sollten Sie auch nicht vergessen, wenigstens einen kleinen Abstecher nordwärts nach Vajana zu machen, wo sich Molwaniens berühmter »offener Zoo« befindet; am besten planen Sie dies für den ersten Sonntag des Monats ein, damit Sie sehen können, wie die Tiere gefüttert werden.

Die Große Ebene, vor kurzem von der UNESCO zum Weltkulturerbe erklärt wegen ihrer »einzigartigen Monotonie«.

Philippe schreibt ...
»Erstmals habe ich den Süden Molwaniens vor fast zwanzig Jahren bereist, bevor sonst jemand den Charme dieser Region entdeckte. Damals gab es keine Restaurants, keine Hotels, ja nicht einmal Trinkwasser. Es war ein wirklich authentisches Reiseerlebnis. Heute sieht man dort betuchte Touristen, die sich in seelenlosen, verwestlichten Bars und Restaurants entspannen, ohne zu bedenken, daß ich als erster dort war.« P. M.

[*Die Molwanischen Alpen*]

SVETRANJ

Bis in die 60er Jahre galt Svetranj als Tummelplatz der Reichen und Berühmten Molwaniens; sie wurden von der Region angezogen durch das erfrischende Klima, die **atemberaubende Landschaft** und die nachsichtige Einstellung gegenüber Sex mit Minderjährigen. Noch immer hat Svetranj viel von dem Charme bewahrt, der die Stadt zu einem derart beliebten Ziel werden ließ. Als eine der wichtigsten Sehenswürdigkeiten wäre zweifellos das alte **Kastell** der Stadt zu nennen. Vielen gilt es als Schauplatz der molwanischen Version von *Romeo und Julia* mit dem Titel *Slobadril un Mustaza*, im **16. Jahrhundert** von einem hiesigen Autor verfaßt. Jeden Tag kann man hier sehen, wie Touristen auf dem Balkon des Kastells ihre theatralischen Fähigkeiten erproben, indem sie die unsterbliche Zeile »*Slobadril, Slobadril, uch ver az tje?*« deklamieren. Wie die verwunschenen Liebenden in diesem **Klassiker der Literatur** werden auch Sie sich in Svetranj verlieben.

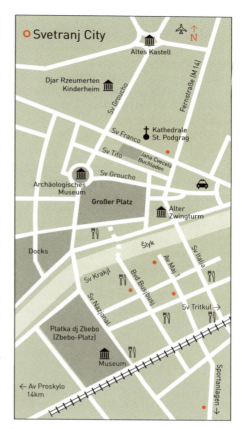

GESCHICHTE

Svetranj ist eines der wichtigsten **Handelszentren** im südlichen Molwanien und wurde im 16. Jahrhundert als Umschlagplatz gegründet. Da der Ort an der Grenze lag, wurde bald eine Reihe stark befestigter **Schanzwerke** angelegt, gegen mögliche türkische Angriffe aus dem Süden. Unglücklicherweise griffen die Türken jedoch von Osten her an, und der Ort wurde geschleift, ehe der umfangreiche Wiederaufbau im 18. Jahrhundert die Stadt zum Mittelpunkt der Region machte. Heute ist sie berühmt für ihre Handwerkserzeugnisse, vor allem die sogenannten **Svetranj-Spitzen**, die durchaus wohlwollend mit Brüsseler Spitzen und venezianischer Reticella verglichen wurden, obwohl sie gröber sind und aus Sackleinen hergestellt werden. Zu den weiteren Produkten der Gegend zählen Lederwaren und minderwertiges Heroin.

ORIENTIERUNG

Wenn man den Hauptbahnhof verlassen hat, wende man sich nach links und gehe die **Platka dj Zbebo** hinauf zum Rathaus. Dort finden sich ein paar sehr gute Läden und ansprechende Straßencafés. Rechts unmittelbar vor den Toren des Rathauses steht eines der ältesten und schönsten **Schlösser** in Svetranj. Die Tatsache, daß das Gebäude heute eine **Flipperhalle** ist, mindert seine architektonische Bedeutung keineswegs, und ein Besuch lohnt sich auf jeden Fall. Viele interessante Gassen und Gäßchen führen von der Platka (dem Hauptplatz) weg und bieten gute Möglichkeiten, das Stadtzentrum zu erforschen; Touristen sollten allerdings Warnungen beherzigen und die Gegend am Ufer des Jerko nach Einbruch der Dunkelheit und tagsüber meiden.

Das Uferpanorama bietet eine hübsche Mischung aus Terrassencafés und Freiluftrestaurants. Die Menge der davor geparkten Liefer-Lkws beeinträchtigt oft den ansonsten **ansehnlichen Ausblick**. Zusammen mit den Auspuffgasen der im Leerlauf nadelnden Dieselmotoren kann das den Genuß der im Freien servierten Speisen mindern; dennoch bleibt dies ein Muß für jeden, der die echte Svetranj-Atmosphäre erleben will. Nach einem schnellen Kaffee hier ist man in der richtigen Stimmung und am richtigen Platz, um das lebhafte Treiben bei den **Marktständen am Ufer** zu erforschen, wo sich Metzger, Bäcker und dergleichen Händler und Handwerker finden. Diese zeitlose Szenerie ist wunderbar geeignet, um einfach herumzuschlendern und die Stimmung in sich aufzunehmen: die Anblicke, die Gerüche und natürlich die Geräusche, wenn die Händler ihren traditionellen Schrei ausstoßen: »*Haltz! Jzorban!*« (»Haltet den Dieb!«)

SHOPPING

Svetranj ist noch immer einer der besten Plätze in Europa für den Erwerb von **Discount-Gütern**, und trotz der angedrohten gesetzlichen Maßnahmen können Sie weiterhin ein Paar echter Laufschuhe Marke Nikey or Reeboq für einen Bruchteil der eigentlichen Preise finden. DVDs sind ebenfalls reichlich vorhanden und billig; Reisende sollten aber daran denken, daß Molwanien offiziell als **Region 7** klassifiziert ist (was bedeutet, daß diese Aufnahmen nur auf Geräten abgespielt werden können, die in Molwanien oder im nördlichen Bulgarien hergestellt wurden). Ferner ist abzuraten vom Kauf elektrischer Geräte, es sei denn, Sie wollen campen und müssen möglicherweise Feuer machen.

Svetranj produziert eines der wenigen Fernsehermodelle der Welt mit eingebauter Berieselungsanlage.

[*Die Molwanischen Alpen*]

ANREISE

Das auf beiden Ufern des Jerko liegende Svetranj ist sowohl auf der Straße als auch per Bahn zu erreichen. Die wichtigste Fernstraße von Lutenblag nach Süden ist die M14 und war ursprünglich eine **Mautstraße**. Wegzölle sind längst abgeschafft; einige Touristen haben jedoch zuletzt berichtet, sie seien von Einheimischen angehalten worden, die sich als Mauteinnehmer ausgaben und Bargeld, Zigaretten oder eine Mitfahrt verlangten.

Am nördlichen Stadtrand gibt es auch einen kleinen Flughafen, der jedoch 1998 von den **Luftfahrtbehörden** geschlossen wurde, nachdem ein Schweizer Passagierflugzeug bei der Landung nur knapp der Kollision mit einem Maultier entging, das an einem Windsack angebunden war.

Bahnreisetip
Der großzügig angelegte Hauptbahnhof von Svetranj liegt tatsächlich etwa 12 km vom Zentrum entfernt.

Das Zeitalter der Entdeckungen

Svetranj ist stolz darauf, der Geburtsort von Molwaniens berühmtestem Entdecker zu sein, dem legendären **Jolp Trubazbor**. Am 13. Juni 1468 verließen Trubazbor und seine tapferen Mannen Lutenblag mit drei Segelschiffen. Sie brauchten fast einen Monat, um sie über die Berge zu schleppen, aber schließlich erreichten sie doch die Ostsee, von wo sie aufbrachen, um die fabelhaften Lande Ostindiens zu suchen. Es bleibt ein Rätsel, warum sie nach Nordwesten segelten; sie gelangten nach Skandinavien, wo Trubazbor Molwaniens Flagge hißte und erklärte, Südschweden solle in Zukunft

»**Jolpland**« heißen. Unter einem Hagel von Pfeilen zogen er und seine Mannschaft sich zurück und segelten über die Ostsee heimwärts. Es folgten wochenlange Vergewaltigungen, Plünderungen und Brandschatzungen, bis Trubazbor sich schließlich gezwungen sah, den Spielsaal des Schiffs zu schließen. Zu diesem Zeitpunkt hatte er Polen erreicht, wo alles noch schlimmer wurde. In einer bitterkalten, mondlosen Nacht in der Nähe des Hafens von **Danzig** verlor er zwei seiner Schiffe bei einem Kartenspiel. Er mochte sich jedoch nicht geschlagen geben, setzte die Expedition fort, und 1471 erreichte Trubazbor endlich schwer beladen mit Gewürzen, Sklaven und Schätzen die Heimat, wo ihm der traditionelle Willkommensgruß für Helden entboten wurde – man beraubte ihn.

UNTERKUNFT

In Svetranj die passende Unterkunft zu finden, kann zu einiger Verwirrung führen, da die Stadt ihr eigenes Sterne-System hat, von sechs Sternen (internationale Luxushotels) bis zu einem Stern (Abschiebelager für Flüchtlinge). Was Kosten angeht, so ist die offensichtliche Erklärung die genaue Lage: Je weiter Ihr Hotel vom Stadtzentrum entfernt ist, desto mehr werden Sie zahlen müssen. Beim Buchen sollten Sie beachten, daß Sie ein Doppelbett im Doppelzimmer ausdrücklich verlangen müssen; anderenfalls gibt man Ihnen wahrscheinlich ein Zimmer mit Zwillingsbetten oder – für einen deftigen Aufschlag – ein Bett mit Zwillingen darin.

$$$ Unterkunft **Luxus**

Zwar liegt das imposante **Ozjbrej Kastl** ein wenig außerhalb, ist aber eines der ehrwürdigsten Gasthäuser in Svetranj. Dieses mittelalterliche Herrenhaus wurde erstmals 1252 in einem städtischen Liegenschaftsregister erwähnt. Die neueste amtliche Erwähnung findet sich 2002 in einer Mahnung der Gesundheitsbehörden, das Restaurant des Hotels betreffend. Das »Ozj« bietet luxuriöse Zimmer und opulente Ausstattung von beinahe wienerischem Stil; Service und Installationen sind dagegen rein molwanisch.

> ✉ *90 Av Maj 1*
> ☎ *51 5698*
> 📠 *51 5697*
> @ *ozj@molnet.co.mv*
> 🔑 *58* 🍴 🅿
> 🖳 *DC, MC, V*

Für den aktiveren Reisenden, dem es nichts ausmacht, ein paar Kilometer außerhalb der Stadt zu sein, ist das **Hotjl Zport** eine empfehlenswerte Möglichkeit. Es liegt gleich neben den Sportanlagen von Svetranj und verfügt über eigene Laufbahnen, Squashplätze und ein Klärbecken von olympischen Ausmaßen. Zum Hotel gehört sogar ein eigener Fußballplatz, auf dem jeden Samstag ein Spiel Personal contra Gäste organisiert wird.

> ✉ *267 Av Maj 1*
> ☎ *50 0696*
> 📠 *50 0697*
> @ *sport@moldi.co.mv*
> 🔑 *200* 🍴
> 🖳 *DC, MC, V*

NB: Gästen wird dringend empfohlen, nicht an derlei Spielen teilzunehmen, da es jüngsten Berichten zufolge auf dem Feld zunehmend zu Ausschreitungen kommt, vor allem seitens des Hotelportiers.

Gzizco Hzorbec ist eines von Svetranjs ältesten Hotels. Es wurde an einem Berg oberhalb der Stadt errichtet; wegen einer Zerstreutheit des Architekten blicken jedoch alle Zimmer rückwärts in den Hang. Positiv ist zu vermerken, daß daher keine Belästigung der Gäste durch exzessive Licht- und Luftzufuhr stattfindet.

> ✉ *Sv Franco*
> ☎ *55 3856*
> 📠 *55 3855*
> @ *gzizco@molnet.co.mv*
> 🔑 *54* 🍴

[*Die Molwanischen Alpen*]

$$ Unterkunft **Mittlere Kategorie**

Das **Hotjl Jerko** liegt in der Nähe des Flusses, bietet einen guten Blick auf die geschäftigen Kaianlagen und ist vom zentralen Platz der Stadt nur einen Steinwurf weit entfernt (was während der Unruhen von 1997 bestätigt wurde, als aufgebrachte Demonstranten mehrere Fenster zerbrachen). Das Hotel bietet einen entspannten, angenehm zwanglosen Service; ein Gast berichtete allerdings, er sei physisch bedroht worden, als er einige Minuten zu spät zum Frühstück erschien.

✉ *75 Sv Krakjl*
☎ *56 2314*
🖷 *56 2315*
@ *jerko@moldi.co.mv*
🛏 *29*   🍴
▤ *DC, MC*

Das kleine, in Familienbesitz befindliche **Zibberief Hotjl** ist zentral gelegen und gemütlich; es bietet saubere, moderne Zimmer zu erschwinglichen Preisen. Wie die Zähne des Besitzers wurde das Hotel gründlich renoviert; die meisten Zimmer verfügen über Fernsehen und eigenes Bad.

✉ *33 Bvd Busjbusj*
☎ *59 5696*
🖷 *59 5697*
@ *zibber@moldi.co.mv*
🛏 *18*   🍴
▤ *DC, MC, V*

$ Unterkunft **Economy**

Die Besitzer der aus dem 15. Jahrhundert stammenden Pension **Plepjic Vaz** bezeichnen ihr Etablissement als »günstig gelegen«, was für sie zutreffen mag – sie wohnen gleich nebenan –, aber für Gäste liegt das Haus ungefähr 14 km westlich der Stadt. Die etwas trübe Ausstattung der Zimmer wird aufgehellt durch Blumentöpfe und vielfältig bunten Schimmel in den Bädern.

✉ *354 Av Proskylo*
☎ *52 5600*
🛏 *24*
▤ *V*

Svetranj bietet auch verschiedene Möglichkeiten der Unterkunft in Jugendherbergen, eine preiswerte Alternative zu Hotels. Rechtzeitige Buchung ist unabdingbar, da diese Einrichtungen im Sommer recht voll werden, vor allem seit die größte und beliebteste Herberge, **Djormi**, von den Behörden geschlossen wurde, nachdem Gäste in den Frauenduschen versteckte Videokameras gefunden hatten. (Der Eigentümer, der überaus umtriebige Viktor Djormi, leugnete zunächst jede Kenntnis davon; später betonte er, die Kameras seien aus Sicherheitsgründen angebracht worden, um Handtuch- und Seifendiebstahl zu verhindern. Die Angelegenheit befindet sich noch immer vor Gericht; eine Vollversammlung von Richtern prüft seit mehr als einem Jahr die aufgezeichneten Beweise.)

Geschlossen für die Dauer der Ermittlungen

[*Die Molwanischen Alpen*]

ESSEN

Als kulinarische Hauptstadt der gesamten Molwanischen Alpen ist Svetranj stolz auf seine guten Restaurants. Das Hauptgericht in den besten von ihnen ist *pvork zpiitka* (**gebratenes Schwein** mit einem Apfel im Maul). Die Speise ist schwierig zuzubereiten, da das herkömmliche Rezept vorschreibt, daß der Apfel dem Schwein ins Maul gesteckt wird, wenn es noch lebt. Besucher, die ein eher **lässiges Eßerlebnis** suchen und bereit sind, Zigarettenqualm und Tiefkühlkost hinzunehmen, mögen vielleicht eine *vzarjkil* (Health-Food-Bar) aufsuchen.

$$$ Essen **Luxus**

Svetranjs beliebtestes Restaurant ist ohne Zweifel das **Kisbzucten**; es liegt am größten Platz der Stadt. Die hier servierten Speisen sättigen nachhaltig; typische Gerichte enthalten normalerweise Kohl, Sahne, Kartoffeln, Würste und Gedärm. Das gilt für die Vorspeisen. Wer nicht ganz so ausgehungert ist, könnte etwas Leichteres bestellen, etwa eine Schüssel *guzpa* (eine dicke Suppe aus Paprika und Gänseschmalz).

✉ *23 Platka dj Busjbusj*
☎ *55 5330*
▤ *DC, MC, V*

Eine zwanzigminütige Fahrt mit dem Wagen nach Osten bringt Sie zu **Kbadi**, einer großen, authentischen *tavernja*, die auf ländliche Küche spezialisiert ist. Auch dieses Lokal ist sehr beliebt, und da es so weit außerhalb der Stadt liegt, kann es an lebhaften Abenden schwierig werden, ein Taxi für die Heimfahrt zu bekommen. Eine Möglichkeit ist es, mit dem Taxi hinzufahren und den Fahrer dann zu einem leichten Mahl einzuladen. Die meisten lassen sich gern auf einen Teller Suppe sowie eine 2 l-Karaffe Hauswein ein.

✉ *243 Sv Tritkul*
☎ *52 1246*
▤ *MC, V*

NB: Es ist eine gute Möglichkeit, sich die Heimfahrt zu sichern; der einzige Nachteil ist, daß man das Fahren meistens selbst übernehmen muß.

Es empfiehlt sich, Sitze in einem von Svetranjs populären Straßencafés früh zu reservieren (Tische kosten extra).

[*Die Molwanischen Alpen*]

$$ Essen **Mittlere Kategorie**

Eine weitere kulinarische Institution im Stadtzentrum ist **Zad Gjorjze** (Georgs Bude), ein großes Eßlokal, das herzhafte regionale Speisen serviert, viele davon gebacken in einem traditionellen *petzda* (Petroleumofen). Kommen Sie früh genug, um Jazz und allgemeine Keilerei zu genießen.

✉ *54 Bvd Busjbusj*
☎ *54 7834*

Wenn Ihnen am ultimaten Eßerlebnis liegt, gehen Sie ins **Tjuj Meda**, ein Speiselokal provinziellen Typs gleich gegenüber dem Museum. Im Sommer kann man draußen unter der riesigen Eiche sitzen, Hausbräu trinken und in der Atmosphäre baden. Reservieren ist unerläßlich an Samstagabenden; dann kommen hier oft große Menschenmengen zu einem von Svetranjs traditionellen Festen zusammen, wobei ein Wildschwein von Hand geschlachtet und am Spieß gebraten wird (allerdings nicht unbedingt in dieser Reihenfolge), ehe die hungrigen Gäste es verzehren.

✉ *12 Sv Nazjonal*
☎ *59 7830*
🖅

$ Essen **Economy**

Wer einen leichten Imbiß wünscht, sollte auf der anderen Seite des Flusses das **Bistroj Cravben** aufsuchen, ein nettes kleines Café, das nicht allzu weit von der Stadt entfernt ist. Es wird geleitet von einem einheimischen Ehepaar; die Speisen wechseln oft. Leider kann man das nicht von den Tischtüchern sagen.

✉ *54 Sv Italia*
☎ *50 2655*

Kaça Zrzaveho (wörtlich: »Stink-Haus«) ist ein überraschend beliebtes Restaurant in der Nähe des Zentrums. Jede Speise wirkt liebevoll zubereitet, mit ganz frischen Zutaten. Das ist natürlich eine Illusion; die meisten Speisen kommen vorverpackt und schockgefroren aus einer slowakischen Fabrik.

✉ *76 Bvd Busjbusj*
☎ *51 2765*

Fisch übern Tisch II

Die Restaurants von Svetranj, das ja am Ufer des Jerko liegt, sind natürlich stolz auf ihr großes Angebot an erstklassigem Fisch. Forelle, Hecht, Kabeljau und eine seltene Abart des Süßwasserdelphins finden sich regelmäßig auf den hiesigen Speisekarten – aber die begehrteste Delikatesse ist zweifellos der exotische *kjerzenko*, der nur in der Region von Svetranj vorkommt. Diese gastronomische Spezialität ist im übrigen äußerst giftig und sollte nur von besonders qualifizierten Köchen zubereitet und angerichtet werden. Hierbei wird eine kleine glibberige Drüse gleich hinter dem Kopf des Fisches vorsichtig entfernt. Diese Drüse – der einzige eßbare Teil des *kjerzenko* – wird dann gekocht; den Rest des Fischs wirft man weg oder verarbeitet ihn zu Geflügelfutter.

HIGHLIGHTS

Besonders gut läßt sich die Stadt vom Fluß aus erforschen, und kleine Kähne (*plunkas*) kann man bei den **Bootsverleihern** am Jerko mieten. Diese buntgeschmückten Fahrzeuge kosten nicht mehr als 20 $ pro Stunde (für Ruder muß man allerdings weitere 100 $ hinblättern), und eine gemächliche Fahrt flußabwärts führt an zahlreichen architektonischen Kleinoden vorbei; zu diesen zählt der alte **Zwingturm** (*kzmurta*), wo Verdächtige früher routinemäßig mit heißen Schüreisen befragt wurden, ehe man sie vom Dach warf und sie auf den Felsen am Ufer einen **gräßlichen Tod** fanden. Diese Form des Schnellgerichts wurde glücklicherweise 1978 abgeschafft, aber der Turm bleibt eine nachdrückliche Erinnerung an Molwaniens wüste Vergangenheit.

Das pittoreske Bett des Jerko.

Die **Kathedrale von Svetranj** thront hoch über dem Schwemmland und schaut auf die Stadt herab. Deutlich sind zwei Bauphasen zu erkennen: Der untere Teil zeigt spätgotische Einflüsse, während Kuppel und Türme viel den Fortschritten verdanken, die das 20. Jahrhundert in der Aluminium-Verkleidung gemacht hat.

Das **Archäologische Museum von Svetranj** ist jeden Tag geöffnet, außer montags, mittwochs, donnerstags und an Wochenenden; es birgt eine beeindruckende Sammlung von Artefakten: liburnischen Bronzeschmuck, zahlreiche **römische Trümmerstücke** und eine Schamhaarlocke, die angeblich von einem katholischen Bischof des 13. Jahrhunderts stammt. Führungen durch das Museum werden regelmäßig angeboten, und den meisten Besuchern zufolge sind die Führer sehr kenntnisreich und hilfsbereit, wenngleich gelegentlich Gäste bedroht wurden, die vorzeitig gehen wollten.

Bu-Bu der Reformer
Vor der Unjverstat Politikat befindet sich eine **Statue** des ehemaligen Premiers »Bu-Bu«, der drei Finger in die Höhe hält (die einzigen, die ihm 1932 nach einem Unfall mit Eßbesteck blieben). Diese Geste symbolisiert seine Leistung als Gesetzgeber und Wegbereiter der Teilung zwischen den drei Gewalten des molwanischen Zentralstaats: Gerichtsbarkeit, Legislative und Mafia.

[*Die Molwanischen Alpen*]

Einer der schönsten Anblicke von Svetranj ist der lange **zentrale Boulevard**, an dem eine Doppelreihe Platanen Schatten spendet. Cafés und Restaurants säumen die Straße, und im **Sommer** treffen sich hier allabendlich die Einheimischen in ihrer besten Kleidung zum *passegjeco* (Promenade) in der Dämmerung, eine Gelegenheit für Svetranjs *High-Society*, zu sehen und sich sehen zu lassen. Leider wurde das Vergnügen an diesem Ritual in den letzten Jahren ein wenig dadurch geschmälert, daß zufällig zur gleichen Zeit **Einbruchdiebstähle** stark zunahmen, was man für das Werk opportunistischer Zigeuner hält.

Am Ende einer schmalen Gasse schräg gegenüber der Kathedrale findet sich der **Buchladen Jana Cvecej**, eines von Svetranjs berühmtesten Geschäften. Gegründet wurde es 1957 von Jana Cvecej, einer eifrigen Büchersammlerin und produktiven Schriftstellerin, die in der Stadt einen betrüblichen Mangel an lieferbarer Literatur empfand. Der Laden bietet heute stolze 7000 Titel; der einzige Nachteil ist, daß sie alle von Cvecej selbst verfaßt wurden.

> **Ein profunder Denker ...**
> Knapp nördlich von Sevtranj (genaue Adresse: Sv. Livisnki Obala 1120) kann man ein bescheidenes steinernes Gebäude finden, in dem **Djar Rzeumerten** zur Welt kam und seine **Kindheit** verbrachte. Der 1768 geborene Rzeumerten, Molwaniens wohl berühmtester Philosoph, war ein für seine Zeit fortschrittlicher Denker; seine größte Leistung war der unwiderlegliche Beweis, daß er selbst nicht existiere.
>
>
>
> *Djar Rzeumerten*

Die Bewohner von Svetranj versammeln sich an jedem 6. Juni zum Fest der Schiefen Heiligen.

DIE GROSSE EBENE

Ein ungeheurer Gegensatz zu Molwaniens mächtigen Alpen, die nur ein paar hundert Kilometer weiter östlich aufragen, ist das ausgedehnte Flachland um Svetranj; die Römer nannten es einst *Plana Monotona Desolata*. Die Vegetation dort ist typisch für das zentrale Molwanien – Disteln und Unkraut, unterbrochen von steinigem Brachland. Die **expansive Schönheit** dieser offenen Landschaft scheint sich bis zum Rand der Welt zu erstrecken und hat im Lauf der Jahrhunderte Maler, Dichter, Romantiker und Zementkonsortien angezogen. Aber natürlich ist diese **gewaltige Prärie** seit Urzeiten Heimat der *cziksos* (Schäfer), und noch heute kann man sehen, wie sie ihre Herden über die weite, **windgepeitschte Öde** treiben. Diese bunten Gestalten tragen immer noch ihre traditionelle Tracht, auch wenn die meisten ihre Pferde inzwischen durch aus der Ukraine importierte laute Motor-Dreiräder ersetzt haben. (Um diese zu lenken, verwenden sie allerdings weiterhin Zügel.) Jeder *czikso* ist von einer großen Schafherde und mehreren *zuti*-Hütehunden begleitet. Sie halten die Schafe wegen deren Wolle und Milch, die Hunde dagegen werden **regelmäßig geschlachtet**, da ihr Fleisch diesen nomadischen Hirten als Leckerbissen gilt.

REISEZEIT

Eine der besten Zeiten für eine Besichtigung der Großen Ebene ist der September, wenn die jährliche Weinlese beginnt. Da die Bevölkerung der Gegend zutiefst religiös ist, gehören zur Ernte zahlreiche Messen und besondere Zeremonien, deren Höhepunkt am 22. September stattfindet: Die ersten Trauben werden zertrampelt von einem jungfräulichen Mädchen (oft zu diesem Behuf aus Ungarn geholt wegen des Fehlens qualifizierter Einheimischer). Auch der mittlere Winter hat seine Reize, da zu dieser Zeit die heißbegehrten **Trüffeln geerntet** werden. Besucher können zusehen, wie **speziell ausgebildete Schweine** die Ebene durchwühlen und nach den verborgenen Delikatessen schnüffeln. Sind diese erst gefunden, werden sie mit herkömmlichen Mitteln ausgegraben – Sprengstoff oder kleine Vorderlader.

Die Rinder der Großen Ebene wurden genetisch modifiziert, so daß sie nur zwei Beine haben. Das verringert zwar den Fleischertrag, erleichtert aber das Hüten erheblich.

> **Das Fest ist eröffnet!**
> Über die Große Ebene verstreut gibt es Dutzende kleiner Dörfer, die meisten mit gerade ein paar Hundert Einwohnern. Viele dieser entzückenden Gemeinden haben ihre eigenen wiederkehrenden Feste, erfüllt von Trunk, Tanz und Prügelei. Man kennt sie als *vecborjas* (Wochenenden), und normalerweise sind Touristen dabei willkommen.

[*Die Molwanischen Alpen*]   75

Philippe schreibt ...
»Vor ein paar Jahren besuchte ich Svetranj mit einer Gruppe von Freunden, die mich plötzlich verlassen mußten. Da ich der üblichen Touristenfallen und schäbigen Souvenirläden überdrüssig war, winkte ich ein Taxi herbei und bat den Fahrer (in meinem besten Molwanisch!), mich an einen Ort zu bringen, wo ich wirklich Herz und Seele des Landes fühlen könnte – an einen Ort, wohin ich gehörte. Nach zweieinhalbstündiger Fahrt ließ er mich in einer weitläufigen Wildnis zurück, die sich später als die Große Ebene herausstellte. Als ich ein paar Tage später an Hunger und Unterkühlung zusammenbrach, wurde mir klar, daß dies eine der authentischsten Reiseerfahrungen meines Lebens war. Unvergeßlich!«   *P. M.*

NAHVERKEHR

Die beste Möglichkeit, diese einzigartige und abgelegene Landschaft zu erleben, ist eine Fahrt mit Führer in einem Geländewagen. Es gibt mehrere Anbieter; der größte, **Zvedir Zafarji**, bietet vier-, fünf- und siebentägige **Abenteuertouren**. Man folgt alten Viehwegen über die Ebene; zur Unterbringung dienen traditionelle **Zelte aus Tierhäuten**. Man begreift sehr schnell, wie hart, kalt, öde und eintönig das Leben hier draußen gewesen sein muß, und dem Unternehmen Zvedir Zafarji gelingt es vortrefflich, alle Elemente dieser Erfahrung zu vermitteln.

UNTERKUNFT

Wer nicht so sehr auf Abenteuer aus ist, sollte vielleicht erwägen, ein paar Nächte auf **The Great Plain Ranch** zu verbringen, die etwa 25 km östlich von Svetranj liegt. Gäste können in authentischen, dunggedeckten *stinkas* (traditionelle Hütten) übernachten und sich von den örtlichen Cowboys unterhalten lassen, die ihre beliebten **Reiterspiele** vorführen. Diese begabten Männer demonstrieren, wie prächtig sie ihre Pferde beherrschen; sie lassen sie halten, wenden, springen und sich winden, indem sie sie nur leicht mit ihrer **elektrischen Peitsche** berühren. Die Vorführungen finden das ganze Jahr über statt, bei schlechtem Wetter allerdings in der Kantine, die dann ein wenig voll werden kann. Reservieren ist unerläßlich.
Die Große Ebene hat jüngst auch eine Zunahme des sogenannten *aggro-turizm* erlebt; etliche Höfe bieten Übernachtungen und vorzügliche Hausmannskost an, verbunden mit der Möglichkeit, mehr über das wirkliche Leben auf einem **landwirtschaftlichen Betrieb** zu erfahren. Bedauerlicherweise wurde dieses Programm vorübergehend suspendiert, aber das örtliche Fremdenverkehrsbüro hofft, es bald wieder anbieten zu können, sobald die Region amtlich für anthraxfrei erklärt wird.

VAJANA

Bis vor kurzem war diese mittelalterliche Stadt ein Gemenge von Slums, die sich um einen vergifteten See nahe den stinkenden, abfallverseuchten Hängen des **Toxyk-Bergs** drängten: nicht eben der Ort, der Feriengäste anzieht, wenngleich Vajana 1976 eine Auszeichnung als »saubere Stadt« erhielt. Diese Ehrung sorgte für eine Art Wiederbelebung des Orts; heute gilt Vajana als erstklassiges Ferienziel mit **modernem Komfort** und aufregendem Nachtleben – und dies trotz der ab 22 Uhr geltenden, vom Militär durchgesetzten Ausgangssperre. Touristen, die gern ein bißchen Unterhaltung für Erwachsene mit örtlicher Kultur verbinden, sollten **Šprajzebajn** aufsuchen, eines der letzten alteuropäischen Cabarets, in dem die Tänzerinnen ihre Übungen auf dem Schoß der Gäste verrichten.

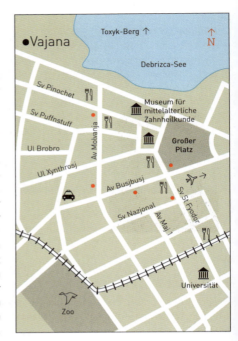

GESCHICHTE

Diese alte Stadt wurde AD 720 gegründet von der großen Matriarchin **Besbolja**. Man nannte sie die »Mutter aller Vajaner«, vermutlich deshalb, weil zur Zeit der Gründung die Zahl der Einwohner 14 war, und alle waren ihre Kinder. Im 15. Jahrhundert galt Vajana als Molwaniens »kultureller Schmelztiegel«, weil es dort einen großen Schmelztiegel gab, in dem während der **Balkanischen Inquisition** ethnische Minderheiten untergebracht wurden.

Im Mittelalter vollbrachten Ärzte aus Vajana Pionierleistungen auf dem Gebiet komplexer medizinischer Verfahren. Dieser Holzschnitt zeigt Ärzte, die Gliedmaßen amputieren und zugleich ein Geständnis extrahieren.

ANREISE

Straße Die wichtigste Straße von Svetranj über die Ebene nach Vajana ist größtenteils einspurig, voller Schlaglöcher und oft gesperrt aufgrund von Schnee, Steinschlag oder Verseuchung mit ausgetretenen Chemikalien. Vor Beginn einer Reise auf dieser tückischen Landstraße sollten Fahrer sich auf jeden Fall mit dem Polizeipräsidium Vajana ins Benehmen setzen (Tel. 06/43677214) und dort hinterlassen, wann sie aufbrechen wollen, wann sie anzukommen hoffen und ob – falls es Probleme gibt – sie beerdigt oder eingeäschert werden möchten.

Lkws mit illegalen Immigranten legen eine Pause ein, um die landschaftliche Schönheit längs der Straße Svetranj-Vajana zu genießen.

Luft Für alle, die lange Autofahrten vermeiden wollen, ist ein Flug nach Vajana die sinnvolle Alternative. Es gibt eine regelmäßige Pendelverbindung zum Flughafen **Ruzbcil**, benannt nach einem von Molwaniens größten Aeronautikern, Hlavni Ruzbcil (1952-1997), dem Mann, der als erster bewies, daß eine kausale Verbindung zwischen dem Rauchen beim Betanken des Flugzeugs und dem Tod durch Feuer existiert. Betrüblicherweise endete seine Existenz während der Beweisführung.

NAHVERKEHR

Vajana ist eine relativ kleine Stadt, unterteilt in Viertel, deren es drei gibt. Leider ist der **öffentliche Nahverkehr** langsam und unzuverlässig; daher sind generell Taxis zu empfehlen. In Vajana tummeln sich Mietwagenfirmen, was die Preise nach unten getrieben hat, aber Reisende sollten sich bei besonders günstigen Discountangeboten vorsehen, da den betreffenden Wagen modernes Zubehör wie Servolenkung oder Bremsen fehlen könnte.

Alt-Vajana

Neu-Vajana

[*Die Molwanischen Alpen*]

UNTERKUNFT

Leider muß man wahrheitsgemäß sagen, daß sich in Vajana nicht viele gute Hotels finden lassen, die ihr Geld wert sind, und bei den wenigen, die es gibt, ist in den letzten Jahren das Niveau der Preise wie das der Verschimmelung gestiegen. Natürlich gelangen viele Reisende mit dem Wagen nach Vajana, und das Auto ist sicher auch eine der besten Übernachtungsmöglichkeiten. Touristen mit kargem Budget sollten daran denken, daß im Sommer die **Universität Vajana** Besuchern ihre Tore öffnet und gestattet, daß sie zu sehr erschwinglichen Preisen Zimmer von Student/inn/en oder auch diese selbst mieten. Weitere Möglichkeiten:

$$$ Unterkunft **Luxus**

Das **Vajana Ritzzz Hotjl** liegt direkt am pittoresken Großen Platz – zur Freude der Touristen, aber zur Schande des Platzes, dessen Charme das Betonbunker-Design des Hotels arg beeinträchtigt. Zimmer auf der Rückseite werden als »mit Bergblick« angeboten, was insofern nicht ganz irreführend ist, als die Fenster tatsächlich auf einen Berg zusammengepreßter Autowracks blicken, den ein paar in der Nähe befindliche Autoverwerter aufgetürmt haben.

✉ *6 Platka dj Busjbusj*
☎ *90 1196*
📠 *90 1197*
@ *ritzzz@moldi.co.mv*
🛏 *50* 🍴 ✂
💳 *DC, MC, V*

NB: Die freundlichen Mitarbeiter des Hotels beherrschen eine ganze Reihe von Sprachen, und man sollte durchaus ein Zimmer mit Balkon verlangen; man wird keines bekommen, aber auf diese Weise gibt man den Angestellten eine Chance, ihr Englisch zu aktivieren.

> **VORSICHT!**
> Wegen des erratischen Wasserdrucks sollten die Gäste der besseren Hotels von Vajana keinesfalls die Bidets (*frekljsqirtz*) benutzen.
> Wie vor kurzem ein Besucher formulierte, gibt es »einen feinen Unterschied zwischen persönlicher Hygiene und einer Darmspülung«.

Das Vajana Ritzzz Hotjl – was ihm an alteuropäischem Charme fehlen mag, macht es an Beton mehr als wett.

[*Die Molwanischen Alpen*]   79

$$ Unterkunft **Mittlere Kategorie**

Das **Hotjl Ozjecmet** bietet nicht viel fürs Auge, aber hier findet man gute, komfortable Zimmer zu vernünftigen Preisen. Der Service ist gründlich, wenn auch ein wenig aufdringlich. Ein Gast berichtete kürzlich, er habe dem Zimmermädchen gesagt, er und seine Frau wollten das Bett nicht aufgeschlagen haben. Daraufhin kehrte das Mädchen mit mehreren Kolleginnen zurück, die die Gäste festhielten, während sie das Plumeau entfernte. Danach weigerten sie sich, das Zimmer zu verlassen, ehe die Gäste nicht das Begrüßungs-Bonbon gegessen hatten.

78 Av Busjbusj
91 1961
91 1962
oz@molnet.co.mv
34
MC, V

Reisende, die leicht unter Streß leiden, sollten möglicherweise ein Zimmer im **Club Spza** buchen, einem schicken neuen Boutique-Hotel, das auf Relaxen spezialisiert ist. Neben heißen Bädern und Saunaräumen wird dort eine ganze Palette von Massagen angeboten, darunter Heilmassage (nichtsexuell), Tiefengewebemassage (nichtsexuell), Sportverletzungsmassage (nichtsexuell) und erotische Oben-Ohne-Massage durch zwei Lesben (nichtsexuell).

54 Av Molvanja
94 8686
94 8687
spza@moldi.co.mv
32
DC, MC, V

$ Unterkunft **Economy**

Im Sommer werden die Schlafsäle der **Universität Vajana** ausgeräuchert und Besuchern geöffnet, was eine billige Alternative zu Hotels ist. Preiswerte und deftige Mahlzeiten gibt es auch, und zwar in einer improvisierten Cafeteria hinter der Abteilung für Veterinärmedizin.

212 Sv St Fyodor
92 9575
92 9555
uni@molnet.co.mv
302   *DC*

Eine weitere Option für den schmalen Geldbeutel ist **Olgas** private Herberge, geleitet von der lebhaften Olga Kramcesvki, einer zur *hotelière* gewordenen eingewanderten Polin. Die Zimmer sind klein und die Einrichtung ist rudimentär, aber die Preise sind niedrig, und es gibt genug Platz zum Entspannen auf einer schattigen Gartenterrasse, bezaubernd überwuchert wie die Achselhöhlen der Besitzerin.

45 Av Molvanja
99 0343
olga@moldi.co.mv
8
V

Reisetip
In vielen der weniger teuren Hotels von Vajana ist ein Selbstbedienungsfrühstück vorgesehen. Wer den Toaster zu benutzen plant, sollte sichergehen, daß er gut isolierende Schuhe trägt.

ESSEN

Wer die echte traditionelle molwanische Küche kennenlernen will, für den ist Vajana der ideale Ort. Hier kann man solche örtlichen Spezialitäten finden wie die beliebte *hercmec*-Kombination (**Leber und Gänseklein**, oft als Dessert in einem Waffelhörnchen serviert) oder auch *kvorvecz*, eine dicke, gehaltvolle Suppe, benannt nach einem ehemaligen Bürgermeister mit ähnlichen Eigenschaften. Zwar besitzen die meisten Restaurants von Vajana eine Schanklizenz, aber in letzter Zeit wurden mehrere Lokale eröffnet, in denen die Gäste ihren eigenen Wein mitbringen dürfen. Man sollte allerdings damit rechnen, entweder eine Entkorkungsgebühr von 20 % zu entrichten oder den Kellner 20 % des Flascheninhalts trinken zu lassen.

$$$ Essen **Luxus**

Ganz nah beim Rathaus findet sich **Tozi Rzal**, ein altes Backsteingebäude mit gewölbten Decken und Terrakotta-Boden. Es wird behauptet, der Premier Busjbusj habe sich hier einmal übergeben. Hier legt man Wert auf Eleganz; die Menüs bieten gewöhnlich mehrere üppige Gerichte an, denen ein Frucht-Sorbet folgt, das den Gaumen auf das Dessert vorbereiten soll (ebenfalls Sorbet).

✉ *10 Platka dj Busjbusj*
☎ *94 6866*
▭ *DC, MC, V*

Das **Vebrizic Bistroj** ist eines von Vajanas berühmtesten Speiselokalen, und viele Jahre lang haben sich die Gäste in diesem Restaurant gedrängt, um ein besonderes Schauspiel zu genießen: die Zubereitung der Spezialität – Wild in einer lodernden Cognac-Sauce –, von den Köchen aufwendig auf glühendheißen Tellern am Tisch serviert. Bedauerlicherweise ist das Gebäude im vorigen Jahr niedergebrannt; es gibt jedoch Pläne für einen Neubau.

✉ *63 Av Busjbusj*
Wegen Brandschäden geschlossen

$$ Essen **Mittlere Kategorie**

Eine eher lockere Atmosphäre bestimmt das **Valgzos**, ein Bistro im *tavernja*-Stil mit örtlichen Spezialitäten. Typische Gerichte enthalten Zwiebeln, Knoblauch, Pfeffer, Paprika, Kohl und rote Linsen. Reservierung und Fensterplatz sind unerläßlich.

✉ *32 Sv Puffnstuff*
☎ *93 6934*

$ Essen **Economy**

Wer es gern lässig mag, sollte vielleicht ein Häppchen in einer von Vajanas beliebten **Subwayz**-Filialen zu sich nehmen. Diese Sandwich-Bars lehnen sich sehr stark an die amerikanische Kette ähnlichen Namens an (einige anhängige Verfahren sind noch in der Schwebe) und bieten eine große Auswahl belegter Brötchen an, darunter ein »weight-watchers special«, das laut Karte weniger als 600 gr Fett enthält.

✉ *34 Sv Puffnstuff*
✉ *23 Av Busjbusj*
✉ *75 Sv Pinochet*

[*Die Molwanischen Alpen*]

HIGHLIGHTS

Viele Touristen nehmen die weite Anreise auf sich, nur um Vajanas berühmtes **Freiluft-Gehege** zu besichtigen; ein schneller Rundgang durch diese beeindruckende Anlage macht jedem schnell die Gründe dafür klar. Auf vier Hektar üppiger Gartenlandschaft, umgeben von Elektrozäunen, prunkt dieser Zoo mit einer der größten Sammlungen von Tieren und Vögeln in Osteuropa. Hier kann man 2500 Tiere – 400 verschiedene Arten – in knapp 65 Käfigen bewundern; dies gilt offiziell als die **höchste Tierhaltungsdichte** weltweit. An Werktagen ist der Zoo von 9:00 bis 16:30 geöffnet; besonders interessant sind an jedem Freitag die Vorträge des Tierarztes über die in der vergangenen Woche verzeichneten Todesursachen bei den Tieren.

Eines der vielen bemerkenswerten Tiere im Zoo von Vajana ist die Molwanische Gefleckte Seeschwalbe, unter allen Wasservögeln der Welt der einzige Afteratmer.

Gleich gegenüber vom Rathaus liegt Vajanas **Museum für mittelalterliche Zahnheilkunde** (*Muszm Dentjk Medvjl*). Besichtigungen dieses faszinierenden wiewohl etwas makabren Instituts sind an Werktagen möglich; es gibt dort auch eine Videodarbietung (mit Ton), die einen Einblick in die Geschichte der frühen Fortschritte der Mundhygiene gibt. Ein Besucher berichtete, all dies sei höchst informativ, aber mit gut 150 Minuten vielleicht allzu detailliert, vor allem auf dem Gebiet der **Gaumenentzündungen**.

Nördlich der Stadt findet sich der **Debrizca-See**, ein ruhiges Gewässer von 134 Hektar, das bei einheimischen Bootsbesitzern ebenso beliebt ist wie bei Familien, die gern einmal ein Picknick machen. Auch Reisebusse halten oft hier, um ihre **Bordtoiletten** zu entleeren; zwar sollte man daher ein wenig achtsam sein, aber insgesamt kann kaum etwas dieses wirklich schöne Ausflugsziel beeinträchtigen. Der See bietet außerdem verschiedene Möglichkeiten des Wassersports, darunter Wasserski, Windsurfen und Parasteigen, was als Zwischending zwischen Paragleiten und Selbstmord bezeichnet wurde.

Der Debrizca-See wurde ursprünglich durch Gletscheraktivitäten während der Eiszeit (ca. 19500 v. Chr.) geformt und in der Hydroelektrikzeit (ca. 1950 n. Chr.) weiter vergrößert.

Die Molwanischen Alpen

Viele, die nach Vajana reisen, wollen dort unbedingt Handwerkserzeugnisse aus molwanischer Zeder kaufen, einem sehr gesuchten Holz, das auch von einheimischen Möbelschreinern gern verwendet wird. Käufer sollten allerdings bedenken, daß zwar die frisch geschnittene **molwanische Zeder** sehr solide ist, das Holz später jedoch leicht und ohne vorherige Anzeichen splittert oder bricht. Es ist überdies auf der Welt das einzige Holz, das rostet.

Vajanas berühmteste Weinlage, Chateau Zodbranjd

In der Gegend um Vajana wird seit alters Wein angebaut; man erzeugt dort der Welt einzigen roten Riesling. Der beliebteste Wein der Region ist ein Rotwein aus einer Beerensorte, die nur hier vorkommt, nämlich **Sauvignon Sour**. Viele große Weinautoren haben sich bemüht, den Geschmack der Beeren zu beschreiben; die meisten vergleichen ihn mit dem von **fermentierter Zitronenschale**. Die Beere hat eine extrem harte Haut, und viele Jahre lang verwendete man ausschließlich Gewehrkolben, um sie zu zerquetschen. Der so entstandene Most ist extrem adstringierend und wird mehreren Filterpressungen unterzogen. Das Ergebnis der ersten Pressung wird zu Premium-Cuvées verwendet, das der zweiten zum Gerben von Sattelleder.

Schule der Nation

Bei der Erörterung alternativer Bildungsmethoden denken die meisten wohl an Montessori oder Steiner; es gibt jedoch auch in Molwanien ein eigenes System der frühkindlichen Lernförderung. Grundlage sind die Schriften des in Vajana geborenen Visionärs V. Z. Vzeclep (1823–1878). Die sogenannten **Vzeclep Instjtuts** finden sich überall im Land und folgen einer Erziehungsphilosophie, deren Motto lautet: Ne Drabjovit Vard Szlabo (wörtlich: »Schlag den Esel nicht zu sehr«). Dieses Unterrichtssystem legt großen Wert auf Haltung wie auch auf Atmung, und in den Vzeclep-Schulen verbringen Kinder die ersten sechs Schuljahre in dafür speziell entwickeltem Zaumzeug.

Jahrgang '52. Die fröhlichen Kinder der ersten Vzeclep-Schule genießen ihre wöchentliche Pause.

[*Die Molwanischen Alpen*]

DIE POSTENWALJ-BERGE

Eine der berühmtesten Attraktionen für Reisende im Süden Molwaniens findet sich nur wenige hundert Kilometer östlich von Svetranj: die Kette der wunderbaren Postenwalj-Berge. Diese stark bewaldete Bergregion ist gleichermaßen beliebt bei Bergwanderern, Skiläufern und jenen, die unmarkierte Gräber suchen. 1965 wurde sie zum **Nationalpark** erklärt. Dieser wurde ein paar Jahre später zum Katastrophengebiet erklärt, nachdem flußaufwärts am **Vzintga** größere Mengen aus einer Kunstdüngerfabrik ausgetreten waren und die gesamte Fauna und Flora zu vernichten drohten – aber seitdem hat man keine Mühe gescheut, das Gebiet wieder in den Zustand seiner ursprünglichen Schönheit zu versetzen. Da er so beliebt ist, ist der Park natürlich manchmal ein wenig voll, besonders an Wochenenden, wenn Mitglieder des **Schießclubs von Svetranj** sich zum Üben in die Berge begeben. Zu solchen Zeiten sollten Besucher helle Kleider tragen und tunlichst vermeiden, wie ein Elch oder ein arbeitender Zigeuner auszusehen.

Seit der Installation großer Schneekanonen sind die Postenwalj-Berge zum Skiparadies geworden, in dem sich ausgedehnte, gepflegte Pisten auf tragfähigem Basaltgrund finden.

Beleuchtung, Action, Kamera!
Wie jeder Einheimische bereitwillig erzählt, kamen die Postenwalj-Berge vor einigen Jahren beinahe zu Weltbekanntheit, als die Produzenten der amerikanischen Reality-TV-Serie *Survivor* beschlossen, hier eine Staffel abzudrehen. Natürlich hatte man auf gewaltige Wachstumsimpulse für den Tourismus gehofft, aber diese Hoffnungen zerrannen, als die Dreharbeiten eingestellt wurden, nachdem einige Mitglieder des Teams zufällig auf eine nicht geräumte Mine getreten waren.

ANREISE

Die Berge sind von Svetranj und Vajana aus mit Bussen zu erreichen; die Häufigkeit der Verbindung hängt jedoch von der Saison und der Laune der Fahrer ab. Es gibt auch einen Tunnel durch die Berge nach Ungarn, allerdings ist dieser oft gesperrt wegen Reparatur- oder Rettungsarbeiten.

Wichtige Verkehrszeichen in den Postenwalj-Bergen

STEILER HANG

SEHR STEILER HANG

MAUER

UNTERKUNFT

Gleich hinter der Haupteinfahrt zum Nationalpark befindet sich ein großartiges **Schloß** aus dem 17. Jahrhundert, das einst dem Herzog von Svetranj gehörte (der später bekannt wurde als König Prablik der Zänkische). Heute ist es als Hotel der Öffentlichkeit zugänglich; es gibt dort auch ein kleines Café, in dem Imbisse serviert werden. Ferner gibt es dort ein »Museum«; allerdings teilte ein Leser uns mit, dabei handele es sich lediglich um einen überteuerten Souvenirladen, in dem als **Antiquitäten** nur das angebotene Gebäck sowie ein paar alte Kühlschrank-Magneten bezeichnet werden könnten. Man erreicht das Schloß über eine Brücke; sie überspannt einen Graben, in dem sich mehrere **Bären** aufhalten. Ein Hinweisschild warnt Besucher davor, sich ihnen zu sehr zu nähern – sie haben zwar weder Zähne noch Krallen, dafür aber eine sehr ansteckende Form von Räude.

⊠ *11 Sv Busjbusj*
☎ *99 9996*
𝔣 *99 9997*
❧ *14*   🍴   𝒪
🖃 *DC, MC, V*

Noch weit opulenter ist die großartige **Vilja Posten**, wo der frühere Premier Busjbusj einmal viele Angehörige europäischer Königshäuser bewirtete. Diese historische Residenz, die am Fuß der Berge in einem sechs Hektar großen Gartengelände liegt, wurde 1983 zu einem **Boutique-Hotel** umgewandelt und 1985 in die World Luxury Hotels Association aufgenommen. Dies galt bis 1992, als man feststellte, daß eine derartige Organisation nicht existierte.

⊠ *63 Sv Busjbusj*
☎ *99 6427*
𝔣 *99 6428*
@ *posten@moldi.co.mv*
❧ *50*   🍴
🖃 *DC*

NB: Die Zimmer sind groß und gut ausgerüstet, unter anderem mit Fönen und riesigen Safes, die im Notfall auch als Kinderzimmer dienen könnten.

Besucher, die es nicht ganz so opulent mögen, könnten als Unterkunft in der Posenwalj-Region für eine Nacht oder zwei auch das **Manoir Jzuckblec** erwägen. Dieses gemütliche Hotel garni war ursprünglich ein Bauernhof, was möglicherweise den Jauche-Geruch erklärt, der die Zimmer durchwabert – trotzdem bleibt dieses Haus eine hübsche Alternative zu den teureren Angeboten.

⊠ *59 Sv Busjbusj*
☎ *99 6623*
@ *jzuck@moldi.co.mv*
❧ *13*
🖃 *DC*

ESSEN

Nicht weit vom Eingang zum Postenwalj-Nationalpark, in dem entzückenden Weiler Arjenspak, findet sich **Gostinka Lec**, ein traditionelles Restaurant im Stil einer Trattoria, wo ausschließlich Produkte aus dem Gemüsegarten des Besitzers serviert werden. Ein Tip: Man beginne mit einem Teller herzhafter Zucchini-Suppe, gefolgt von einer Zucchini-Roulade, die auf einem Bett aus gebratenen Zucchini serviert wird, und als Getränk ein Glas perlenden Zucchini-Biers. Zur Abwechslung kann man auch **Porc Surprise** versuchen (hergestellt aus Zucchini).

✉ *11 Sv Liski*
☎ *99 0996*

Im nahegelegenen Dorf Tzujek findet sich dagegen **Mzino**, ein freundliches Bistro, das bei Reisenden, die zu den Bergen unterwegs sind, sehr beliebt ist. Die Spezialität des Hauses ist Blutwurst mit Rüben, viele Gäste ziehen jedoch den Mzino-Teller vor, verschiedene Sorten gegrillten Fleisches auf Reis. Es gibt auch ein Kindermenü; es besteht im wesentlichen aus den gleichen Gerichten unter Beifügung bunter Lebensmittelfarben.

✉ *51 Sv Liski*
☎ *99 8535*

Philippe schreibt ...
»Wozu ein fades, verwestlichtes Essen in einem überteuerten Touristen-Café bezahlen, wenn man für die Hälfte des Preises von einem Straßenhändler ein Stück Salzfisch und einen Beutel Zitronenschalen kriegen kann?« *P. M.*

In einigen südlichen Landesteilen Molwaniens gilt es als ungehörig, beim Essen Besteck zu verlangen.

[*Die Molwanischen Alpen*]

HIGHLIGHTS

In der Postenwalj-Region ist Bergwandern ungeheuer beliebt, und für den mutigen Reisenden gibt es viele interessante Orte zu entdecken.

Die **Vzintga-Schlucht** wurde vom mächtigen Strom dieses Namens, der durch zahlreiche **Seen und über Wasserfälle** fließt, zwischen steile Felsen gegraben. Ein markierter Weg führt zum oberen Rand der Schlucht; der Blick von dort ist einfach atemberaubend. Die spektakuläre Drahtseilbahn, die früher Besucher über die Schlucht brachte, ist leider nicht mehr in Betrieb, man kann aber noch die alten Pfeiler sehen und das Maschinenhaus besichtigen, ebenso eine **Gedenktafel**, die den letzten dreiundzwanzig Passagieren gewidmet ist.

Bzejenko Lec (der Bzejenko-See) liegt eingebettet zwischen Bergen und ist umgeben von einem Nadelwald; auf der einen Seite erhebt sich eine alte Burg, auf der anderen erstreckt sich eine Promenade unter stattlichen Kastanienbäumen. Wenn man dort am Ufer steht, könnte man sich leicht zurückträumen ins 17. Jahrhundert, wären da nicht die zahlreichen Wettbewerbe und sonstige Veranstaltungen, die der **Jet-Ski-Club Postenwalj** dort abhält.

Korrektur! In einer früheren Auflage wurden die Wälder nördlich des Bzejenko-Sees beschrieben als »eine der landschaftlich vollkommensten Regionen« im südlichen Molwanien. Hierbei handelte es sich um einen Druckfehler; tatsächlich sind sie eine der landschaftlich verkommensten Regionen.

Lassen Sie sich verwöhnen ...

Wem all dies Wandern, Skilaufen und Fahren allzu umtriebig klingt, der sollte nicht vergessen, daß sich in diesen Bergen auch eines der am schönsten gelegenen Kurbäder Europas befindet. Die Heilkräfte der **Thermalquellen** von Drypp sind seit dem Mittelalter bekannt, und noch heute kommen Besucher her, um die Qualitäten dieses wundersamen Wassers zu genießen. Diese ungewöhnlich sauren Quellen sind besonders berühmt wegen ihrer dermatologischen Wirkung – sie heilen Hautkrankheiten, indem sie den größten Teil der Haut beseitigen. Viele Thermal-Pools in dieser Gegend sind in Privatbesitz; am besten nutzt man sie, indem man einen Aufenthalt in einer der Kuranlagen bucht, etwa in den **Jredvej Thermjka**, wo man sich stundenlang in einem therapeutischen Pool durchtränken lassen kann. Für die zu entrichtende Gebühr erhält man Eintritt, Handtuch, Spind und Puder gegen Fußpilz.

[*Die Molwanischen Alpen*]

In den Wintermonaten ziehen die Postenwalj-Berge Skiläufer aus ganz Europa an. Das populärste Skigebiet befindet sich auf dem **Zacwcej**; dieser Berg bietet eine große Auswahl an Hängen für Anfänger wie für Könner. Eine Besonderheit des Zacwcej ist die Möglichkeit, dort **Nachtski** zu laufen, dank einer großen Flutlichtanlage, die ursprünglich dem Zweck diente, verdrossenes slowakisches Personal daran zu hindern, sich aus dem Schneestaub zu machen.

Durch die niedrigeren Berglande zieht sich ein System gut ausgebauter **Radwege**; es ist jedoch manchmal nicht einfach, ein Fahrrad zu mieten. Die *Ztumcej Tavernja* im nahegelegenen **Tzujek** bietet Mieträder an; allerdings besteht der Besitzer darauf, alle Fahrer zu begleiten, und er ist recht schwer.

Heiliges Wasser!

Fast allen Besuchern der Postenwalj-Berge wird irgendwann ein Glas *Karolcyi* angeboten: süßer Likör, hergestellt von den örtlichen Birgitten-Mönchen nach einem geheimen Rezept, das angeblich aus dem Mittelalter stammt. Diese Behauptung wurde jedoch kürzlich angezweifelt, als ein früheres Mitglied des Ordens, Frater Vedjuz, in einer landesweit ausgestrahlten Magazinsendung bekannte, das Getränk werde hauptsächlich aus Äthanol und Hustensaft verfertigt. Diese Offenbarung hat seltsamerweise den Umsatz nicht beeinträchtigt.

Obwohl sie nur 700 Meter hoch sind, ziehen die Postenwalj-Berge Skifahrer aus ganz Molwanien an.

Der Preis für die Nutzung eines Skilifts läßt sich reduzieren, indem man mehrere Familienmitglieder auf ein Ticket nimmt.

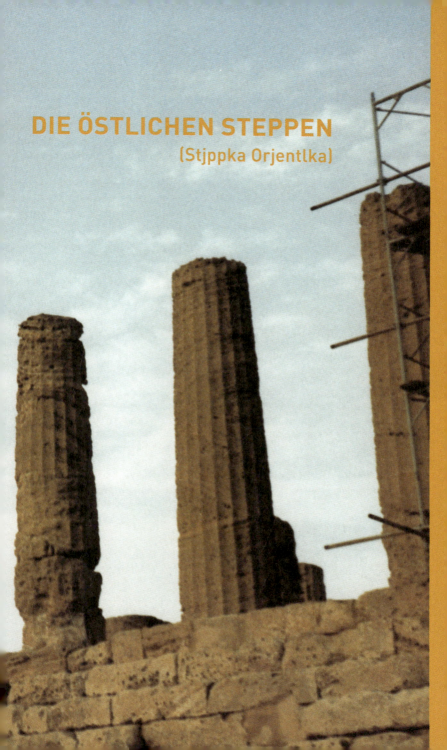

DIE ÖSTLICHEN STEPPEN

(Stjppka Orjentlka)

DIE REGION

Was Besuchern der östlichen Landesteile Molwaniens zu allererst auffällt, ist wohl die Intensität der Farben: üppiges Grün, erdiges Braun, kraftvolles Gelb erstrahlen in blendender Pracht aus den Gebissen der Einheimischen, die in diesem **isolierten** Teil des Landes hocken. Molwaniens Osten mag vielleicht nicht überreich sein an **Naturschönheit** oder zivilisatorischen Schätzen, aber es gibt doch viel zu genießen für den aufmerksamen Reisenden, der bereit ist, hinter die Fassade aus **trostlosen** Nachkriegsstädten und kahlen Bergen zu schauen. Tatsächlich besuchen jedes Jahr mehr Menschen die Östlichen Steppen – sei es mit organisierten Touren oder als Teil der Programme zur Umsiedlung von Flüchtlingen – und entdecken **verborgene Kleinode** zwischen öder Architektur der kommunistischen Ära und Gebieten nachhaltiger Verschmutzung. Es gibt wunderbare historische Städte wie **Bardjov**, das möglicherweise schon von Shakespeare erwähnt wurde:

> »Verfemtes Reich, garstige Pockenhöhle
> Wo Elend sich vereint mit grimmem Los
> Und trüber Geist die Seele gar veröstet
> In der verruchten wüsten Ebene …«

Auch außerhalb der Städte spricht viel an schöner Natur für diese Gegend, so etwa die großartige wilde Seenlandschaft von **Mzaukera**, wohin jedes Jahr Krickenten von ihren 10 000 km langen Wanderzügen heimkehren, um zu nisten und sich beschießen zu lassen. Ein wenig weiter südlich liegen die bezaubernden **Pucjicj-Berge**, wo furchtlose Wanderer viele Meilen weit gehen können, ohne auch nur eine Straße oder einen Strommast zu sehen, falls sie nachts unterwegs sind.

Dank der isolierten Lage hat Molwaniens Osten eine einzigartige Kultur entwickelt, die sich auf viele Arten zeigt. Die typische Volksmusik zum Beispiel, in der Lautstärke wichtiger ist als Melodik, wird man sonst nirgendwo hören. Auch die hiesige Küche ist unverwechselbar und nutzt vor allem die Runkelrübe. Selbst der hiesige **Dialekt** wird nur im Osten verstanden; darin gibt es so schlichte Grußformeln wie »*ercj Deum a vrozem-krum*« (wörtlich: »Möge Gott dein Weib besamen«). Aber es sind natürlich gerade diese Eigenheiten, die den Reiz einer Reise in den exotischen Osten ausmachen.

Im östlichen Molwanien spielen die Männer gern Rubrav, *ein populäres Kartenspiel ähnlich Strip-Poker, nur daß die Verlierer sich hier, statt Kleider auszuziehen, mit Servietten drapieren müssen.*

> *Reisetip*
> *Während der jüngeren Generation in den Städten nicht mehr viel an Traditionen liegt, sind die Bewohner abgelegener Gebiete des Ostens deutlich konservativ, und man sollte darauf achten, keinen Anstoß zu erregen, indem man etwa allzu knappe Kleider trägt, Zuneigung offen bekundet oder im Gespräch über die Erde behauptet, sie sei etwas anderes als flach.*

[*Die Östlichen Steppen*]

BARDJOV

Bardjov (ausgesprochen Barditschejzoff) ist eine der größten und lebhaftesten Städte in Ostmolwanien. Es ist eine kulturelle und historische Metropole; außerdem kommen von hier etwa 70% der **Zementproduktion** des Landes. Die Stadt liegt auf der offenen Ebene der molwanischen Tundra und leidet oft unter dem starken Bora-Wind aus dem Osten. Nie um einen guten Einfall verlegen beschloß die Stadtverwaltung, dieses ganzjährige Phänomen zu nutzen, indem sie am Stadtrand eine **Windfarm** einrichtete. Bedauerlicherweise wurden drei der vier massiven Turbinen umgeweht, so daß dieses ehrgeizige Projekt nie sein volles Potential erreichte. Wegen des Winds und schlechter Bodennutzungsverfahren ist der ganze Landstrich nahezu frei von Vegetation, aber eben diese Kargheit gibt dem Vorposten in der Provinz seinen eigentümlichen Charme.

GESCHICHTE

Im Lauf der Zeit war die Region bewohnt von einem Gemenge slowakischer, kroatischer und ungarischer Stämme. Der erste Herzog von Bardjov, **Zjabdre I.** (1609 bis 1665), kam auf den Gedanken, die einzige Möglichkeit, seinem Reich Frieden zu bringen, sei die Verbindung der streitenden Sippen durch Heirat. Zu diesem Zweck arrangierte er eine Vermählung zwischen seinem halbpreußischen Sohn **Leostk** und **Zzagma**, der Enkelin des slowakischen **Kaisers Theuzdo** und dessen in Budapest geborener Frau, in der Hoffnung, daß aus dieser Verbindung ein Erbe hervorgehen würde, der die Region befrieden könnte. Statt dessen vergiftete Zzagma ihren Gemahl beim Hochzeitsbankett und stahl alle Geschenke, ehe sie der Stadt den Krieg erklärte. Jahrzehntelang tobten innere Konflikte weiter, bis Bardjov unter die Herrschaft der **Zvetmir**-**Dynastie** geriet. Diese Herrscherfamilie war zwar zuweilen grausam, brachte der Region aber Stabilität (und **Ladenöffnungszeiten bis nach Mitternacht**); im Gedenken an die Dynastie gibt es noch immer jedes Jahr ein Fest, bei dem die Einwohner üppige Picknicks genießen und die städtischen Gefängnisse geöffnet werden.

SHOPPING

Dank seiner Lage als regionales Zentrum für Schmuggelware ist Bardjov ein wunderbarer Ort, um sich ein bißchen in »Shopping-Therapie« zu ergehen, und wer durch die vielen Läden und Marktstände schlendert, wird immer wieder das vertraute Tap-Tap-Tap hören, mit dem ein Stößel auf Messing trifft. Oft genug ist es lediglich ein **Zahnarzt**, der seinem Gewerbe nachgeht, aber mit etwas Glück findet man manchmal einen wahren Handwerkskünstler, der letzte Hand anlegt an einen Aschenbecher, ein Namensschild oder einen Satz Trinkbecher. Schicke Klamotten sind Bardjovs zweiter großer Renner, und der Gewiefte kann sich hier mit kompletten Garderoben voll von der Mode des vergangenen Jahres eindecken. **Lederwaren** bieten ebenfalls feine Überraschungen – sie sind nicht nur billig, sondern auch aus Vinyl.

ANREISE

Bardjov ist zwar eigentlich kein Haltepunkt an der großen östlichen Umwegschleife der Bahnverbindung Lutenblag-Bratislava, aber der Zug hat hier regelmäßig einen Maschinenschaden. Das gibt dem furchtlosen Reisenden eine erstklassige Gelegenheit, die Stadt zu entdecken. Man kann sie von Lutenblag aus auch über die **Cvweta-Straße** erreichen; hierbei handelt es sich allerdings um eine sehr anspruchsvolle Strecke, die wegen ihrer vielen engen, ungesicherten Kurven und extremen Steigungen nur in einem gut gewarteten Wagen mit einem sicheren, erfahrenen Fahrer benutzt werden sollte. Das schließt nahezu alle molwanischen Busse aus.

NAHVERKEHR

Das öffentliche Nahverkehrssystem in Bardjov läßt sich am besten als »Herausforderung« beschreiben, da Busse und Züge notorisch unzuverlässig sind. Die beste Möglichkeit, sich in der Stadt zu bewegen, sind zweifellos Taxis. Die Fahrer sind gesetzlich verpflichtet, ihre Taxameter zu verwenden. Leider gibt es keine vergleichbare Verpflichtung für sie, Fahrtrichtungsanzeiger oder Deodorants zu benutzen. Es ist jedoch beruhigend zu wissen, daß alle Taxis im Stadtbereich von Bardjov mit **Trennscheiben** ausgestattet sind, die den Fahrer vollständig umgeben und es den Fahrgästen völlig unmöglich machen, von ihm attackiert zu werden.

Oh-là-là! Die Couturiers von Bardjov sind spezialisiert auf Jacken aus wiederverwerteten Autositzen.

[*Die Östlichen Steppen*]

UNTERKUNFT

Ein **standardisiertes System**, Hotels und Gasthäuser mit Sternen zu versehen, wurde in Molwanien nie eingeführt; hier in Bardjov können die Sterne den Reisenden durchaus in die Irre führen. Fünf Sterne können z. B. luxuriöse Einrichtung und dazu **elegantes Ambiente** bedeuten, möglicherweise aber nur ein Hinweis auf die Anzahl funktionierender Toiletten im Hotel sein. Am besten sollte man das jeweilige Etablissement inspizieren, bevor man bucht. Außerhalb der Stadt sind die Möglichkeiten der Unterbringung ein wenig beschränkter; immerhin wurden jüngst etliche neue B&B-Häuser (Bed and Brandy) eröffnet.

$$$ Unterkunft **Luxus**

In der Spitzenklasse kommt man nicht vorbei am **Hotjl Paljvi** an der Nordwestecke des Szertki-Platzes. Dieses 250 Jahre alte Karmeliterinnen-Kloster wurde geschmackvoll restauriert unter Verwendung historisch passender Accessoires. So verfügt z. B. jedes Zimmer über ein großes hölzernes Kruzifix, das eine gut ausgerüstete Minibar enthält. Alle luxuriösen Einzelheiten, die man von einem 5-Sterne-Hotel erwartet, sind hier zu finden, so etwa Klimaanlage und Kabelfernsehen. Bei Benutzung der Jacuzzi-Bäder sollte man allerdings Vorsicht walten lassen, da große Teile der Elektroleitungen unübersehbar defekt sind. Übrigens hängt über der Pumpe ein kleines Warnschild, demzufolge sie nur in Anwesenheit eines uniformierten Angehörigen der Feuerwehr betätigt werden darf.

✉ *55 Sv Rojal*
☎ *74 3805*
📠 *74 3815*
@ *palfvi@molnet.co.mv*
🛏 *46* 🍴 ✎
▭ *DC, MC, V*

Ein weiteres im Zentrum gelegenes Hotel ist das **Istvan Hozceski** gegenüber dem Bardjov-Museum. Die Lobby ist sauber und hell, immer mit frischen Schnittblumen und guter Beleuchtung ausgestattet. Von diesem Punkt geht leider alles bergab, da im Rest des Hauses die Dekoration in dumpfen Braun- und Grüntönen gehalten ist, die zwar in puncto Schönheit nicht viel hergeben, aber dafür immerhin zur Farbe des Wassers im Hotelpool passen. Das Personal ist aufmerksam, allerdings kann der Service gelegentlich ein wenig brüsk wirken. Ein Reisender berichtete, er habe gefragt, wo er ein Nichtraucherzimmer bekommen könne, und der Concierge habe lediglich geantwortet: »Österreich.«

✉ *78 Sv Rojal*
☎ *71 4021*
📠 *71 4022*
@ *istvan@moldi.co.mv*
🛏 *56* 🍴 ✎
▭ *DC, MC, V*

Notiz für Touristen
Wegen der außerordentlichen Mengen an Bauarbeiten und Sanierungsmaßnahmen, die zur Zeit in und um Bardjov stattfinden, haben die städtischen Behörden den einmaligen Beschluß gefaßt, die gesamte Stadt zur Baustelle zu erklären; Besucher sind gehalten, zu jeder Zeit einen Schutzhelm zu tragen.

$$ Unterkunft **Mittlere Kategorie**

Eine gute Wahl ist das vor kurzem eröffnete **Vja Zac**. Die Zimmer sind eher beschränkt und unansehnlich, wie der größere Teil des Personals, und es gibt gute Stand-By-Preise, wenn man bereit ist, auf eine Stornierung oder einen plötzlichen Todesfall zu warten. So nah am Stadtzentrum kann der Straßenlärm in einigen Zimmern durchaus stören, wenn die Fenster geöffnet sind; zum Glück ist das aber kein größeres Problem, da sich die meisten Fenster ohnehin nicht öffnen lassen.

✉ *12 Sv N Kruscev*
☎ *78 9696*
🖷 *78 9690*
@ *zac@molnet.co.mv*
🗝 *20*   🍽 ✐
▤ *DC, MC, V*

Gegenüber vom Busbahnhof liegt eines von Bardjovs neuesten Hotels, das sechsgeschossige **Holjdaj Injn**. Wie bei der US-Kette legt man hier Wert auf Einheitlichkeit und hat dafür gesorgt, daß alle Zimmer über dünne Wände, nichtfunktionierende Toiletten und einen Nachhall von schalem Zigarrenrauch verfügen. Es gibt auch einen »Leisure Club« (*Klub Lezur*); dabei scheint es sich jedoch nur um einen teilweise mit Teppichen ausgelegten Raum zu handeln, in dem sich ein kleiner Billardtisch und ein Kartenspiel finden.

✉ *132 Sv E. Van Halen*
☎ *74 2123*
🖷 *74 2122*
@ *holi@molnet.co.mv*
🗝 *90*   🍽 ✐
▤ *DC, MC, V*

$ Unterkunft **Economy**

Bardjov bietet eine große Auswahl an billigen Unterkünften; die beste ist wohl eine kleine private Herberge in **Zzagma Nr. 10**. Am Haus gibt es keinerlei Hinweisschilder, abgesehen von einem ganz kleinen an der Klingel; darauf steht *Bzekevak* (»Einsturzgefahr«). Wie in den meisten anderen Häusern in Bardjov kann man hier Zimmer pro Tag oder pro Stunde mieten, abhängig vom Risikoprofil des Reisenden.

✉ *10 Sv Zzagma*
☎ *79 7050*
🗝 *12*
▤ *MC, V*

Die **Jugendherberge Bardjov** ist beliebt bei Rucksacktouristen und Studenten oder denen, die sie abschleppen wollen. Alle Schlafsäle hier sind *single sex* (das heißt, man kann nur einmal am Tag Sex haben), und es existiert ein aggressiv durchgesetzter Zapfenstreich (22 Uhr).

✉ *32 Sv Rojal*
☎ *76 6023*
@ *youth@moldi.co.mv*
🗝 *98*
▤ *DC, MC, V*

Camping in Bardjov ist nicht zu empfehlen, wegen der Probleme, bei starkem Wind ein Zelt aufzustellen (bzw. aufrecht zu erhalten); man kann jedoch Holzhütten mieten, und zwar im **Tzeodram Kravci**, einem Touristenpark etwa 3 km nordwestlich der Stadt. Die Unterbringung ist eher rudimentär, aber billig – 100 Ş pro Nacht (150 Ş mit Dach) –, und der Park bietet eine gute Aussicht auf den benachbarten Kalksteinbruch.

✉ *264 Ul St Rzorci*
☎ *71 1236*
🗝 *6*

[*Die Östlichen Steppen*]

ESSEN

Man sollte in Bardjov keine gastronomischen Wonnen erwarten, da sich besonders in den entlegeneren Gebieten die Auswahl gewöhnlich auf Schweinebraten mit Rüben und **Knödeln** beschränkt. Wenn dieses Essen nach ein paar Wochen etwas monoton wird und man einen echten Wechsel haben möchte, kann man darum bitten, die Knödel wegzulassen – man muß aber damit rechnen, dafür extra zu zahlen. Ein weiterer Punkt, der jede Restaurantrechnung in die Höhe treibt, sind die hohen Preise importierter Qualitätsweine, die in Bardjov sehr teuer sind, was daran liegt, daß sie wie Tabak und **Antibiotika** einer Luxussteuer unterliegen.

$$$ Essen **Luxus**

Viele Jahre lang war das beliebteste Eßlokal in Bardjov das **Zoycvej**, ein Fleisch-und-Fisch-Bistro gleich gegenüber der Kathedrale. Spezialität des Hauses war die »lodernde Grillplatte«, wobei verschiedene Fleischsorten am Tisch auf einem tragbaren Gasherd zubereitet wurden. Leider ist das Lokal 1999 niedergebrannt, aber inzwischen gibt es ein neues **Zoycvej II**. (Geöffnet dienstags bis sonntags, geschlossen montags, mittwochs und an Tagen, an denen keinerlei Feuer erlaubt ist.)

51 Sv Rojal
79 2692
MC, V

Eine weitere zentral gelegene Gaststätte ist das **Café Dragjec**. Wie die Einheimischen behaupten, ist dies das beste Eßlokal in Bardjov. Um jeden Preis vermeiden.

89 Sv Rojal
74 9898

Ein kurzer Spaziergang vom Postamt durch die Bzecvec Ulijca bringt einen zum **Bistroj Zjeki**, einem gemütlichen, entspannten Restaurant, das vor allem Wildgerichte serviert. Zu empfehlen sind der originale Schweinebraten, das Hasenstew in Sahnesauce oder die Eichhörnchenpastete.

42 Sv Zzagma
73 2834

Mauleselhoden hängen von einem Baum. Zuerst werden sie getrocknet, danach nutzt man sie entweder als Kinderspielzeug oder als Hauptgericht in einem der vielen Restaurants von Bardjov.

$$ Essen **Mittlere Kategorie**

Ein guter Rat: Genießen Sie das Lokalkolorit im beliebten und oft überfüllten Bar-und-Bistro **Wjikic** in einer Seiten-straße von Sv. Marji. Die Atmosphäre hier ist ebenso lässig wie die Auffassung des Personals von persönlicher Hygiene, aber das Essen ist normalerweise gut. Es gilt als *nouveau molvanie*, und die Betonung liegt hier weniger auf Frische oder Geschmack als auf Menge. Probieren Sie den berühm-ten Hering in Champignonsauce – wahrscheinlich eines der außergewöhnlichsten Desserts, das Sie je finden werden.

✉ *64 Sv Busjbusj*
☎ *71 3211*

*Korrektur! In der vorigen Auflage gab es einen Hinweis auf ein beliebtes Café; er hätte lauten sollen: »Gäste sind immer willkommen in **Marias Bar**.« Sie sind jedoch, soweit wir wissen, nicht in ihrem »BH« willkommen. Wir möchten uns bei Maria entschuldigen für jede Kränkung, Mühe oder Überfüllung, die dieser Irrtum verursacht haben mag.*

$ Essen **Economy**

»Pitsa Parlours« werden in der City von Bardjov immer belieb-ter; eines der neuesten ist **Zjippy**, ein bei Studenten und männ-lichen Obdachlosen besonders beliebtes Lokal. Es gibt zwar einen begrenzten Lieferservice zu den umliegenden Hotels, aber wegen der unzuverlässigen Transportfahrzeuge kann es sein, daß die Bestellung erst am nächsten Tag zugestellt wird. Aber nicht verzweifeln – die Pizzen sind auch kalt köstlich!

✉ *4 Sv Busjbusj*
☎ *77 0938*

Gleich neben Bardjovs Großem Platz findet sich das überra-schend erschwingliche Bistro **Vjed Jbec**. Es gibt eine um-fangreiche Speisekarte, und mit dem Essen hier kann man nichts falsch machen, solange man es nicht ißt. Einige der Gerichte können durchaus schwer im Magen liegen, aber zum Glück bleiben sie dort nicht lange.

✉ *21 Sv Busjbusj*
☎ *78 5246*

Nichts für schwache Nerven!

Früher oder später wird allen Touristen in Bardjov *muczecl* angeboten, ein über-lieferter Schäferkäse aus Ziegenmilch. Die Einzigartigkeit dieser Delikatesse liegt (abgesehen vom durchdringenden Aroma und widerlichen Geschmack) in der Tatsache, daß der Käse insgesamt von lebenden Maden wimmelt. Viele Tou-risten empfanden dies als gewöhnungsbedürftig, wenn nicht gar schockierend, aber nachdem man ein paar Wochen lang in Molwanien gegessen hat, ist einem dieses Phänomen gründlich vertraut. Ein Wort der Warnung: *muczecl* ist nicht zu empfehlen für Diabetiker oder Herzkranke. Man hat auch festgestellt, daß es bei Frauen die Wehen auslöst – auch bei solchen, die nicht schwanger waren.

[*Die Östlichen Steppen*]

HIGHLIGHTS

Ein bei Besuchern in Bardjov beliebter Zeitvertreib ist es, einen Ausflug mit dem *zwak* (molwanische Gondel) auf dem **Styzmer-Kanal** zu unternehmen, Osteuropas längstem Abwasserkanal. Ein gemächlicher Trip vom Stadtzentrum bis zu den Klärbecken dauert etwa drei Stunden, abhängig vom Flüssigkeitsstand an der Pumpstation des Klärwerks.

Das **Bardjov-Museum**, ein großes Gebäude in der Nähe des Zentrums, enthält eine bedeutende Sammlung molwanischer Schätze und Antiquitäten. Hier kann man mühelos einen ganzen Tag verbringen: eine oder zwei Stunden zur Besichtigung der **Exponate**, die übrige Zeit in der Schlange vor der einzigen Toilette des Museums. Man sollte sich aber nicht entmutigen lassen – dieses Museum ist Zeit, Mühe und ein wenig Unbequemlichkeit wert.

> **Artisten**
> **Molwaniens Königlicher Zirkus** zeigt Gaukler, Trapezkünstler, Ziegendompteure, tanzende Ratten, Striptease (nur Abendveranstaltungen) und die sensationellen Barfuß-Reiter aus Lublova. All dies, abgerundet durch das trunkene Gezappel von Molestov dem Klown, ist sicher eines der bemerkenswertesten Erlebnisse, die man überhaupt in einem Zirkuszelt haben kann.

Die **Crkja St Rzorci** (Kirche von St. Rzorci) liegt zwar ein wenig außerhalb, ist aber für jeden Besucher von Bardjov ein Muß. Die Kirche selbst ist eine interessante Stil- und Materialmischung aus Gotik, Barock und Rigips und birgt zahlreiche Werke von künstlerischem Verdienst. Die Decke der Kirche ist ein Tonnengewölbe und bedeckt mit Bildflächen, die Ereignisse aus der Bibel darstellen. Leider ging den Stadtgründern seinerzeit das Geld aus, so daß die Bilder nie völlig beendet wurden; dennoch können Besucher die komplizierte Pinselführung bewundern, die so bemerkenswerte Szenen kennzeichnet wie *Die Zwei Weisen aus dem Morgenland* und *Christus betet mit seinen neun Aposteln*.

Auf zur Fete! Ein Bewohner von Bardjov feiert den Nationalen Tag der Fruchtbarkeit, der an den Tag erinnert, an dem in Molwanien Viagra frei erhältlich wurde.

Die aus massiver Bronze gefertigten **Freiheitstore** (*libertjolkas*) am Eingang zum zentralen Platz tragen die Inschrift »Friede, Harmonie und Liebe« und wurden der Stadt 1942 von den deutschen Besatzungstruppen geschenkt.

Zu den Sternen!

Ein paar Kilometer nördlich der Stadt findet sich Bardjovs **Observatorium** (*Observaltrisko*), ein 140-m-Radioteleskop, das schwächste Signale aus den Tiefen des Weltraums registrieren kann. Bis in die achtziger Jahre war dieses Observatorium Teil des SETI-Programms der NASA. Leider wurden später die Mittel gekürzt, und heute wird es vor allem dazu verwendet, Euro-Porno-Sendungen aufzufangen und ins Kabelfernseh-System des östlichen Molwanien einzuspeisen.

Eine besondere Attraktion für Bardjovs Besucher ist der **Alte Palast**, der sich am Nordufer des **Styzmer-Kanals** befindet. Der Palast wurde 1431 gebaut, in den folgenden 400 Jahren erweitert, 1864 durch einen Brand schwer beschädigt und wieder aufgebaut und im Zweiten Weltkrieg durch deutsche Artillerietreffer fast völlig zerstört. Glücklicherweise waren die Schnitzereien, Lüster, Antiquitäten und Kunstwerke des Palastes zuvor in Sicherheit gebracht worden. Unglücklicherweise hatte man sie nach **Rußland** gebracht, und bis heute fehlt jede Spur von ihnen.

Luxuskarossen

Viele Besucher von Bardjov werden sicherlich die ausgedehnte Automobilfabrik nördlich der Stadt besichtigen wollen, wo Molwaniens »Nationalwagen«, der *Skumpta*, hergestellt wird. Dieses funktionale Fahrzeug mag westlichen Augen durchaus unorthodox erscheinen, mit einem Frontscheinwerfer, drei Zylindern und Kerzenbeleuchtung im Inneren, aber der wahre Test ist die Praxis, und der Wagen hat sich als so langlebig erwiesen, daß die Besitzer per Gesetz verpflichtet wurden, Kilometerzähler einbauen zu lassen, die bis zu 10 000 000 Kilometer zeigen. Bei kürzlich durchgeführten Sicherheitstests mit insgesamt vier verbreiteten europäischen Automodellen hat der *Skumpta* gut abgeschnitten. Die Wagen wurden mit 60 km/h gegen eine Mauer gefahren. Die anderen drei Modelle erlitten schwere Beschädigungen im vorderen Wagenteil, während der *Skumpta* unberührt aus diesen Tests hervorging, da er beim Anfahren jedesmal eine Motorpanne hatte.

Ein Überlebender berichtet ...

Für viele Menschen wird sich der Name Bardjov immer mit der bemerkenswerten Geschichte von Leutnant Vladko verbinden, einem molwanischen Soldaten, der 1945 von russischen Truppen in den Wäldern südlich dieser abgelegenen Stadt entdeckt wurde. In der Annahme, der Zweite Weltkrieg sei noch nicht beendet, ergab Vladko sich. Der Krieg war tatsächlich noch nicht beendigt, und Vladko wurde wegen Kollaboration mit dem Feind erschossen.

LUBLOVA

Obwohl Lublova nicht über die bemerkenswerte natürliche Schönheit der Dörfer weiter im Westen verfügt, kann die Stadt doch dem furchtlosen Touristen einiges bieten, wenn dieser bereit ist, die schwierige Reise über das karge Hochplateau zu dieser faszinierenden **Grenzstadt** zu unternehmen. Hier fühlt man sich ins Mittelalter zurückversetzt, zumindest was Verkehrsmittel und Unterkunft angeht, und ist allenthalben umgeben vom **Charme der Alten Welt**. Zwar sind

Teile der modernen Stadt mit ihren Fabrikgebäuden und riesigen Wohnblocks alles andere als attraktiv, aber immer, wenn man gerade verzweifeln möchte, biegt man um eine Ecke und erblickt plötzlich eine atemberaubende Kirche oder einen verschwiegenen kleinen Platz. Was nun die Umweltverschmutzung betrifft, so haben die Behörden der Stadt einiges unternommen, um die **Qualität der Luft** von Lublova zu verbessern. Zu diesen wichtigen Schritten gehört es, daß Dieselgeneratoren und Kohleöfen heute nur noch zwischen 6:00 und 24:00 Uhr betrieben werden dürfen. Trotz dieser drastischen Maßnahmen ist das Gesicht der Altstadt irreparabel geschädigt, dank der Emissionen des Stahlwerks im Vorort **Drabb**.

Heutzutage ist Lublova vielleicht am besten bekannt als Sitz von **Molwaniens größter Universität** (*Unjverstad Nazjonal*). Studenten und Forscher kommen aus ganz Europa, um hier an der ruhmreichen **Medizinischen Fakultät** zu lernen, angezogen durch den hervorragenden akademischen Ruf und die liberale Haltung in Sachen Stammzellenforschung.

Die medizinischen Forschungseinrichtungen in Lublova gehören zu den besten in Osteuropa.

Klassenbester!

Der berühmteste Sohn der Universität Lublova, Antonin Vlatvja, studierte hier von 1491 bis 1495. Er war ein eifriger Astronom und betrachtete den Himmel durch ein langes röhrenähnliches Objekt, das er *klo rol* nannte. Vlatvja genießt in Fachkreisen den unumstrittenen Ruf, als erster Wissenschaftler die Hypothese aufgestellt zu haben, daß nicht die Sonne sich um die Erde dreht, sondern die Erde um Neptun. Solche unerhörten Behauptungen verhallten natürlich nicht ungehört, und 1496 wurde Vlatvja zu einer Befragung durch den Papst nach Rom beordert, wo man die Anklage wegen Häresie fallenließ. Er wurde jedoch wegen Idiotie zum Tode verurteilt.

GESCHICHTE

Lublova erfreut sich einer langen Geschichte als Grenzstadt und kulturelles Zentrum des östlichen Molwanien. Ursprünglich war es bewohnt von illyrischen und keltischen Stämmen und wurde später ein bedeutendes Handelszentrum; diese Rolle spielt es noch heute, da über 80 % von Molwaniens illegalem Waffenhandel hier abgewickelt werden. 1396 wurde Lublova von **König**

Svardo III. (»Der Zwergenkönig«) von Kroatien erobert, der die Stadt später seinem Sohn und seiner Schwiegertochter als Hochzeitsgeschenk übergab. Sie beschlossen, es gegen ein **befestigtes Dorf** weiter im Norden einzutauschen, und mehrere hundert Jahre lang hatte Lublova keinen eindeutigen Herrscher. Zwischen 1603 und 1622 wurde die ganze Stadt als Antwort auf eine Invasionsdrohung seitens der **Tataren** mit einer 2,4 Kilometer langen Mauer umgeben. Bedauerlicherweise ließen die Baumeister auf der gegenüberliegenden Seite eine 1,8 Kilometer breite Lücke, und die gesamte Stadt wurde von fremden Invasoren geschleift und dann im 18. Jahrhundert weiträumig wieder aufgebaut.

Mit seinen Bilderbuch-Straßen, Renaissance-Arkaden und der zauberhaften Architektur ist Lublova als eine der wenigen molwanischen Städte im Zweiten Weltkrieg der Vernichtung durch Hitlers Armeen entgangen. Der größte Teil der Stadt wurde jedoch durch ein tragisches Geschick zerstört, als 1945 am Tag der deutschen **Kapitulation** ein Freudenfeuer außer Kontrolle geriet. Viele **Wahrzeichen** der Stadt blieben aber unbeschädigt, und die Bewohner von Lublova sind mit Recht stolz auf ihre Vergangenheit und Geschichte. Dies ist nirgendwo deutlicher zu sehen als auf dem wunderbar erhaltenen *Svej Rojal* oder »Königsweg«, einer prachtvollen Promenade, die der Fürst von Lublova immer am Jahrestag seiner Krönung abschreitet. Der derzeitige Fürst muß den Weg allerdings wegen chronischer Gicht auf einem **Gabelstapler** zurücklegen, aber die Liebe der Einheimischen zu Prunk und Prozessionen wird dadurch nicht vermindert.

Philippe schreibt ...
»*Es ist doch wirklich so, daß man von einer Autobahn aus nichts sieht, und mich verblüffen immer Touristen, die glauben, sie erlebten ein Land, und dabei fahren sie nur in einem Luxusbus eine Straße entlang. Ich bin einmal von Lublova nach Dzrebo über einen verlassenen Ziegenpfad gewandert, der sich mitten über die Jikbenmar-Berge schlängelte. Der Trip führte uns durch einige der spektakulärsten und schönsten Landschaften der Welt, und wenn sich die dichte Nebeldecke einmal gehoben hätte, wären mir einige ziemlich bemerkenswerte Erinnerungen geblieben.*«

P. M.

SHOPPING

Lublovas ältestes Kaufhaus, *Uzkro*, besitzt ein monumentales Treppenhaus, bunte Jugendstilfenster und üppig dekorierte Theken. Leider gibt es so gut wie keinerlei **Waren**, wenn man nicht gerade Socken oder leere Dosen sucht. Uzkro ist aber einer der wenigen Läden in Molwanien, wo man immer noch das im Land hergestellte **Vzoykcle**-Computersystem verkauft. Der Vzoykcle wurde auf dem Höhepunkt des IT-Booms der achtziger Jahre hier in Lublova entworfen und gebaut, hatte aber Mühe, einen größeren Anteil am heimischen Computermarkt zu erobern; mit ein Grund war die exzessive **Lautstärke des eingebauten Ventilators**, der mit 120 dB arbeitete, so daß das Gerät nur von Leuten mit Ohrenschützern bedient werden konnte. Zusätzlich erschwert wurde alles dadurch, daß die Laufwerke mit Gangschaltung versehen waren. Man kann aber immer noch komplette Systeme (Computer, Software, Ohrenschützer) zu durchaus vernünftigen Preisen bekommen.

Lublova bietet noch ein besonderes Schnäppchen: Zahnersatz, zu Dumpingpreisen hergestellt von den hiesigen Studenten. Dieser Service ist sehr beliebt bei rumänischen Touristen, die auf eigens arrangierten »Brücken-und-Kronen«-Touren herkommen; man sollte lange vorausbuchen.

ANREISE

Bus   Die Busfahrt von Lutenblag nach Lublova kann dem Reisenden auf die Knochen gehen, was nicht nur am **schlechten Zustand** der Straßen liegt, sondern auch am einigermaßen merkwürdigen Hang der Busunternehmer, Geld zu sparen, indem sie die Reifen nicht ganz mit Luft füllen.

Bahn   Es gibt einen »Panorama«-Zug von Bardjov nach Lublova, der durch den ansehnlichen **Nationalpark Jzerckev** fährt; Besucher, die diesen Anblick genießen möchten, sollten allerdings bedenken, daß dieser Teil der Strecke durch einen Tunnel verläuft.

Luft   Zwar gibt es einen Flughafen in Lublova, er wird aber von den zuständigen Behörden für Zivilluftfahrt in »Kategorie D« eingestuft und ist nur für Notlandungen zugelassen. Er wurde auf weniger als einem Hektar Land angelegt und verfügt über die weltweit einzige kreisförmige Start- und Landebahn.

NAHVERKEHR

Im gesamten Gebiet der Östlichen Steppen waren Taxis lange Zeit ein Albtraum, unterstehen inzwischen aber einer vernünftigen Aufsicht. In Lublova müssen alle Taxis eine Lizenz haben und mindestens einmal im Monat **entlaust** werden. Ferner sind die Fahrer verpflichtet, einen Ausweis sichtbar anzubringen, der neben dem Foto, dem Namen und der Zulassungsnummer den Nachweis enthält, daß sie vor nicht allzu langer Zeit einen Selbstbeherrschung-Kurs absolviert haben.

Trollejbuses (Oberleitungsbusse) verkehren regelmäßig auf eigenen Fahrspuren und sind die schnellste Form des öffentlichen Transports, da sie nie von Staus betroffen sind. Allerdings sind sie von **bewaffneten Überfällen** betroffen, so daß Fahrgäste besser weder große Geldsummen noch kleine Kinder mitnehmen sollten.

UNTERKUNFT

Die Möglichkeiten der Unterbringung in Lublova sind ein wenig eingeschränkt, seit das opulente **Tvorz Grand Hotjl** 1998 abgebrannt ist, nachdem eine Hosenpresse in Brand geriet. Es gibt aber immer noch einiges an guter Auswahl in den verschiedenen Preiskategorien.

$$$ Unterkunft **Luxus**

Am Rande des Großen Platzes in der Altstadt befindet sich das imposante **Hotjl Fzor Ztejl**, ein prächtiges sechsgeschossiges Gebäude. Das »Ztej«, wie es liebevoll genannt wird, hat alles, was man von einem Luxushotel erwarten kann, außer verläßlichen Wasserleitungen und einem Aufzug. Die meisten Zimmer bieten einen prächtigen Ausblick auf das benachbarte Wohnsilo.

12 Sv Busjbusj
62 3524
62 3525
fzor@molnet.co.mv
60
DC, MC, V

NB: Ferner gibt es einen Dachgarten, auf dem Gäste sich entspannen können, umgeben von einer großen Auswahl molwanischer Disteln.

Am Nordrand der Altstadt liegt das **Djabgor Lodge**, ein großes Hotel, das bei Geschäftsreisenden und Touristen gleichermaßen beliebt ist. Trotz seines eher altertümlichen Äußeren ist das Gebäude so alt nicht und wurde erst 1997 in ein Hotel umgewandelt. Vorher wurde es als Sammellager für Flüchtlinge benutzt, und ein großer Teil des damaligen Sicherheitspersonals scheint noch immer dort zu arbeiten (der Diebstahl von Handtüchern ist nicht zu empfehlen).

104 Sv Vladko
62 5830
62 5830
djabgor@moldi.co.mv
48
DC, MC, V

NB: Das Lodge verfügt über ein hauseigenes Kellerrestaurant im italienischen Stil mit Namen »Bella Vista«.

Hotjl Pensjon Echzo auf der Sv. Strezmo wirbt für sich als »Familienhotel«, was ein wenig in Widerspruch steht zur Tatsache, daß es hier ein 24-Stunden-Spielkasino, eine Oben-Ohne-Bar und kein einziges Nichtraucherzimmer gibt. Das Echzo ist jedoch eines der wenigen Hotels in Lublova mit Babysitter-Service, wobei abhängig von den Wünschen der Gäste die Kinder stundenweise, den Abend oder ein ganzes Jahr betreut werden.

132 Sv Strezmo
61 7905
62 5830
echzo@moldi.co.mv
32
DC, MC, V

Achtung, Ungeziefer!
Besucher in Molwaniens fernem Osten sollten auf der Hut sein vor der Geweih-Spinne, einem achtbeinigen Untier, das nur in dieser Weltgegend vorkommt. Diese extrem giftigen Geschöpfe haben es gern kalt und feucht und verstecken sich gern unter faulendem Holz; daher finden sie sich oft in Hotelzimmern in Lublova.

[*Die Östlichen Steppen*]

$$ Unterkunft **Mittlere Kategorie**

Nur einen kurzen Fußweg von Lublovas Hauptbahnhof entfernt liegt das Hotel **Cborej Bcej** mit moderaten Preisen. Dieser große, moderne 80-Zimmer-Komplex hat nur den einen Nachteil, daß es dort lediglich vierzehn Betten gibt. Das Hotel wirbt auch mit einem »Konferenzsaal«; ein Geschäftsreisender berichtete allerdings, es handle sich dabei um wenig mehr als eine aufgebockte Tischplatte, fünf Stühle und einen defekten Overhead-Projektor.

✉ *98 Sv Frortunju*
☎ *61 1196*
🖷 *61 1197*
@ *cborej@molnet.co.mv*
🗝 *14*
🖿 *DC, MC*

Zwar liegt das **Hotjl Kjonopist** ein wenig außerhalb, doch bietet es gute, schlichte Unterkunft in entspannter Atmosphäre. Ein Bonuspunkt: Der Eigentümer spricht sogar ein paar Wörter Englisch (er wuchs in Glasgow auf), und die Zimmer sind groß genug, um ein Bett, einen Sessel und einen Schreibtisch aufzunehmen, falls man diese aufeinanderstapelt.

✉ *141 Sv Vladko*
☎ *69 6776*
🖷 *69 6777*
@ *kpist@molnet.co.mv*
🗝 *30*
🖿 *DC, MC*

$ Unterkunft **Economy**

Das **Trizcejem Dormitorj**, eröffnet 1995 und knapp einen Kilometer vom Zentrum entfernt, wird von einer Bauerngenossenschaft betrieben, die allem Anschein nach auch die Zimmer dekoriert hat. Boden und Wände sind in einem einheitlich trüben Braun gehalten; die einzigen Farbtupfer sind unregelmäßige Blutspritzer an der Decke.

✉ *87 Ul St Gzemgrjo*
☎ *67 4038*
@ *triz@molnet.co.mv*
🗝 *24*
🖿 *DC, MC, V*

NB: Zwar behauptet das Hotel, es gebe einen »behindertenfreundlichen« Eingang, aber ein Besucher teilte mit, die Rollstuhl-Rampen seien so steil, daß jeder Leichtbehinderte nach dem Versuch, sie zu benutzen, schwerbehindert wäre.

Die mittelgroße **Pensjon Slobzan** liegt günstig, gleich neben dem Museum, und ist sehr beliebt bei Touristen, deren Budgets und Erwartungen gering sind. Das Haus hat eine sehr familiäre Atmosphäre – es ist überfüllt und laut, und oft kommt es zu Streitigkeiten über die Frage, wer an diesem Tag den Müll hinausbringen muß –, aber die zentrale Lage sorgt in der Regel dafür, daß es ausgebucht ist. Die Zimmer sind nett und sauber, mit Holzböden und -kissen.

✉ *64 Sv Rojal*
☎ *65 3937*
@ *slobz@moldi.co.mv*
🗝 *55*
🖿 *MC, V*

Private **chatas** (Holzhütten) können auf jedem der zahlreichen Campingplätze Lublovas gemietet werden; Gäste sollen sich jedoch vor dem Einziehen davon überzeugen, daß alle Zimmer gründlich von Skorpionen befreit wurden.

ESSEN

Am 1. Januar 2002 verhängte der Stadtrat von Lublova ein Rauchverbot in allen Restaurants des Orts. Nach größeren Unruhen wurde es um 19:30 am folgenden Tag aufgehoben und ersetzt durch eine eher lockere und populäre Verordnung, die im Prinzip den Gästen zu rauchen erlaubt, falls der Koch ebenfalls raucht.

$$$ Essen **Luxus**

In der kulinarischen Spitzenklasse der Stadt sollte man keinesfalls das **Zjez Zjez** verpassen, eine der ältesten und berühmtesten Gaststätten von Lublova. Die Eigentümer dieses bedeutenden Restaurants werben damit, daß sich hier einmal der britische Premier Tony Blair aufgehalten habe. Im Prinzip ist das zwar korrekt, sie unterschlagen jedoch die Information, daß Blair als Mitglied einer EU-Delegation kam, die nach der wahrscheinlichen Herkunft des Erregers der Maul- und Klauenseuche von 2001 suchte.

✉ *42 Av Nazjonal*
☎ *63 6937*
🖳 *DC, MC, V*

Das **Bistroj Dezjamic** ist ein im alten Stil eingerichtetes Lokal an der Hauptstraße. 2002 wurde es von einem französischen Koch und Gourmet gekauft, der es zuerst einmal schloß. (Es soll innerhalb der nächsten zwölf Monate wieder eröffnet werden.)

✉ *76 Av Busjbusj*
vorübergehend
geschlossen

Wer zum lebhaften Großen Platz zurückkehrt, wird dort **Vadjroza** finden, ein beliebtes Bistro; hier wird gutes Essen serviert in einer Atmosphäre, die man als »entspannt und ohne Hast« beschreibt – was heißt, daß dort nie mehr als drei Kellner bis zu hundert Gäste bedienen. An Wochenenden tanzt man gern, wobei überschwengliche männliche Gäste ihre Kunstfertigkeit demonstrieren, indem sie große Sprünge machen, in der Luft die Absätze zusammenknallen und sich Sehnenrisse holen in einer wahnwitzigen Vorführung von fehlgeleitetem Machismo.

✉ *6 Platka dj Busjbusj*
☎ *69 3757*
🖳 *DC, V*

Der Top-Tip!
Viele Besucher Lublovas würden gern im berühmten **Kreisenden Restaurant** essen, müssen aber wegen der hohen Preise dieses luxuriösen Lokals darauf verzichten. Eine gute Alternative ist das **Café Bgokcez**, wo man nach ein paar Gläsern des Hausweins zumindest das Gefühl hat, in einem kreisenden Restaurant zu sein.

$$ Essen **Mittlere Kategorie**

Zwei Blocks hinter dem Museum findet sich auf der Sv. Strezmo das **Kaujcec Kjem**, ein Restaurant zu ebener Erde, wo zu moderaten Preisen traditionelle und moderne Gerichte serviert werden. Nur wenige der unterbezahlten und überarbeiteten Mitarbeiter sprechen Englisch, was kein Nachteil sein dürfte, da ihre Flüche wohl besser unübersetzt bleiben.

✉ *88 Sv Strezmo*
☎ *67 7437*

Wer das **Kafe Udzrum** schräg gegenüber der Hauptpost betritt, dem springt sofort die üppige Beleuchtung ins Auge, also lieber den Kopf einziehen! Grelle Tischtücher tragen bei zum totalen Stil-Mischmasch der Innendekoration. Wem aber die Gestaltung des Speisesaals überdreht erscheint, der wird sich erst recht über das Essen wundern. Riesige Portionen übersalzenen Fleischs, die in Fett schwimmen, machen diese Gaststätte zum Albtraum für Weight-Watchers. Das als »herzhaft und deftig« beschriebene »Udz« ist eines der wenigen Lokale in Europa, wo man gebratenen Salat bestellen kann.

✉ *67 Sv Vladko*
☎ *61 9077*

Wer authentische Lublova-Küche sucht, sollte ins **Tzabian Jceje** gehen. In dieser rustikalen Gaststätte bereiten Köche aus dem ganzen Land eine verblüffende Vielzahl vegetarischer Gerichte, die sie mit Schweinefleisch garnieren.

✉ *45 Sv Rojal*
☎ *69 6637*

$ Essen **Economy**

Für einen schnellen Drink in geschmackvoller Umgebung gibt es kaum Besseres als das **Tzabani** nahe dem Nordtor der Altstadt. Hier kann man sich darauf verlassen, daß die Getränke wirklich eiskalt sind, auch wenn man einen Kaffee bestellt. Ein Duo (Geige und Klavier) sorgt für romantische Stimmung; einige Touristinnen haben allerdings berichtet, daß der Fiedler manchmal arg lockere Hände hat.

✉ *55 Sv Vladko*
☎ *66 3237*

Wer gern ein bißchen *club action* mag, sollte unbedingt die als besonders *hip* geltende Nachtbar für Erwachsene aufsuchen, **Ur Verbkriej** (»Die Feuerfalle«). Hier kann man zu den neuesten Euro-Beats tanzen, die aus dem 100-Watt-Tapedeck des Clubs wummern, und dazu in einer nur als *sophisticated* zu bezeichnenden, verräucherten Atmosphäre teures Bier schlürfen.

✉ *56 Av Nazjonal*
☎ *63 5437*

NB: Montags findet der »Über-Vierzig«-Abend statt, was sich nicht auf das Alter der Gäste bezieht, sondern auf die Anzahl der Wochen seit ihrem letzten Sex.

HIGHLIGHTS

Die Vororte Lublovas haben nicht viele Attraktionen zu bieten, aber die **Altstadt** ist relativ unberührt von Modernisierungen geblieben. Dieser Teil ist gesperrt für allen Verkehr, außer Bussen, Taxis, Motorrädern, Autos, Fahrrädern und im Manöver befindlichen Panzern, und ein Spaziergang über das Kopfsteinpflaster der Straßen lohnt sich auf jeden Fall.

Es empfiehlt sich, am etwas heruntergekommenen **Hauptplatz** (Bild links) zu beginnen, auf dem sich gewöhnlich Händler tummeln, die alles verkaufen, von billigen Sonnenbrillen bis zu ukrainischen Bräuten. Eine schmale Gasse führt vom Marktplatz zum 120 Meter hohen romanischen Turm der **Gzemgrjo-Kirche**. Dies wäre das älteste intakte Gebäude von Lublova, wenn es denn noch stünde, aber leider brach die Turmspitze vor ein paar Jahren ab, als man leichtsinnig genug war, dort eine **Satellitenschüssel** anzubringen. Die Kirche selbst ist oft geschlossen; man kann aber die Schlüssel vom zuständigen Priester bekommen, Pfarrer Gromzjot. Gewöhnlich ist er gegenüber zu finden, in der *Lublova Toplesh Tavernja*.

Ein Besuch in diesem Landesteil von Molwanien wäre unvollständig ohne einen kurzen Blick in **Lublovas Alten Kerker** (*torturak*) am westlichen Stadtrand. Hier kann man eine Führung genießen durch eine der grausigsten Strafanstalten des mittelalterlichen Europa; es gibt Streckbänke zu sehen und Folterkammern, Exekutionshöfe und Verliese. Daß die Exponate allesamt sehr realistisch wirken, liegt ohne Zweifel an der Tatsache, daß der Kerker noch immer dem **Strafvollzug** dient. Besucher sollten daher am Eingang mit einer gründlichen Leibesvisitation rechnen.

An Stadtrand findet sich der berühmte Sandsteinfelsen **Zjkelcziz**, in den 1965 ein riesiges Porträt des früheren Ministerpräsidenten »Bu-Bu« gemeißelt wurde. Es ist noch immer ein beeindruckendes Kunstwerk, obwohl 1974 Teile des Schnurrbarts abbrachen und das Besucherzentrum am Fuß des Felsens zertrümmerten.

Molwaniens Schwarzgebrannter!
Der beliebteste Trank in dieser Gegend ist *jzornflek*, ein feuriger Schnaps, der normalerweise aus Wacholderbeeren und Bremsflüssigkeit gemacht wird. Traditionell reicht man ihn vor Begräbnissen (generell etwa zwei Wochen vorher, aber das hängt davon ab, wie man die Fähigkeiten des behandelnden Arztes einschätzt), und es gilt als große Ehre, wenn einem ein Glas angeboten wird. Statt abzulehnen, was eine Beleidigung wäre, sollte man lieber eine kleine Portion annehmen und so tun, als tränke man. Sollte man zufällig tatsächlich ein paar Tropfen von dem Schnaps schlucken, braucht man den Vorgang des Erbrechens nicht künstlich herbeizuführen, er wird ganz natürlich erfolgen.

Viele Jahre lang haben Liebespaare, die nach Lublova kamen, das üppig verzierte **Aquatz Jcejlezic** (Bild rechts) besucht (zu erreichen über Sv. Frortunju) und sich dort etwas gewünscht, bevor sie eine Münze hineinwarfen. Zwar existiert der 1465 erbaute prächtige Brunnen immer noch, das Hineinwerfen von Münzen wurde aber leider verboten, nachdem **organisierte Zigeunerbanden**, oft mit Taucherausrüstung, ihn zu plündern begannen.

Vogelfrei ...
Ornithologen kommen aus der ganzen Welt her, um einen flüchtigen Blick auf die Molwanische Drossel zu erhaschen, einen kleinen bräunlichen Vogel, den es nur hier gibt. Die Molwanische Drossel ist nicht besonders ansehnlich, aber bei Vogelkundlern berühmt als der Zugvogel mit der kürzesten je verzeichneten Flugstrecke. Jeden Oktober starten diese Tierchen von ihren Nistplätzen 50 km südlich von Lublova und fliegen 2,5 km nach Osten. Bemerkenswert daran ist vor allem, daß einige von ihnen für diese epische Reise bis zu einem Jahr unterwegs sind, und viele Tausende verfliegen sich oder brechen lange vor Erreichen ihres Ziels erschöpft zusammen.

Dem Rathaus gegenüber liegt eine interessante Kunstgalerie, das **Studja**, spezialisiert auf sowohl klassische als auch moderne Werke. Die Dauerausstellung von Gemälden des heimischen Pseudo-Realisten Bvorj Gcecvej ist dauerhaft geschlossen.

Des Menschen bester Freund!
Lublova ist nicht nur eine lebendige moderne Metropole, sondern auch Ursprungsort des molwanischen »Nationalhunds«, der Molwanischen Bulldogge. Die amtliche Zuchtverordnung stellt fest:
»... die Molwanische Bulldogge sollte kurze stämmige Beine haben (meistens drei, manchmal vier), ein drahtiges graues Fell und einen merklich fliehenden Unterkiefer. Der typische 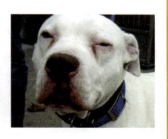 Hund dieser Art ist von der Veranlagung her treulos und neigt zu unprovozierten Anfällen von Aggressivität. Daher muß das Tier in der Öffentlichkeit einen Maulkorb tragen. Gleiches gilt für den Halter. Zur Vorführung bestimmte Exemplare haben meistens gestutzte Ohren; viele Züchter schneiden ihnen auch den Schwanz ab, da dieser als Delikatesse gilt. Interessant ist die Molwanische Bulldogge auch, weil sie als einziges Mitglied der Gattung *canis* unfähig ist, die eigenen Genitalien zu lecken.«

aus *Hunde der Welt, Welt der Hunde* (UniPress, 1987)

[*Die Östlichen Steppen*]

UMGEBUNG

Die Gegend um Lublova ist platt und windig, übersät von Phosphatminen und großen Salzflächen. Sie gilt allgemein als die schönste Landschaft im östlichen Molwanien. Nachstehend sind einige Sehenswürdigkeiten beschrieben.

Monj Vedjev ist bei den Einheimischen eines der beliebtesten Ziele für Tagesausflüge, und der 178 Meter hohe Gipfel des Berges bietet sowohl wunderbare Aussicht als auch die Möglichkeit von Unterkühlung. Um den Gipfel zu erreichen, sollte man mit dem Bus zum Fuß des Berges fahren und dort in einen **Sessellift** umsteigen. Zahlreiche Hinweisschilder warnen Reisende, keinesfalls ohne gültige Rückfahrkarte in den Lift zu steigen – was nicht ganz einfach ist, da diese Karten nur in einem Schalterhäuschen auf dem Gipfel des Berges verkauft werden. Ferner ist es ratsam, eine warme Jacke und für den Notfall ein paar Leuchtraketen mitzunehmen.

Eine halbstündige Autofahrt von Lublova nach Osten liegt der stattliche **Czelm-Park**, eine üppige Oase in der ansonsten **kargen Ebene**. Mitten im Park liegt die Sommerresidenz von Molwaniens berühmtestem modernen Bildhauer, **Hzmach Mevtrajo**. Dieses großartige Schloß und die es umgebenden Bronzestatuen wurden 1985 von Mevtrajo der Öffentlichkeit geschenkt. 1986 gab die Öffentlichkeit ihm alles zurück, und seither lebt der Künstler hier als Einsiedler in beleidigtem Schweigen. Innerhalb des Schlosses befindet sich eine **ausgedehnte Galerie**; der Eintritt ist kostenlos, man sollte aber eine kleine Gebühr entrichten, damit der Wagen nicht beschädigt und geplündert wird.

Nicht weit jenseits des Czelm-Parks befindet sich eine Reihe von **Kalksteinhöhlen**, in denen gemäß einheimischer Überlieferung ein wilder Drache haust (der schreckliche *Splidfrik*)! Der Sage nach verläßt der Drache seine Höhle in Vollmondnächten und schleicht in die Stadt, wo er sich ein unglückliches Kind (Junge oder Mädchen) schnappt, das er dann in seinen Bau verschleppt und dort lebendig röstet. Diese entzückende Geschichte wird molwanischen Kindern seit Jahrhunderten vor dem Einschlafen erzählt, was die ungewöhnliche Menge von Bettnässern und an sonstigen Schlafstörungen Leidenden im Land erklären mag.

Besuchern wird im Osten Molwaniens oft ein Glas des selbstgebrannten zeerstum (Knoblauchschnaps) angeboten. Man sollte ihn nie innerlich anwenden.

DER SKROTUL-SEE

Tausende von Feriengästen besuchen jedes Jahr den Skrotul-See, das Zentrum für Schwimmen und Bootstouren im östlichen Molwanien. Wie große Teile des Zaubers der Region ist der See künstlich und wurde 1953 angelegt, als das Vorhaben, den großen **Vzorjmec-Strom** auszubaggern, spektakulär scheiterte und unabsichtlich ein Damm aufgeworfen wurde. Leider hat längere Trockenheit, zusammen mit gestiegenen Bewässerungsbedürfnissen der benachbarten Bauern, den Wasserspiegel in den vergangenen Jahren beunruhigend tief sinken lassen, so daß der »Seeufer«-Campingplatz nun drei Kilometer vom Wasser entfernt liegt. Trotzdem gibt es an diesem beliebten, **semi-aquatischen** Reiseziel noch viel zu sehen und zu genießen.

Sonnenanbeter genießen einen Sommernachmittag am Strand des Skrotul-Sees.

UNTERKUNFT

Abgesehen vom erwähnten **Campingplatz** gibt es die Möglichkeit, auf dem See Hausboote zu mieten. Von diesen verfügen viele über Dieselmotoren, die übrigen haben Paddel. Auskünfte erteilt: Skrotul Ahoyz (Tel. 07/521776870).

ESSEN

In dieser Weltgegend ist frischer Fisch natürlich die beste Wahl, und die Ufer des Skrotul-Sees sind gesäumt von Cafés und Restaurants, die verschiedene Angebote als »Fang des Tages« machen. Die größte und beliebteste Gaststätte ist wohl **Hzerjman** (Tel. 921768) direkt auf dem großen Pier. Hier können die Gäste ihr Essen im großen Aquarium neben dem Eingang auswählen – wunderbar für Fischliebhaber, aber weniger gut, wenn man ein Steak möchte.

HIGHLIGHTS

Die **Strände** am Skrotul-See sind makellos – völlig frei von Sand – und sehr beliebt bei Sonnenanbetern, von denen viele morgens ihren Platz mit einem Handtuch oder Liegestuhl reservieren. Der Wettbewerb um den besten Platz am Strand ist so scharf, daß Berichten zufolge übereifrige Feriengäste zuweilen Minen unter ihre Handtücher schieben, damit niemand ihren Platz wegnimmt – es ist also Vorsicht angebracht. Das Wasser des Sees ist überraschend warm, was zum Teil daran liegt, daß es auch zur Kühlung eines nahen Kohlekraftwerks dient. Wer lieber auf dem Trockenen bleibt, kann zum Beispiel einen **Ritt auf einer Kuh** um den See machen. Die meisten Ritte beginnen bei den **Viehverkaufs-Pferchen** und enden ein paar Kilometer nördlich am **Strandschlachthof**.

DZREBO

Etwa 70 km östlich des Skrotul-Sees liegt die alte Bergbaustadt Dzrebo. Im Mittelalter entdeckte man hier Silber, und wenn diese Edelmetallvorkommen nur ein paar Jahrzehnte länger gereicht hätten, so wäre Dzrebo, wie dessen Bewohner behaupten, eine bedeutende europäische Stadt geworden. Heute ist der Ort ein bedeutender europäischer Lkw-Rastplatz an der **Fernstraße** von **Lutenblag** über **Lublova** nach Osten.

Dzrebo selbst besteht aus drei alten Weilern: Sektor 1, Sektor 2 und *Zibruzzka* (»das Minenfeld«).

Leider ist die Arbeitslosigkeit in Dzrebo sehr hoch; dies hat zur Entwicklung einer Unterschicht von **Bettlern** geführt, von denen viele an den Straßenecken stehen und Passanten angehen. Diese armen Seelen mögen völlig heruntergekommen wirken, aber wenn es darum geht, milde Gaben zu fordern, sind sie doch recht gut organisiert. Einige von ihnen akzeptieren sogar **Kreditkarten**.

GESCHICHTE

Dzrebo wurde im Jahr 6 n. Chr. von einem römischen Centurio namens Callus entdeckt, der einen Aufklärungstrupp durch diese Gegend leitete und in der weiten sumpfigen Ebene steckenblieb. Nachdem er einige Wochen lang versucht hatte, das brackige, von Mücken geplagte und von Blutegeln wimmelnde **Sumpfland** wieder zu verlassen, soll Callus gesagt haben, es sei »der ideale Platz für ein Dorf«. Zwar haben Historiker später die These vertreten, er habe dies sarkastisch gemeint, aber seine Äußerung wurde alsbald in die Tat umgesetzt, und es entstand eine kleine Stadt. Im Mittelalter führte die Entdeckung von Silber* zu einem kleinen Boom, während dessen die meisten großen Klöster und Kathedralen der Stadt errichtet wurden. Dies machte Dzrebo zu einem der größten Zentren des **Katholizismus** im Osten. Als im 16. Jahrhundert der Silberbergbau endgültig eingestellt wurde, widmete sich der größte Teil der Stadt der **Prostitution**, doch konnte Dzrebos wirtschaftlicher Niedergang dadurch nicht aufgehalten werden. 1978 wurde die Kommune amtlich als flachste Stadt Molwaniens anerkannt.

---

* Die Einheimischen behaupten voller Stolz, die dreißig Silberlinge für Judas seien aus Dzrebo gekommen. Diese Verbindung mit der Bibel wird alljährlich am 25. April gefeiert (Tag des Heiligen Verräters).

SHOPPING

Dzrebo ist bekannt für seine folkloristischen Handwerkserzeugnisse, von denen viele an **Ständen am Straßenrand** verkauft werden. Zu den beliebtesten Gegenständen gehören kleine Figuren aus Spreu, handgewebte Wollmatten und wunderbar beschnitzte hölzerne Dildos. Ein Wort der Warnung: In mehreren Ländern verbieten die Quarantänebestimmungen die Einfuhr von Gegenständen, die aus molwanischen Landwirtschaftserzeugnissen hergestellt sind, da diese möglicherweise von der seltenen **bvorvil**-Milbe befallen sind. Im Zweifelsfall sollte man die Einkäufe beim Zoll vorzeigen, damit sie in Fungizide getaucht, mit Insektiziden besprüht und dann verbrannt werden können.

ANREISE

Zu diesem östlichen Vorposten gibt es weder Zug- noch regelmäßige Busverbindungen; für die meisten Besucher ist daher das Auto die einzige Möglichkeit. Es kann jedoch schwierig werden, eine Wagenvermietung zu finden, die es einem gestattet, diesen Ort mit dem Fahrzeug aufzusuchen, da die meisten Policen Fahrten querfeldein oder nach Dzrebo **ausschließen**. Das größte Problem ist natürlich Diebstahl, und zahlreiche Besucher haben berichtet, daß innerhalb weniger Minuten der Abwesenheit Diebe sämtliches Gepäck, Teile des Motors oder – nicht selten – den ganzen Wagen entwendet hätten. Die meisten Einheimischen vermeiden solche Vorfälle, indem sie in **bewachten Garagen** parken; sollte dies nicht machbar sein, empfiehlt es sich, wenigstens einen Säugling auf dem Rücksitz zurückzulassen, am besten mit unübersehbar besudelter Windel oder schreiend. Ein weiteres gutes Abschreckungsmittel ist eine massive Lenkradsperre, mit der man Möchtegern-Dieben eins über den Kopf geben kann.

NAHVERKEHR

Im Ort fahren viele Busse; anhalten kann man sie durch simples Winken oder, bei hohem Verkehrsaufkommen, mit einer **kleinen Handfeuerwaffe**. Eine Fahrt kostet 40 $; Fahrkarten kann man an Kiosken oder direkt bei den Fahrern kaufen. Man sollte nicht vergessen, mit dem im Bus befindlichen Automaten eine Fahrkarte pro Sektor zu entwerten sowie eine zusätzliche für jede Zone. Übriggebliebene Fahrkarten können danach mit einem Gerät wieder gültig gemacht werden, allerdings nicht mit dem zum Entwerten verwendeten.

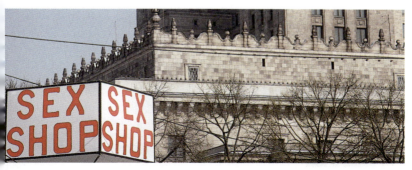

Dzrebo bietet eine zauberhafte Mischung aus Renaissance-Charme und Balkan-Schmutz.

UNTERKUNFT

Um die Wahrheit zu sagen: Dzrebo ist nicht besonders gut auf Touristen eingestellt, und das zeigt sich auch an der geringen Auswahl an Unterkünften. Eine Tatsache mag dieses chronische Problem illustrieren – als das Molwanische Fremdenverkehrsbüro kürzlich das »**beste Boutique-Hotel**« der Stadt auszeichnen wollte, ging der Preis an ein Asyl der Heilsarmee. Die bessere Möglichkeit für Reisende, die nach Dzrebo wollen, ist eine Übernachtung außerhalb der Stadt in einem der vielen *aggro-turizm*-Zentren der Region, wo einem **echte Bauernhöfe** örtlicher Familien zugewiesen werden. Der jeweilige Preis enthält nicht nur Unterkunft und Vollpension, sondern auch Freizeitaktivitäten wie Schafe treiben, Feuerholz hacken, Schweine schlachten und ganz allgemein helfen.

$$$ Unterkunft **Luxus**

Angeblich ist dies das beste Hotel, das je in Dzrebo eröffnet wurde: das **Jorkjem Palatz**, ein wunderbar restauriertes Schloß mitten in der Altstadt. Die Zimmer sind nicht gerade billig, im Preis enthalten ist jedoch ein komplettes molwanisches Frühstück (Cornflakes o. ä., Toast, Eier, Würste und Wodka). Ferner verfügt das Hotel über einen der ältesten noch funktionierenden Aufzüge in Europa.

✉ *132 Sv Ezkrel*
☎ *67 3143*
📠 *67 3144*
@ *jorkjem@molnet.co.mv*
🛏 *50* 🍴 ⚭
💳 *DC, MC, V*

Ein wenig außerhalb der Stadt liegt das **Hotjl Golf**. Wie der Name andeutet, bietet dieses Haus nicht nur Unterkunft, sondern hat einen eigenen Golfplatz (17 Löcher). Er wurde von Molwaniens einzigem Golfprofi entworfen, **Vcez Brailja**, ist sehr gepflegt und bietet interessante Herausforderungen, z.B. Bunker und zahlreiche Feuchtbiotope, die den Spielern einiges abverlangen. (Besucher sollten bedenken, daß die mit Kerosin betriebenen Golfwagen vor kurzem verboten wurden, nachdem sie mehrere Grasfeuer ausgelöst hatten.)

✉ *45 Sv J.C. Van Damm*
☎ *67 7262*
📠 *67 7266*
@ *golf@molnet.co.mv*
🛏 *30* 🍴 ⚭
💳 *DC, MC, V*

NB: Das Hotel selbst ist sauber und modern; zwar sprechen nur wenige seiner Mitarbeiter Englisch, reagieren aber auf einfachere Flüche und Obszönitäten.

Philippe schreibt ...
»*Sie sind schon ein lächerlicher Anblick, diese Touristen, die sich in überteuerten, sterilen, verwestlichten Hotels drängen. Wenn man das echte Molwanien erleben will, sollte man obdachlos sein. Ich habe einmal zwei Wochen auf einer Parkbank in Dzrebo verbracht und mich mit Pappe zugedeckt. Das waren Ferien, die ich nie vergessen werde.*«   *P. M.*

[*Die Östlichen Steppen*]

$$ Unterkunft **Mittlere Kategorie**

In der Neustadt liegt das **Sjavtzas**, eine gute Option für Preisbewußte. Die Zimmer sind bescheiden und schlicht und bieten keine großen Überraschungen außer gelegentlich Fröschen im Bidet (nach Auskunft des Eigentümers sind sie eßbar!), und es gibt einen hübschen Hinterhof, in dem Gäste je nach Laune ihre Wäsche oder sich aufhängen können.

✉ 48 Av Maj 1
☎ 62 0690
@ sjavtzl@molnet.co.mv
🛏 19
💳 MC, V

Gegenüber vom Taxistand befindet sich die **Pensjon Krovoz**, die mit ihren rudimentären Unterkünften ein gutes Preis-Leistungs-Verhältnis bietet. Das Ambiente ist sehr locker und entspannt; man könnte fast meinen, man befände sich in einem Privathaus. Tatsächlich ist dies der Fall, und es kann durchaus sein, daß die Kinder des Besitzers nachts ins Zimmer kommen, um verlegtes Spielzeug zu suchen oder die Toilette zu benutzen.

✉ 98 Av Busjbusj
☎ 61 7465
🛏 4
💳 DC, MC

$ Unterkunft **Economy**

Trotz des Namens liegt das **Hotjl Central** weit draußen am Stadtrand; mit öffentlichen Verkehrsmitteln erreicht man es innerhalb von 45 Minuten. Die rückwärtigen Zimmer sind ruhiger, was daran liegt, daß die meisten von ihnen unterirdisch sind.

✉ 9 Sv Pudjink
☎ 66 1212
@ cent@molnet.co.mv
🛏 72 💳 DC, MC, V

Das ziemlich schäbige **Gronz Mecj** gegenüber von Dzrebos verwaistem Hauptbahnhof ist besonders beliebt bei Geschäftsleuten und einsamen Touristen, wegen der großen Auswahl nicht jugendfreier Videos, die man in den Zimmern gegen Bezahlung betrachten kann. Gäste, die diesen Service in Anspruch nehmen, können sich darauf verlassen, daß der Titel des Films nicht auf der Rechnung erscheint.

✉ 163 Ul Vzermac
☎ 65 8673
🛏 12

NB: Allerdings lösen diese Videos eine Sirene und ein grelles Blinklicht vor der Zimmertür aus.

> *Korrektur!*
> *In der vorigen Auflage war zu lesen, daß Gäste der Jugendherberge von Dzrebo in jedem Schlafsaal eine Schaukel vorfänden. Das war ein Druckfehler; es hätte Schaufel lauten sollen – ein Hinweis auf die Geländetoiletten der Herberge.*

Viele Hotels in Dzrebo bieten qualifiziertes Babysitten an.

ESSEN

Gemeinschaftstische gehören in den meisten Restaurants von Dzrebo zum guten Ton; es ist durchaus nicht ungewöhnlich, daß sich zu jungen Paaren, die ein romantisches Abendessen zu zweit verbringen möchten, eine große Gruppe randalierender und oft betrunkener Einheimischer gesellt. Dies gilt als große Ehre; ein Protest dagegen wäre beleidigend und kann **mittelschwere Verletzungen** zur Folge haben. Erwähnenswert ist auch, daß in Dzrebo vegetarische Gerichte kaum zu finden sind und daß als »fleischlos« deklarierte Speisen per Gesetz bis zu 23 % Schweinefleisch enthalten dürfen.

$$$ Essen **Luxus**

Das beliebteste Restaurant in Dzrebo ist **Hzorvja**; die Spezialität des Hauses ist Wild. Während der Jagdsaison können Gäste mit allem rechnen, von Wildschweinbraten bis zu gebackener Ente.

✉ *37 Av Busjbusj*
☎ *66 1972*
▤ *DC, MC, V*

NB: Außerhalb der Jagdsaison muß man manchmal mit dem vorliebnehmen, was der Koch kurz zuvor überfahren hat.

Eine weitere empfehlenswerte Gaststätte ist **Pjokotaz**, ein Lokal in zentraler Lage, beliebt bei Geschäftsleuten und Verwaltungsbeamten. Neben herzhaften Eintöpfen wird als Beilage oft ein deftiges Gericht aus *tsalusky*-Nudeln gereicht; sie erinnern an eine Mischung aus italienischen Gnocchi und deutschen Spätzle, sind jedoch halluzinogen.

✉ *67 Av Maj 1*
☎ *63 0170*
▤ *DC, MC, V*

$$ Essen **Mittlere Kategorie**

Gleich neben der Fernstraße liegt das **Vjoy Zjoy**, ein Trend-Bistro mit leichten vegetarischen Gerichten in entspannter rauchfreier Atmosphäre. Es eröffnete im Juni 2001, schloß jedoch nach wenigen Wochen aus Mangel an Kundschaft und hat kürzlich als Hamburger-Shop die Tore wieder geöffnet.

✉ *86 Sv J.F. Kennedy*
☎ *61 6079*

Die chinesische Küche scheint inzwischen jede Stadt auf dem Globus infiltriert zu haben, und Dzrebo ist keine Ausnahme. Der **Goldene Drache** bietet eine interessante Mischung molwano-asiatischer Gerichte, wie auch beim Personal Triaden und Mafia zusammenkommen. Beliebt sind gebratener Reis mit Gurken, Schweinefleisch sauer-sauer und die Spezialität des Hauses, Pekingspatz.

✉ *102 Sv Ezkrel*
☎ *67 0898*

NB: Alle Gerichte sind garniert mit Reis und Glutamat.

[*Die Östlichen Steppen*]

$ Essen **Economy**

Wer ein herzhaftes Mahl zu erschwinglichen Preisen sucht, sollte erwägen, einen Tisch im **Horgastz Vengelko** zu buchen, einem schlichten Café im Parterre eines Gebäudes an der belebten Sv. Izcata. Zu den appetitlichen Hauptgerichten gehören geröstete Gans mit Schattenmorellen, Wildschweinlende und Steak nach molwanischer Art (d. h. komplett durchgebraten). Vegetarier oder auf koschere Speisen Angewiesene sollten *vecbek* versuchen, eine Schweinefleisch-Crêpe, in der die Fleischstücke durch eine dicke Käsesauce geschickt verborgen sind.

✉ *65 Av Maj 1*
☎ *63 4209*

Nur für lose Vögel!

Nach einem anstrengenden Tag voller Sehenswürdigkeiten möchten sich viele Touristen entspannen, zum Beispiel mit einem Kaffee und einem Stück *muczecl*-Käse in einem der vielen Freiluft-Cafés, die Dzrebos Marktplatz säumen. Eine kleine Warnung: Die hiesigen Tauben sind nicht nur gefräßig, sondern gehören einer der seltenen Arten an, die über Zähne verfügen. Man sollte diese von Erregern wimmelnden Aasfresser auf gar keinen Fall füttern, sondern sie, wenn nötig, mit einer zusammengerollten Speisekarte oder einem Schirm verscheuchen. Das ist auch ein guter Tip für den Umgang mit den zahlreichen Musikanten und bettelnden Zigeunern auf dem Platz.

Ein Bauer aus Dzrebo macht seine Kastanienernte für den Markt fertig. Die Kastanien werden geröstet und in den Restaurants des Orts verkauft. Der Bauer kommt mit Leistenbruch ins Krankenhaus.

Korrektur! *Wir müssen uns bei den Besitzern des* **Zzardmac Bistroj** *gegenüber vom Rathaus entschuldigen. In der vorigen Ausgabe wurde das Lokal beschrieben als familienfreundliches Lokal »mit Barbecue-Service«. Das war ein Druckfehler; der Eintrag sollte lauten familienfreundliches Lokal »mit barbusigem Service«. Wir bedauern zutiefst jegliche Umsatzeinbuße, die sich daraus für Herrn und Frau Zzardmac und ihre sieben Töchter ergeben haben mag.*

HIGHLIGHTS

Das **Kastl Rojal** (Königliches Kastell) stammt aus dem 12. Jahrhundert; Sigmisoid VI. (»der Gichtprinz«) ließ es als Sommerresidenz errichten. Führungen durch dieses imposante romanische Gebäude finden täglich statt (falls der Tag ein Mittwoch ist), und die meisten Besucher drängen sich in der **Königlichen Schatzkammer** im Erdgeschoß. Die Hauptattraktion sind natürlich die **Molwanischen Kronjuwelen**, und obgleich die Sammlung im Lauf der Jahre unter türkischen Marodeuren, Nazitruppen und skrupellosem Reinigungspersonal gelitten hat, gibt es doch noch viel zu sehen. Eines der faszinierendsten Objekte ist das *zmittenblag*, ein furchterregendes schartiges Schwert, das seit dem frühen 14. Jahrhundert von Palastbeamten verwendet wurde, um Beschneidungen durchzuführen und Hecken zu stutzen.

Dzrebos schönster und mit zehn Hektar größter **Park** (der *Villj Krokenstanf*) liegt am Ostrand der Stadt. Ein hübscher Weg schlängelt sich durch die Wiesen und über kleine Brücken; er beginnt kurz hinter dem Haupteingang und ist eine gute Möglichkeit, das Gelände zu erkunden. Zahlreiche Hinweisschilder erinnern die Besucher daran, daß Hunde, Fahrräder, Inline-Skating, Joggen und Kinderwagen verboten sind. Die Gesetze gestatten jedoch die Benutzung von **Feuerwaffen** an jedem Tag außer Karfreitag.

Filmfans sollten überlegen, ob sie nicht einen Besuch in Dzrebo mit dem berühmten **Internationalen Filmfestival** im September kombinieren können. Hierbei sind jedes Jahr aufstrebende Regisseure aus der ganzen Welt eingeladen, ihre neuesten Werke zu zeigen. Im vorigen Jahr gab es nur zwei Anmeldungen; die beiden teilten sich den fünften Platz.

Kaca Jzan Martejz ist das Haus, in dem im 19. Jahrhundert der Maler Jzan Martejz geboren wurde und starb, was vielleicht den Geruch erklärt. Heute ist es ein Museum für seine Werke.

Heureka!

Einer von Molwaniens berühmtesten Söhnen ist zweifellos Willjm Krejkzbec (1891–1943), dem beinahe der Nobelpreis verliehen worden wäre. Krejkzbec, ein Physiker, wurde in Dzrebo geboren und erregte 1908 ungeheures Aufsehen, als es ihm gelang, Strom durch eine in Chlorsäure befindliche Kupferplatte zu leiten. Bedauerlicherweise zeigte sich, daß es für diese bahnbrechende Leistung keinerlei praktische Anwendungsmöglichkeit gab, aber immerhin wurde der entschlossene Wissenschaftspionier für den Nobelpreis vorgeschlagen. Allerdings wurde Willjm Krejkzbecs akademischer Ruhm ein wenig überlagert von seinem publizistisch ausgeschlachteten Interesse an Sadomasochismus (vgl. »Museum« S. 106).

[*Die Östlichen Steppen*]

Die **Kirche der Seligen Heiligen Schwestern von der Barfüßer-Blume der Unbefleckt Geborenen Jungfrau** ist eine hübsche Barock-Kapelle und möglicherweise schwer zu finden, da alle Hinweisschilder mit diesem Namen längst unter der Last der Buchstaben zusammengebrochen sind. In einem Extraraum hinter der Kirche ist ein großes schauerliches Fresko zu sehen, auf dem sich halbnackte Sünder in einer Feuergrube winden. Kunsthistoriker hatten einige Zeit angenommen, es sei von Caravaggio; bei einer gründlicheren Untersuchung stellte sich jedoch heraus, daß es sich um Reklame für eine örtliche Diskothek handelte.

> **Himmlische Düfte!**
> Viele Dzrebo-Besucher dürften sich für eine Besichtigung der großen **Kosmetika-Fabrik** Vcekjben-Dyir im Südosten der Stadt interessieren. »VD«, wie diese Firma allgemein genannt wird, produziert eine breite Palette von Parfüms, Deodorants und starken Enthaarungscremes, die in ganz Molwanien vertrieben werden. Der Pharma-Riese aus Dzrebo verkündet mit einigem Stolz, daß mit keinem seiner Produkte Tierversuche unternommen wurden; auf jüngst erhobene Vorwürfe, Zigeuner-Hilfsarbeiter hätten in der Phase der Forschung und Entwicklung gewisser Erzeugnisse eine Rolle gespielt, gab es bis jetzt keine befriedigenden Antworten.

Ein weiteres Wahrzeichen von Dzrebo, die berühmte **Spieluhr** der Stadt (links), wurde 1746 erbaut, und zu jeder vollen Stunde versammelten sich Schaulustige, um von unten zuzusehen, wie die mechanisch bewegten Figuren erschienen und die Uhrzeit »tanzten«. Diese beliebte Darbietung endete abrupt, als 1993 die **Vater Chronos** gehörende Sichel sich im Mieder von Mutter Natur verhakte und einen Kurzschluß mit nachfolgendem Feuer auslöste, durch das die beiden Figuren in einer Pose verschmolzen, die für jugendliche Betrachter ungeeignet schien.

Zu einem Besuch in Dzrebo gehört unbedingt ein kurzer Halt am **Grab des Unbekannten Soldaten**. Das nach dem Zweiten Weltkrieg errichtete Mahnmal birgt den Leichnam eines molwanischen Soldaten, der erschossen wurde, als er von der Front desertierte. Jeden Sonntagmittag findet ein zeremonieller **Wachwechsel** statt, bei dem die diensttuenden Offiziere im Gänsemarsch abziehen, um sich umzuziehen und zu rasieren, ehe sie wieder auf ihre Posten gehen. Über dem Grab, flankiert von Molwaniens Flaggen, brennt ein Ewiges Licht (dienstags bis samstags).

Der Wachwechsel ist immer noch ein bewegendes Schauspiel, auch wenn wegen diverser Etatkürzungen viele Soldaten gezwungen sind, Zivilkleidung zu tragen.

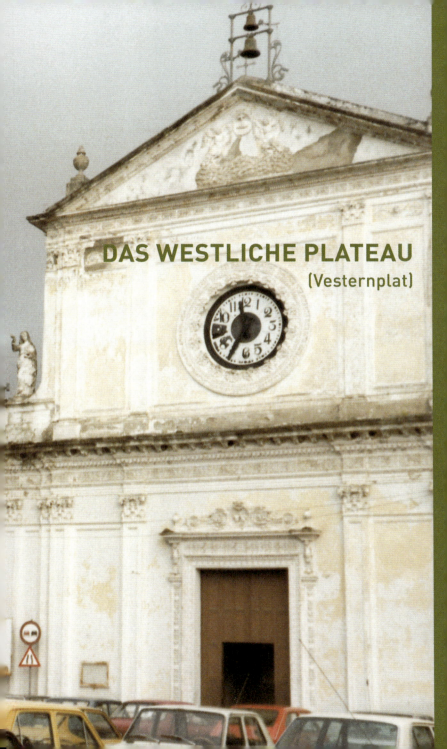

DAS WESTLICHE PLATEAU
(Vesternplat)

DIE REGION

Touristen sind normalerweise Westmolwanien gegenüber ein bißchen mißtrauisch und halten es für wenig mehr als einen Landstrich mit verschmutzten Industriestädten voll hoher **Mietskasernen** und mit noch höheren Verbrechensraten. Das ist, natürlich, zutreffend. Aber Molwaniens Westen ist auch ein kleines Paradox: Große Teile wurden von vierzig Jahren schrankenloser **Nachkriegs-Industrialisierung** verwüstet, aber hier und da findet man immer noch Gegenden von bezaubernder natürlicher Schönheit, die erst in den letzten Jahren ruiniert wurden. Zwar sind weite Gebiete der Region windgepeitscht, kahl, kalt, isoliert und ohne jeden optischen Reiz; positiv ist aber zu vermerken, daß die Region so gut wie unberührt vom Tourismus ist.

Das Westliche Plateau birgt eines der größten **Feuchtgebiete** der Welt, das mehr als 2000 Quadratkilometer bedeckt. Diese Sümpfe sind die Heimat für mehr als 300 Arten von Zugvögeln, 800 Pflanzenfamilien und die molwanischen Pfadfinder, die regelmäßig hierher kommen, um auf Osteuropas tiefstgelegenen **Campingplätzen** ihre Fähigkeiten zu testen. Die beste Zeit, um diese Feuchtgebiete zu besuchen, ist Ende Mai, nachdem die Mücken von Flugzeugen aus besprüht wurden und bevor die Blutegel richtig aktiv werden.

Natürlich kommt man, wenn man sich für Geschichte interessiert, nicht an der Hauptstadt des Westens vorbei, **Sasava**. Diese Stadt wurde oft mit Paris verglichen, nicht so sehr wegen ihrer kulturellen oder architektonischen Reichtümer, sondern weil sie immer voller Menschen und Hundekot ist.

Weiter südlich befindet sich die lebhafte Metropole **Sjerezo**, die 2005 den 700. Jahrestag ihrer Gründung begehen wird. Das Motto der Feierlichkeiten lautet: »Sjerezo – Laßt uns neu beginnen«; zu den geplanten Veranstaltungen gehören Freiluftkonzerte, Feuerwerke und ein Programm zur Ausrottung der Pocken.

Inmitten einer ausgedehnten vulkanischen Ebene nördlich der Feuchtgebiete finden sich die kristallklaren Wasser des **Vjaza-Sees**. Kein Trip zu diesem hübschen Wasserpanorama wäre vollständig ohne einen frühen Morgenbesuch auf dem quirligen Fischmarkt, wo jeden Montag bei Sonnenaufgang die hiesigen Fischer ihren Fang einliefern. Warum der Markt selbst erst am Donnerstag öffnet, bleibt ein Bürokraten-Rätsel, aber dank **moderner Kühlvorrichtungen** ist ein Teil des Fangs dann noch immer eßbar.

Außerhalb der Städte und abgesehen vom See bietet die Landschaft des Westlichen Plateaus all jenen viel, die bereit sind, sich abseits der »ausgetretenen Pfade« zu bewegen. Hier in den kleinen Dörfern lebt die Tradition noch fort, in Volkstänzen, **bunter Keramik** und den sehr beliebten wiewohl ein wenig barbarischen Rattenkämpfen.

> *Reisetip*
> *Wenn man im Westen Molwaniens jemanden in dessen Haus besucht, gilt es als höflich, »Drubzko vlob attrizzo« zu sagen. Besucht man jemanden an dessen Arbeitsplatz, sagt man: »Klawzitz vlob attrizzo«. Beides bedeutet wörtlich: »Nicht schießen.«*

[*Das Westliche Plateau*]

SASAVA

Einst ein verschlafenes Bauerndorf, weist die moderne Stadt Sasava kaum noch etwas von ihrer landwirtschaftlichen Vergangenheit auf, außer einer großen Abdeckerei und **Talgfabrik**, die am nördlichen Stadtrand weiterhin arbeitet. Heute ist Sasava ein Industrie- und Verarbeitungszentrum; hier werden 30 % des molwanischen Autozubehörs und 73 % der Treibhausgase des Landes erzeugt. Weitere Exportgüter sind örtliche **Handwerkserzeugnisse** und menschliche Körperteile.

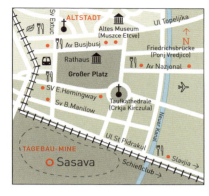

Man kann die Stadt grob in drei Areale unterteilen, die alle bequem zu Fuß erforscht werden können, außer dem dritten, einer **Tagebau-Mine**. Besonders malerisch ist zweifellos die Altstadt mit ihren gewundenen **Straßen aus Kopfsteinen** und den zierlichen, verfallenden Villen, von denen viele aus den 1980ern stammen. Dieser Teil der Stadt ist für Privatautos gesperrt, aber die Stoßstange an Stoßstange schleichenden Schlangen von Tourbussen, Traktoren, Lieferwagen und Lkw mit Anhängern machen dies mehr als nur wett.

Die Bewohner von Sasava sind bekannt für ihre Gastlichkeit und reden gern mit Fremden, dies allerdings in ihrem **Dialekt**, der auch für jene zur Herausforderung werden kann, die das Molwanische fließend beherrschen. Er ist extrem guttural und zeichnet sich aus durch einige der breiigsten H-Laute in der Geschichte der Sprachen. Hinzu kommen seltsame syntaktische Varianten; so wird eine schlichte Redewendung wie »*en vzec e drivc*« (»Viel Glück«) bei den Sasavanern zu »*vcerc ze ir czejew*« (»Mögen deine Kinder bis zu ihrem Tod immer fett sein«). Man braucht trotzdem keine Angst vor Gesprächen mit Einheimischen zu haben; viele Informationen lassen sich übermitteln durch ein Lächeln, ein Nicken oder eine Brieftasche voller Strubls.

Ein Wunderwerk der modernen Architektur: Der Schiefe Turm von Sasava wurde ganz ohne Fundamente errichtet. Wissenschaftler schätzen, daß sich das Gebäude immer, wenn jemand die Lobby-Tür zuknallt, einen Zentimeter nach rechts lehnt.

GESCHICHTE

Im Lauf seiner langen Geschichte hat Sasava viele Verheerungen erlitten. 1241 wurde es von den Mongolen völlig zerstört, und ein ähnliches Geschick wäre der Stadt beinahe von slowakischen Fußballfans während der **Balkan-Meisterschaften 1995** bereitet worden. Ein Teil ihres Reichtums stammt aus Goldminen; Hinweise auf dieses Erbe sieht man in der **schmucken Architektur** und im opulenten Inneren der Münder vieler Einwohner. Einige Minen arbeiten noch, darunter die gewaltige **Tzdorvel-Grube** am südlichen Stadtrand. Vor ein paar Jahren fand sich Tzdorvel weltweit in den Schlagzeilen wieder, als eine Gruppe von Bergleuten mit mehreren hundert Kilo Gold unter Tage eingeschlossen war. Die molwanische Regierung stellte sofort eine **Untersuchungskommission** zusammen, die ein paar Wochen später zu dem Schluß gelangte, eine sofortige Rettungsaktion wäre sinnvoller gewesen. Dieses Unternehmen (später Thema einer Miniserie im Fernsehen) wurde dann erfolgreich durchgeführt, und das Gold wurde glücklich an die Oberfläche gebracht. Die Bergleute starben leider.

1947 demonstriert einer der berühmtesten Erneuerer aus Sasava, B. V. Gyzcezcbi, seine neueste Erfindung, den Aschbecher.

Kapitale Idee, Bu-Bu!

Wie einem die stolzen Einwohner von Sasava gern erzählen, beanspruchte die Stadt für kurze Zeit einen zentralen Platz in Molwaniens politischem Leben. Dies geschah 1931, und Premier Busjbusj – immer ganz Staatsmann – beschloß, den Regierungssitz von Lutenblag nach Sasava zu verlegen, um bessere Kontrolle über die Provinzen zu haben und näher bei seiner Mutter zu sein.

Bu-Bus Mutter, Strengga Busjbusj.

[*Das Westliche Plateau*]

ANREISE

Die meisten Menschen kommen per Zug oder per Zufall nach Sasava. Zweimal pro Woche gibt es auch einen **privaten Busdienst** ab Lutenblag; ein Leser teilte uns jedoch mit, daß auf dieser Strecke zahlreiche unvorhergesehene Pausen bei Läden und Cafés eingelegt werden, die Verwandten des Fahrers gehören. Für alle, die lieber mit dem Flugzeug anreisen, gibt es einen belebten regionalen Flughafen in Sasava, der auch von Chartermaschinen angeflogen werden kann; die Piloten sollten aber nicht versuchen, zwischen 12:00 und 14:00 Uhr zu landen, da in dieser Zeit der **Tower** Mittagspause macht.

NAHVERKEHR

Es ist nicht leicht, in Sasava herumzukommen, und zwar trotz einer Vielzahl öffentlicher Transportmittel. Vandalen und Hooligans haben viele prospektive Passagiere von Zug und *trollejbus* abgeschreckt; dieser Trend konnte nur teilweise umgekehrt werden durch die kürzlich erlassene **Todesschuß**-Verordnung der Verkehrspolizei von Sasava. Vorläufig ist es wohl am besten, den öffentlichen Nahverkehr zu meiden und statt dessen ein gepanzertes Taxi zu nehmen.

Sasavas Hauptbahnhof wurde absichtlich ohne Bahnsteige gebaut, um den Passagieren die Möglichkeit zu geben, einander unter die Röcke zu schauen.

> **So ein Tag ...**
> Im Juni 1987 wurden in Sasava als erster Stadt Molwaniens alle oberirdischen Stromkabel unter die Erde gelegt, eine städtische Initiative, die nicht nur den Ort schöner machte, sondern zugleich auch die örtlichen Maulwurfs- und Karnickelpopulationen ausrottete.

Erinnerungen an Sasavas Goldbergbau sind allgegenwärtig.

UNTERKUNFT

Die Hotels in Sasava sind im allgemeinen sauber und anständig ausgestattet; es gibt genug Angebote für jeden Geldbeutel. Natürlich muß man in den besseren Häusern damit rechnen, für Extras wie Klimaanlage oder Rauchdetektoren mehr zu bezahlen, aber die meisten gewähren in der Nebensaison **Preisnachlässe** – es lohnt sich jedenfalls zu fragen. Viele Hotels in Sasava bieten auch Abschläge für Senioren an; wer sein Alter jedoch nicht durch Ausweis oder Paß belegen kann, muß mit gründlichen ärztlichen Untersuchungen rechnen.

$$$ Unterkunft **Luxus**

Als 1996 das imposante sechsstöckige **Chateau Sucjevita** eröffnet wurde, hatte Sasava kein einziges Hotel der Topklasse. Das hat sich nicht geändert.

✉ *76 Av Busjbusj*
☎ *86 3658*
🗪 *60* 🍴 ▭ *DC, MC*

$$ Unterkunft **Mittlere Kategorie**

Das komfortable **Cernzy Mejed** ist nicht schwer zu finden. Man gehe einfach auf den Großen Platz und suche nach einer fürstlichen roten Backsteinvilla inmitten üppiger Gärten; Cernzy Mejed ist der Wohnblock aus Beton in der Gasse dahinter. Die Zimmer sind schlicht, aber sauber, und alle Angestellten sprechen Englisch, scheinen es aber seltsamerweise nicht zu verstehen.

✉ *11 Sv B. Manilow*
☎ *85 3658*
🖷 *85 3655*
ℯ *mejed@moldi.co.mv*
🗪 *50* 🍴 ✐
▭ *DC, MC*

Wer Wert auf Opulenz legt, sollte ein Zimmer im wunderbar restaurierten **Sasava Palatz Hotjl** buchen, mitten im Herzen der Altstadt. Es gibt wahrlich fürstliche Suiten, und alles ist echt antik, von den Möbeln und den Drucken an den Wänden bis hin zur Begrüßungsschokolade auf dem Kopfkissen.

✉ *43 Av Busjbusj*
☎ *86 2384*
🖷 *86 2385*
ℯ *saspal@moldi.co.mv*
🗪 *45* 🍴 ✐
▭ *DC, MC*

Slavija ist eine gute Alternative in der Mittelklasse, trotz des Nachteils, daß es fast 4 km von der City entfernt ist. Und was einem an Nähe zu den Reizen der Altstadt fehlen mag, wird mehr als nur aufgewogen durch die unmittelbare Nachbarschaft der Schießstände des örtlichen Schützenclubs. Zu den besonderen Angeboten des Hotels gehören ein Spielsalon und der vielleicht einzige *health club* Europas, in dem Sahneteilchen Teil des Fitneßprogramms sind.

✉ *243 Ul St Pidrakul*
☎ *82 9647*
ℯ *slavija@molnet.co.mv*
🗪 *70* ✐
▭ *MC, V*

NB: Kinder sind willkommen, müssen aber permanent sediert sein.

Das **Zcejet Kcev**, ein über hundert Jahre altes Chalet im Tudor-Stil, ist behaglich und gut belüftet, was zum Teil daran liegt, daß ein größeres Stück vom Dach fehlt. Renovierungsarbeiten wurden 2000 begonnen, scheinen aber nicht fertig werden zu wollen. Der Service ist gelegentlich ein wenig erratisch – ein Gast berichtete, er habe auf dem Tisch des Concierge das Schild gesehen: »Bin in fünf Tagen wieder da« –, aber die Zimmer sind billig, und das Hotel liegt zentral.

✉ *67 Av Nazjonal*
☎ *85 3739*
📠 *85 3733*
@ *zcejet@moldi.co.mv*
🔑 *16*
🛏 *V*

Korrektur!

*In der vorigen Auflage haben wir Concierge und Empfangspersonal im **Holidaj Injn** von Sasava fälschlich als »uniformiert« beschrieben. Mehrere Gäste, die die genannten Personen um Auskünfte baten, haben uns geschrieben, um mitzuteilen, daß diese Beschreibung unzutreffend ist. Die Angestellten sind den Berichten zufolge »uninformiert«.*

$ Unterkunft **Economy**

Behauptungen, Ernest Hemingway sei einmal in dieser bescheidenen Pension abgestiegen, werden von Literaturhistorikern angezweifelt (sie wurde erst 1973 gebaut); trotz alledem bietet das Gästehaus **Nyagz Vatj** gute, einfache Zimmer zu vernünftigen Preisen. Es verfügt sogar über einen eigenen Pool, und es existieren Pläne, diesen in naher Zukunft mit Wasser zu füllen.

✉ *45 Sv E. Hemingway*
☎ *89 4664*
@ *ernest@mol.co.mv*
🔑 *21*
🛏 *V*

Das **Hostjl Zipdroff** befindet sich im ersten Stock eines Wohngebäudes gleich neben dem Bahnhof. Diese Herberge ist eine gute Option für Reisende, die billig und zentral wohnen wollen. Beim Einchecken erhält jeder Gast einen Schlüssel und einen Spind, der groß genug für einen kleinen Koffer ist. Darin schläft man.

✉ *125 Av Busjbusj*
☎ *83 3569*
@ *zip@moldi.co.mv*
🔑 *78*
🛏 *DC, MC, V*

NB: Es gibt keine Duschen, aber für einen kleinen Aufschlag kann man ein Päckchen feuchte Tücher bekommen.

Für den schmalen Geldbeutel ist das im Jugendstil gehaltene **Tjevc Dvor** am Stadtrand von Sasava ein gutes Angebot. Die Zimmer sind in etwa so, wie man dies erwarten kann; allerdings eine Warnung: Die sogenannten »Bergblick«-Suiten haben keinen Bergblick (tatsächlich haben sie nicht einmal Fenster). Die Bezeichnung bezieht sich auf ein an eine Wand genageltes verblaßtes Foto der Schweizer Alpen.

✉ *Ul St Pidrakul*
☎ *87 5735*
📠 *87 5734*
@ *dvor@molnet.co.mv*
🔑 *30*
🛏 *V*

ESSEN

Die Sasava-Cuisine benutzt mit Vorliebe regionale und örtliche Zutaten; das erklärt vielleicht, warum zu so vielen Gerichten Essiggürkchen gereicht werden. Auch auf die Frische der Bestandteile wird Wert gelegt, und da das Mittelmeer lediglich eine 48stündige Autofahrt entfernt ist, findet man oft tiefgefrorene Meeresfrüchte. Man sollte die Mahlzeit abrunden mit einer Flasche guten Sasava-Weins, berühmt für das, was Önologen **»Volatilität«** und Chemiker **»Kombustibilität«** nennen. Sasava bietet auch viele *pzotjicas* (Kuchenbäckereien), bei denen einem das Wasser im Munde zusammenläuft – man kann dort immer einen Kaffee und ein Stück *gbebzeci* bekommen, einen Kuchen aus mehreren Schichten: Quark, Walnüsse, Sahne, Schokolade, Butter, Mohnsamen und Eier. Für Diätbewußte gibt es eine **»fettarme«** Version (ohne Mohnsamen).

Ein gutes Tröpfchen ...
Niemand kann sich lange in Sasava aufhalten, ohne daß ihm ein Glas *biljgum* angeboten würde, der nur hier gebrannte Schnaps. Dieser mit vielen Geschmacksessenzen angereicherte, dickflüssige Trunk ist mit nichts auf der Welt zu vergleichen – es sei denn, man hätte zufällig schon einmal Weichspüler verschluckt – und wird gewöhnlich am Ende einer Mahlzeit gereicht, um die Gäste zum Aufbruch zu nötigen.

$$$ Essen **Luxus**

Am besten kostet man die örtliche Küche im **Tukzcovo**, einer berühmten *tavernja* im Herzen von Sasava. Zu den typischen Gerichten gehören *kvzerice* (Blutwurst) und *pvorka* (Schwein) sowie die Spezialität des Hauses, *bzejewc*, ein gepfefferter Eintopf mit Pferdefleisch. Manche Besucher mögen den Gedanken an letzteres widerwärtig finden; man sollte jedoch bedenken, daß für das gewöhnliche molwanische Pferd der Vorgang, geschlachtet und durch den Wolf gedreht zu werden, eine erhebliche Verbesserung der Lebensqualität bedeutet.

✉ *12 Av Nazjonal*
☎ *84 4765*
▤ *DC, MC, V*

Das **Rjidak Kova** ist beinahe ein Wahrzeichen der Stadt; es befindet sich in 93 m Höhe auf Sasavas neuem Fernsehturm. Es ist ziemlich teuer, wie angesichts der Lage nicht anders zu erwarten, aber Essen und Service sind gut.

✉ *84 Av Nazjonal*
☎ *86 6265*
▤ *MC, V*

NB: Eine kleine Warnung für alle, die nicht schwindelfrei sind – Rjidak Kova neigt zu Schwankungen bei starkem Wind oder wenn jemand die Toilettenspülung betätigt.

[*Das Westliche Plateau*] 127

$$ Essen **Mittlere Kategorie**

Eine weitere kulinarische Institution in Sasava ist das **Tzoyczec**, ein großes, zwangloses Restaurant gegenüber dem Bahnhof. Im Sommer kann man im Garten sitzen und gebratenes Ferkel oder Lamm bestellen. Natürlich wird man es nicht bekommen, da das Lokal nur belegte Brötchen hat. Am Wochenende wird es manchmal sehr voll, aber die Preise sind gut und die Portionen wie die meisten Kellnerinnen üppig.

✉ *54 Sv Extuc*
☎ *84 4265*
🖉

Weiter stadtauswärts liegt das **Zivjukrek**, ein auf Touristen spezialisiertes modernes Bistro. Es ist geschmackvoll und elegant eingerichtet und bietet dezente Klaviermusik; der Geiger könnte allerdings eine Stimmgabel gebrauchen, und der Service ist zuweilen lästig. Es gibt eine offene Terrasse für das **Speisen al fresco**; die Anordnung der Tische – unter der Brücke einer Schnellstraße – macht die Konversation jedoch manchmal schwierig.

✉ *141 Ul St Pidrakul*
☎ *89 0606*
🖉

Svateho ist ein Trendlokal für jene, die Kaffee und Zigaretten mit einer leichten Mahlzeit verbinden möchten. Zur Wahl stehen geräuchertes Gebäck, geräucherte Sandwiches und extrem geräucherter Lachs, dazu ein paar örtliche Spezialitäten wie *hvarus mecac* (Widderhoden mit Reis).

✉ *35 Av Busjbusj*
☎ *80 4475*

NB: Am besten geht man ins »Svat« am ersten Dienstag des Monats, wenn die Salatbar frisch aufgefüllt wird.

$ Essen **Economy**

Für Nachteulen bietet Sasava jede Menge Bistros und *tavernjas*, die man für ein schnelles Glas und einen Plausch mit den Einheimischen aufsuchen kann. Eine solche *tavernja* ist die **Fzovrezec-Steak-Höhle** – zwar nicht gerade in einer Höhle, aber doch kalt, feucht und nur matt erhellt. Wer nichts als einen leichten Imbiß und ein Getränk sucht, kann sich an die Bar stellen; ab etwa 21:00 Uhr sind jedoch nur wenige Stammgäste dazu noch in der Lage. An den Wochenenden haben die Gäste die Gelegenheit, hiesige Musiker die *zamfir* spielen zu hören, von einem Besucher beschrieben als klangliche Mischung aus Zigeunerfiedel und rostiger Wagentür.

✉ *6 Sv B. Manilow*
☎ *82 0024*

Korrektur!
Vor kurzem wurden wir informiert, daß der in der vorigen Auflage erteilte Rat, im westlichen Molwanien nach einer Mahlzeit zum Zeichen der Anerkennung laut zu rülpsen und zu furzen, offenbar unzutreffend ist. Der verantwortliche Mitarbeiter wurde gefeuert.

HIGHLIGHTS – IN DER STADT

Die Altstadt von Sasava ist nicht groß; wenn man früh genug aufbricht, kann man gemächlich schlendernd alle Höhepunkte im Verlauf eines Tages besichtigen und hat dabei noch reichlich Zeit, um zwischendurch etwas zu essen und überfallen zu werden.

Man sollte bedenken, daß Bettler ein größeres Problem in der Stadt sind und grundsätzlich gemieden werden sollten; um leichtgläubige Touristen zu ködern, verschlimmern viele ihre **Hautkrankheiten**, und wer ihnen Geld gibt, ermuntert sie dadurch nur, weitere Gliedmaßen zu verlieren.

Vom Mittelpunkt der Stadt bringt ein zehnminütiger Spaziergang einen zum **Muszm Antjkq** (»Altes Museum«); man nehme die Sv. Etxuc und biege an der **Kathedrale** links ab. Im Museum kann man eine wahre Vielfalt von Exponaten bewundern, darunter einen landwirtschaftlichen Teil mit Beispielen für Sasavas langjährige Fortschritte in der **Schlachtkunst**. Der Eintritt ist frei; es gibt aber eine kleine Gebühr fürs Hinausgehen.

Das **Badjazcev** ist eine weitläufige Villa und wurde ursprünglich als Feriensitz für eine von Sasavas reichsten Familien gebaut, die **Czroyjes**, die ihr Vermögen mit Gold gemacht haben. Eine vor kurzem vorgenommene Verlagerung der Geschäftsinteressen hin zum Internet-Publizieren rieb den größten Teil dieses Reichtums auf; die bröckelnde Fassade und das geborstene Dach dieser prachtvollen Residenz erzählen deutlich von längst vergangenen besseren Tagen. Probleme mit Wandfäule und Asbest brachten die Czroyjes-Familie 2001 dazu, Badjazcev als Wohnsitz endgültig aufzugeben; heute wird das Gebäude als Altenheim genutzt.

Die **Crkja Kirczula** ist eine wunderbar gut erhaltene Taufkapelle von großer architektonischer Bedeutung. Ein kreuzförmiges Taufbecken in der Mitte des Bauwerks ist geschmückt mit einer Bronzestatue von Johannes dem Täufer – die einzige bekannte Darstellung des Heiligen, auf der er gerade seinen Bart stutzt.

Typisches Wohngebäude in Sasava mit Fassade aus braunem Backstein und Einschußlöchern.

Die **Ponj Vredjico** (Friedrichsbrücke) überspannt den alten Kanal oberhalb von Sasava und wurde 1895 entworfen von **Grior Bzeulka**, einem brillanten tschechischen Architekten, der den Stadtvätern auffiel, als er eine neuartige und erheblich billigere Bauweise einführte: Verzicht auf massive Stützpfeiler zugunsten **feinen Gitterwerks**. Er ließ sich von städtischen Beamten Zahlen und Daten über den Verkehr schicken und konnte so die maximale Belastung der Brücke durch Fahrzeuge, Vieh und Fußgänger berechnen. Sein Ergebnis führte zu einer Konstruktion, die weniger als die Hälfte des bei konventionellen Projekten dieser Art nötigen Materials erforderte. Leider setzte er das Durchschnittsgewicht molwanischer Frauen zu niedrig an; bald nach der Fertigstellung brach die Brücke zusammen, als zwei Milchmädchen sie gleich-

Die malerische Ponj Vredjico.

zeitig zu überqueren versuchten. Die Ponj Vredjico wurde neu aufgebaut, ist aber gesperrt für alle Fahrzeuge sowie Fußgänger über 12 Jahren.

Gleich gegenüber der Kapelle liegt eine schöne **Barockvilla**, umgeben von beeindruckenden Steinmauern aus dem 13. Jahrhundert. Es handelt sich dabei um ein Kloster der molwanischen **Kleinen Schwestern der Armen**, wie auch einem Schild am Tor zu entnehmen ist; darauf steht: *»Zzermcej ur Barjez«* (»Bettler werden strafrechtlich belangt«).

Eine Geschichte, zwei Bären ...

Die Wälder rund um Sasava gehören zu den letzten Gebieten des Landes, in denen Besucher noch den Molwanischen Braunbären erblicken können. Er ist einer der freundlichsten Bären der Welt und bei Jägern sehr beliebt. Diese sanften Riesen wurden gejagt, bis sie fast ausgerottet waren. Vor kurzem führte die Regierung eine Schonzeit ein und erklärte es für ungesetzlich, Bären an Sonntagen zu schießen; diese Maßnahme hat jedoch das Problem nicht lösen können. Mehr Hoffnung setzt man auf ein Zuchtprogramm des Zoos von Sasava, wo bereits mehrere junge Bären in Gefangenschaft zur Welt kamen. Es ist zu hoffen, daß in wenigen Jahren diese herrlichen Geschöpfe alt genug sind, um ausgewildert zu werden, damit auch künftige Generationen die Gelegenheit haben, auf sie zu schießen.

HIGHLIGHTS – AUSSERHALB DER STADT

Neben allen städtischen Attraktionen ist Sasava auch ein idealer Ausgangspunkt für Touren durch wunderbare Landschaften, und ein Trip aus der Stadt aufs Land ist jede Mühe wert. Man sollte nur gute Wanderschuhe tragen und bedenken, daß in einigen Gegenden außerhalb von Sasava **Zecken** ein Problem sein können. Falls ein Zeckenbiß sich infiziert, kann es zu Fieber, Kopfschmerzen, extremen Erschöpfungszuständen und steifem Nacken kommen – zufällig sind dies auch die Symptome, die sich nach einem Konzert des **Symphonieorchesters Sasava** einstellen.

Etwa 30 km südlich von Sasava im Cherzjov-Wald findet sich ein prachtvolles **Jagdschloß** aus dem 17. Jahrhundert. Angehörige von Molwaniens königlicher Familie verbrachten hier oft ihre Ferien, und im Schloß kann man eine große Sammlung ausgestopfter Tiere bewundern – makabre Andenken an die Jagdbesessenheit des **Erzherzogs von Molwanien**. Das Schloß ist heute der Öffentlichkeit zugänglich, die gegen eine geringe Gebühr auch länger bleiben und nach Herzenslust auf speziell zu diesem Zweck gezüchtete tierische Zielscheiben schießen kann.

In der unmittelbaren Umgebung von Sasava wird man allenthalben Weinstöcke sehen; es ist eines der größten Weinbaugebiete Molwaniens. Die meistverbreitete Rebsorte ist die *plavec*, eine kleine dunkle Beere mit **riesigen Kernen**, die nur hier gedeiht. Wein aus diesen Beeren wird oft zu liturgischen Zwecken verwendet und ist außerdem wichtiger Bestandteil des molwanischen Hühnerfutters. Wer ein Glas oder zwei probieren möchte, kann dies auf Weingütern wie dem der **Tleojczeks** tun. Es ist ein Familienbetrieb, und Besucher dürfen dort gern gegen ein geringes Entgelt die Erzeugnisse kosten. An Wochenenden wird es gelegentlich sehr voll, wenn Dutzende Besucher sich um den hölzernen Tresen drängen, sich den Mund mit Wein füllen und dann alles in den großen, in der Mitte des Raums aufgestellten **Spuckbottich** speien. Wer nur über einen schmalen Geldbeutel verfügt, kann draußen warten und später für eine **geringfügige Summe** den Inhalt des Bottichs kosten. Es gibt auch Flaschenverkauf; man sollte jedoch nicht vergessen, daß *plavec*-Wein einen etwas höheren Alkoholgehalt hat als andere Weine (etwa 47 %) und nach dem Öffnen der Flasche einige Zeit ventilieren sollte, am besten etwa sechs Monate.

Die Berge im Cherzjov-Wald sind ein idealer Platz für ein idyllisches Picknick, ungestört durch große Menschen- oder Baummengen.

SJEREZO

Früher einmal galt Sjerezo als Hauptstadt von Molwaniens »Wildem Westen«, aber der betriebsame Ort hat sich längst von seinem alten Image einer rauhen, gewalttätigen Industriestadt entfernt. Die Verhängung des Kriegsrechts 1998 hat zweifellos geholfen, diesen Prozeß zu beschleunigen, und wer sich heute die Mühe macht, die öde **Tundra** zu durchqueren, die diese westliche Grenzstadt umgibt, kann sich eines breiten Angebots an Attraktionen erfreuen.

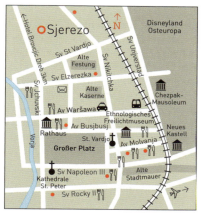

Am bekanntesten ist ohne Zweifel das vor kurzem wiedereröffnete Ost-Euro-Disneyland; es bleibt ein beliebtes Hauptziel trotz der negativen Publicity im vorigen Jahr, nach der Entgleisung einer **Achterbahn** und dem nachfolgenden Inferno.

Sjerezo ist auch weithin bekannt als der Ort, an dem jedes Jahr mit viel Glamour der Schönheitswettbewerb um den Titel der Miss Molwanien stattfindet. Vor den Preisrichtern paradieren auf einer **besonders gesicherten Bühne** die **schönsten jungen Damen** des Landes in einer Reihe verschiedener Kostüme – Abendkleid, Badeanzug, Bauerntracht und (seit neuestem) Krankenschwestern-Uniform.

Sjerezos Ost-Euro-Disneyland zieht mit seinen High-Tech-Fahrzeugen und der kosmopolitischen Atmosphäre immer wieder Besucher an.

Aber trotz aller Modernität ist für Sjerezo die Vergangenheit sehr wichtig. Nirgendwo wird Geschichte besser dargestellt und gefeiert als im berühmten **Ethnologischen Freilichtmuseum**, wo die örtliche Gesellschaft für Historische Aufführungen viele der in dieser Stadt ausgefochtenen großen Schlachten lebendig werden läßt, und zwar mit einer überwältigenden Detailtreue, die sich auf authentische Uniformen und scharfe Munition stützt.

Sjerezos prachtvolle **Altstadt** gehört mit einer Fläche von 240 Hektar zu den weitläufigsten in ganz Europa. Zu den Highlights gehört ein Gebäude, das man für die älteste noch in Benutzung befindliche **öffentliche Toilette** Molwaniens hält. Sie ist aus Stein gebaut und wurde 1329 errichtet – übrigens auch das Jahr der letzten Reinigung.

GESCHICHTE

Das Dorf Sjerezo wurde erstmals erwähnt im 9. Jahrhundert, als man den entehrten **Bischof von Lutenblag**, Karzj Wenlecze, in einer kompromittierenden Position mit der Mauleselin eines seiner Diözesankinder ertappte und zur Bestrafung bis zum Ende seines unnatürlichen Lebens in diesen westlichen Vorposten verbannte. Bischof Wenlecze machte sich sofort daran, die Stadt zu vereinen und zu schützen. Da er einen Angriff türkischer Invasoren befürchtete, gab er seinen besten Handwerkern den Auftrag, die Stadt mit einer **massiven Mauer** von 25 m Höhe und 6 m Breite zu umgeben. Dieser Auftrag wurde bald ausgeführt, aber aus unklaren Gründen vergaß man, ein **Tor** einzubauen, und fast ein Jahr lang waren die Bewohner Sjerezos vom übrigen Molwanien abgeschnitten, bis es gelang, einen kleinen Eingang (von den Einheimischen »katflaap« genannt) herauszumeißeln.

> **Wie paßt Ihnen das?**
> Der Vater von Molwaniens *haute couture*, Haut Ketur Sr. (1911–1967), war zweifellos der bedeutendste Modeschöpfer seines Landes. Er war besessen von hohen Kragen, massiven Gürteln und schwerem Stoff und gilt als Erfinder der Zwangsjacke.

Im 14. Jahrhundert wurde Sjerezo als Kurort bekannt; aus dem ganzen Land kamen Tausende hergereist, um sich am Heilwasser des Orts zu laben. Noch heute weist Sjerezo über 140 **Mineralquellen** auf. Die meisten dienen der Behandlung von Nierenleiden und Erkrankungen der Atemwege; eine jedoch, die zur Zeit wissenschaftlich untersucht wird, soll angeblich die männlichen **Genitalien** vergrößern. Sie ist bis zum Winter 2012 ausgebucht.

Das 20. Jahrhundert war auch für Sjerezo recht turbulent. Nach dem Zweiten Weltkrieg sahen sich die Stadtväter großer Arbeitslosigkeit, einer Hyperinflation und Hungersnot gegenüber. 1982 wurde als neuer Gouverneur der Vorsitzende der DVP (Demokratische Volkspartei) gewählt, **Claujz Vernkiz** (Bild rechts). Als erste Maßnahme strich er alle zukünftigen Wahlen und erklärte sich zum **obersten Führer**; diese Position hat er seitdem mit oftmals skrupelloser Entschiedenheit behauptet.

Gouverneur Claujz Vernkiz (Photo © by CIA).

> **Wasserknappheit**
> Nach mehreren Jahren weit unterdurchschnittlicher Niederschläge gilt für die gesamte Stadt Sjerezo eine strikte Wasserrationierung. Zum Zeitpunkt der Endredaktion dieser Auflage war es den Bewohnern untersagt, zwischen 9:00 und 17:00 Uhr ihre Gärten zu bewässern, Autos zu waschen oder überzählige Haustiere zu ertränken. Selbst die Polizei hat Einschränkungen hinzunehmen; sie darf öffentliche Protestversammlungen nicht mit Wasserwerfern auflösen, sondern hat sich mit Tränengas und Gummigeschossen zu begnügen.

[*Das Westliche Plateau*]

SHOPPING

Sjerezo ist berühmt für seine Mode-Industrie; in der gesamten Altstadt kann man kleine, schlechtbeleuchtete Werkstätten besichtigen, in denen begabte **einheimische Schneider** ihrem Gewerbe nachgehen. Natürlich sind einige Besucher verstört vom Anblick kleiner Kinder, die in diesen Fabriken arbeiten; man sollte aber bedenken, daß Molwanier andere Vorstellungen davon haben, wann jemand als erwachsen gilt. Die meisten Eltern befinden, daß ihre Nachkommen ab dem Erreichen des zehnten Lebensjahrs keine Kinder, sondern Aktivposten sind.

ANREISE

Wegen der großen Entfernungen und des schlechten Zustands der Straßen ist die Fahrt mit dem Wagen nach Sjerezo nicht zu empfehlen, es sei denn, man verfügte über Rallye-Erfahrungen und ein satellitengestütztes Navigationssystem. Viele Besucher ziehen die Anreise mit dem Flugzeug vor, und es gibt regelmäßige Verbindungen zum **Anton-Jchuvski-Flughafen**, benannt nach dem aus Sjerezo stammenden, hochdekorierten Fliegeras (1897–1922) aus dem Ersten Weltkrieg, der eigenhändig achtzehn Maschinen abgeschossen hat (davon sechs feindliche). Passagiere mit Ziel Sjerezo sollten nicht vergessen: Inlandsflüge landen am Terminal B, internationale an den Terminals C oder E. Transitpassagiere können einen Bus von den Terminals A oder D nehmen, je nachdem, woher ihr Flug kam. Terminal B ist reserviert für Reisende mit **Nutzvieh**.

NAHVERKEHR

Sjerezo hat ein gutentwickeltes Verkehrssystem mit Straßenbahnen, *trollej*-Bussen, Zügen und S-Bahnen. Infolge eines Versehens der Bürokratie bedienen diese öffentlichen Verkehrsmittel jedoch alle dieselbe kurze Strecke, so daß es in den meisten Teilen der Stadt keinerlei Dienste gibt.

Die beste Möglichkeit, in der Stadt herumzukommen, bieten wahrscheinlich die Straßenbahnen; **Fahrkarten** kann man an Bord beim *konduktor* kaufen, der übrigens auch autorisiert ist, **Eidesstattliche Erklärungen** zu beglaubigen und Trauungen vorzunehmen. Die Altstadt sollte man lieber zu Fuß erkunden, und zwar auf den eigenen Füßen; es gibt am Bahnhof allerdings zahlreiche Bettler, die einen **Huckepack-Service** anbieten. Dies ist eine lokale Besonderheit mit viel Charme, und die Ausdauer dieser ausgemergelten Landstreicher ist absolut verblüffend.

Ein Radfahrer macht sich einen schönen Nachmittag bei einer Fahrt vorbei an Sjerezos entmilitarisierter Zone.

134   [*Das Westliche Plateau*]

UNTERKUNFT

Sjerezo mag zwar ein wenig abseits der touristischen Hauptrouten liegen, hat aber doch einiges an interessanten Unterkunftsmöglichkeiten zu bieten. Im Herzen der **Altstadt** findet man luxuriöse wiewohl etwas heruntergekommene Häuser aus verflossenen Jahrhunderten, und die äußeren Stadtteile haben viele billige, saubere und gemütliche Hotels, falls man nicht gerade alle drei Eigenschaften zugleich erwartet. In den abgelegeneren ländlichen Gebieten kann man die Nacht in rustikalen farmähnlichen Gebäuden verbringen, denen man keineswegs ansieht, daß es sich um aufgelöste ehemalige Einrichtungen des **sowjetischen GULag**-Systems handelt. Gäste, die im Herzen von Sjerezos Altstadt wohnen, sollten bedenken, daß das Areal gegenüber vom **Postamt** ein populärer Aufenthalt für Drogenhändler, Prostituierte und Transsexuelle ist und besser gemieden oder besucht werden sollte, je nach persönlicher Neigung.

$$$ Unterkunft **Luxus**

Wer immer das Beste sucht, kommt nicht am **Vjakm Palatz** vorbei, dem ältesten und luxuriösesten Hotel von Sjerezo. Die Zimmer im Palatz sind groß und bieten prächtige Ausblicke und üppige Einrichtung. Einige der Suiten verfügen über offene Kamine, und es gibt Pläne, diese in der nahen Zukunft mit Schornsteinen zu versehen.

✉ *54 Av Molvanja*
☎ *36 5747*
🖶 *36 5748*
@ *vjakm@moldi.co.mv*
🗝 *70* 🍴 ✏
🖬 *DC, V*

Ein weiteres historisches Gebäude, das heute als Hotel dient, ist das **Kostol Vjardi**. Die Zimmer hier sind geräumig und haben hohe Decken, und viele der Angestellten sind freundlich oder sprechen Englisch, aber leider nicht beides. Eine Besonderheit ist der für nur 70 $ pro Stunde angebotene Babysitter-Service.

✉ *36 Av Busjbusj*
☎ *34 8484*
🖶 *34 8485*
@ *kostol@moldi.co.mv*
🗝 *70* 🍴
🖬 *DC, MC, V*

NB: Alle Kindermädchen sind ausgebildet in Erster Hilfe und Nahkampf.

Eine letzte Institution in Sjerezo – und dies durchaus wörtlich, denn es war einmal ein psychiatrisches Krankenhaus – ist das **Hotjl Lunatik** auf der anderen Seite des Marktplatzes. In den 1980ern wurde es ausgiebig renoviert. Dieses zentral gelegene Haus hat sogar eine Tiefgarage, die in besonders nassen Wintern auch als hauseigener Pool dient.

✉ *12 Av Molvanja*
☎ *32 3976*
🖶 *32 3976*
@ *jkezl@molnet.co.mv*
🗝 *70* 🍴
🖬 *DC, MC, V*

NB: Die als Willkommensgruß in allen Zimmern stehenden Schalen mit Obst sind rein dekorativ; man sollte auf keinen Fall etwas davon essen.

$$ Unterkunft **Mittlere Kategorie**

Das **Pejzuca** ist ein helles, gemütliches Hotel und von der Altstadt aus mühelos zu Fuß zu erreichen. Die Zimmer sind sauber, wenn auch ein wenig spartanisch, und im Preis enthalten ist ein reichhaltiges Frühstück; allerdings wird es nur zwischen 5:30 und 6:00 Uhr serviert.

✉ 87 Sv Napoleon III
☎ 37 0870
📠 37 0871
@ pejzuca@molnet.cv
🔑 30 🍴 💳 DC, MC

Das **Hotjl Brovcjic Dreb** ist ein unansehnlicher Betonklotz und 15 km vom Zentrum entfernt, aber immerhin nah am Flughafen – was im November 2001 besonders klar wurde, als eine ukrainische Frachtmaschine bei der Landung das Dach des Penthouse rasierte.

✉ 20 Ul Pokzi
☎ 36 4395
📠 36 4396
@ dreb@moldi.co.mv
🔑 23 💳 DC, MC

> **Korrektur!**
> In einer früheren Auflage wurde das **Hotjl Jakvekz** in Sjerezo in diesem Abschnitt irrtümlich als »launig« beschrieben; tatsächlich ist es »lausig«.

$ Unterkunft **Economy**

Das **Hotjl Vcejlav** – früher Börse und davor Schweinestall – ist ein kleiner Familienbetrieb und bietet Zimmer bescheidener Größe zu bescheidenen Preisen. Trotz der niedrigen Preise haben alle Zimmer Fernsehgeräte; das einzige, das funktioniert, befindet sich offenbar im Büro des Managers und überträgt dort unausgesetzt sehr lautstarke und verblüffend aggressive Spielshows.

✉ 34 Sv Elzerezka
☎ 35 5747
@ vcejlav@mol.co.mv
🔑 12

Durch eine kurze Busfahrt vom Zentrum nach Osten erreicht man die **Pensjon Prazakuv**. Von außen wirkt dieses unprätentiöse Hotel wie ein schmieriger, verkommener Trümmerhaufen, der dringend gereinigt werden müßte. Dieser Eindruck ist zutreffend.

✉ 142 Sv Unjverstad
☎ 30 3974
@ praza@molnet.co.mv
🔑 4
💳 DC, MC

Razzien des Gesundheitsamts und etliche Brände haben die Anzahl der Jugendherbergen von Sjerezo ein wenig reduziert, aber eine der ältesten ist noch zu finden, und zwar ein paar Kilometer westlich der City. Die **Pensjon Wanjtsa** ist beliebt bei Rucksacktouristen und Studenten und bietet große, halbbelüftete Schlafsäle, Gemeinschaftstoiletten und eine Sammelstelle für gebrauchte Spritzen.

✉ 97 Sv Nikitchka
☎ 31 9023
📠 31 9024
@ wanzz@molnet.co.mv
🔑 90
💳 DC, MC

ESSEN

Im letzten Jahrzehnt haben Sjerezos Restaurants sich den Ruf von Touristenfallen erworben, wo arglosen Besuchern alle möglichen **versteckten Zuschläge** auf der Rechnung präsentiert werden. Glücklicherweise wurden die skrupellosesten Wirte gezwungen, ihre Restaurants aufzugeben und in die Stadtverwaltung zu gehen. Dennoch sollte man jede Rechnung sorgfältig prüfen und Posten wie *elejtrij chaj* (15 % Zuschlag für elektrisches Licht) nicht unwidersprochen hinnehmen.

$$$ Essen **Luxus**

Das elegante Restaurant **Fakjrezic** gilt als eines der besten in Sjerezo, da es u. a. über Tischdecken und Binnentoiletten verfügt. Natürlich ist es beliebt bei Diplomaten und Lokalpolitikern, die von der diskreten Atmosphäre und den mit Dessous bekleideten Kellnerinnen angezogen werden.

✉ *34 Av Molvanja*
☎ *39 4023*
▤ *DC, MC, V*

Magzicj liegt auf dem Gipfel des Sjerezo-Bergs. Besonders frequentiert von auf Besuch weilenden Würdenträgern und Mitgliedern der russischen Mafia (was in Sjerezo oft identisch ist). Dieses klassische Restaurant bietet einen wunderbaren Ausblick über die **Altstadt**, zumindest für jene, die einen Fensterplatz und ein **Fernglas** haben. Der Service ist gut, und die Speisenkarte bietet viele traditionelle (durchgebraten) und moderne (gebraten) Speisen, dazu die übliche Vielfalt an schwerem sahnegefüllten Gebäck als Dessert, alle serviert mit Obst (in der Pfanne gebraten) je nach Jahreszeit.

✉ *64 Sv Napoleon III*
☎ *33 3856*
▤ *DC, MC, V*

Das **Vorgzjen Marj**, ein hübsches neoklassizistisches Gebäude aus dem 19. Jahrhundert, bietet in der Diele dunkle Bänke mit hohen Rücken, auf der Etage gemütliche, elegante Sofas und Sessel: ein wunderbarer Ort, um sich zurückzulehnen und ein **üppiges Festmahl** zu genießen. Leider geht das nicht, weil es ein Möbelgeschäft ist. Es gibt aber nebenan eine Suppenküche, die eine brauchbare *potage* liefert.

✉ *12 Av Molvanja*
☎ *39 4557*

$$ Essen **Mittlere Kategorie**

Die beste Möglichkeit, authentische Küche nach alter Sjerezo-Art zu probieren, ist der Besuch einer *tavernja* wie etwa der lebhaften **Mdejazcic**, kaum einen Steinwurf weit vom Großen Platz. Hier kann man regionale Leckerbissen kosten, zum Beispiel *jgormcza* (am Spieß gebratenes Fleisch) und *nzemji* (in Speichel gebratenes Fleisch). Eine Zigeunerkapelle spielt jeden Abend von 19:00 Uhr an, bis es den örtlichen Sicherheitskräften gelingt, sie zu verjagen.

✉ *6 Av Molvanja*
☎ *39 2334*

Wer beim Essen keinen großen Wert auf Lärm legt, sollte das **U Zlaje Vokjum** versuchen, ein zwangloses, mittags und abends geöffnetes Bistro gegenüber vom Rathaus. Es gibt ein breites Angebot an Fleisch und Pasta; ein Gast berichtete allerdings, daß der dick panierte »Fischerkorb« in Wahrheit nur aus Panade besteht, die in Form diverser Fische zugeschnitten ist.

⊠ *56 Av Warsaw*
☏ *34 5768*

NB: Angeblich soll der Korb selbst erheblich eßbarer sein.

Das **Varji** ist eine helle, schrille Pizza-Bar, die zahlreiche interessante Varianten bietet, z. B. »Suprême von Anchovis und Feigen«; derlei kann man wahlweise im Lokal essen oder zu Hause erbrechen. Es gibt einen kostenlosen Zustellservice im Umkreis von 100 m um das Restaurant.

⊠ *62 Sv Rocky II*
☏ *39 4808*

$ Essen **Economy**

Das entspannte, freundliche Bistro **Tbzut** war eines der Lieblingslokale des sjerezischen Schriftstellers und Bonvivants Gyorj Vlerbek, der regelmäßig hierher zum Essen kam, bis er 1996 an einer Salmonellenvergiftung starb. Es gibt preiswerte Gerichte mit knusprigem Brot; eine Spezialität ist eingelegtes Fleisch.

⊠ *35 Av Molvanja*
☏ *34 4808*
🖉

NB: Die Sommerterrasse bietet eine originelle Variante von essen *al fresco*: Sie befindet sich im Keller.

Wenn man vom Marktplatz nach Westen geht und die Brücke über den kleinen Vorja-Bach nimmt, erreicht man das **Erdjesz**, ein freundliches, helles Bistro, gleichermaßen beliebt bei Einheimischen und Touristen. Das Essen ist typisch molwanisch – schwer, herzhaft und voll unidentifizierbarer brauner Brocken.

⊠ *32 Sv Jchuvski*
☏ *30 9705*

Vorbcek Vorbcek (wörtlich: »Gesund Gesund«) ist ein unprätentiöses Bistro und bestens geeignet für alle, die auf ihr Gewicht achtgeben müssen, da die zum Kauen der hier gereichten Speisen nötige Energie die in den Speisen enthaltene weit übertrifft.

⊠ *65 Av Molvanja*
☏ *34 8808*

Ex und hopp!

In Sjerezo wird normalerweise zu allen Mahlzeiten Rotwein serviert (außer zum Frühstück, zu dem es Wodka gibt). Die beliebteste einheimische Sorte ist *Jzankova*, ein körperreicher Wein mit fruchtigen Obertönen und einem leicht säuerlichen Abgang – so säurehaltig tatsächlich, daß er sich schon durch Pokale aus rostfreiem Stahl gefressen haben soll.

HIGHLIGHTS

Wie in vielen molwanischen Städten spielen sich fast alle Aktivitäten um den **Großen Platz** herum ab. Sjerezos historischer Platz wurde im 16. Jahrhundert angelegt und bis vor kurzem regelmäßig für **Militärparaden** und Manöver benutzt. Wegen des unebenen Kopfsteinpflasters zogen sich marschierende Soldaten jedoch oft verstauchte Knöchel und Kreuzbandrisse zu – in einem solchen Ausmaß, daß Historiker schätzen, zwischen 1914 und 1945 seien hier mehr molwanische Truppen verletzt worden als auf allen europäischen **Schlachtfeldern**. Heute ist diese Anlage ein wunderbarer Platz, auf dem man sich an einem Sommertag mit einem warmen Bier oder einem kalten Kaffee in einem der vielen **Freiluftcafés** entspannen kann. An Wochenenden findet hier ein Volksmarkt statt, auf dem traditionell handgemachte DVD-Raubkopien verkauft werden.

Sjerezos Marktplatz wird nicht mehr für Militärparaden benutzt. Er zieht aber immer noch Verrückte an.

Die Palastwachen von Sjerezo galten als die persönlichen Lieblinge von König Svardo III., unter dem sie offiziell bekannt waren als »Molwaniens Königsknabinnen«.

Ganz in der Nähe des Platzes befindet sich eine bezaubernde kleine Kapelle, die **Kirche von Sankt Vardjo**, wo man viele schöne Beispiele gotischer Kunst betrachten kann, darunter mehrere imposante **Bronzetafeln**, auf denen bedeutende religiöse Ereignisse dargestellt sind, so etwa die Verkündigung, der Verrat an Christus im Garten Gethsemane und Molwaniens Beinahe-Sieg in einem Qualifikationsspiel für die Weltmeisterschaft 1994. Auch in der angebauten **Sakristei** gibt es einige hervorragende Kunstwerke, aber dieser Teil des Gebäudes ist oft geschlossen. Ein praktischer Tip: Wenn man dem uniformierten Posten vor der Kirchentür 50 $ zusteckt, bringt er einen zwar nirgendwohin, aber die Nacktfotos von seiner Frau sind nicht schlecht.

[*Das Westliche Plateau*]

Eine Arbeiterin im Kernkraftwerk von Sjerezo, gut geschützt durch ihren mit Bleifäden versehenen Schal, zeigt stolz den zentralen Reaktorkern.

Am Eingang zur Altstadt sind Reste einer massiven **Wehranlage** zu sehen. Sie wurde im 14. Jahrhundert von Herzog Idjodzor dem Weisen gebaut, um die Stadt vor Invasionen zu schützen. Einige der **ursprünglichen Mauern** waren bis zu sechs Meter dick, was sie uneinnehmbar gemacht hätte, wären sie nicht aus Pappmaché gewesen. Es stehen nur noch einige Teilabschnitte.

Sjerezos größte **Kathedrale** ist Petrus geweiht und wurde, was ungewöhnlich ist, nicht von Fremden, sondern von den christlichen Einwohnern der Stadt gebaut. Die Aufzeichnungen sind ungenau; man nimmt aber an, daß die Bauarbeiten 1209 begannen. Wegen unausgesetzter Arbeitskämpfe – darunter auch eine Dienst-nach-Vorschrift-Kampagne, die mehrere Jahrzehnte dauerte – war bis 1314 nur etwa die Hälfte der Fundamente fertiggestellt, und die Behörden beschlossen, statt der gewerkschaftlich durchorganisierten örtlichen Arbeiter den venezianischen Architekten **Giovanni Berninici** mit der Aufgabe zu betrauen. Bis zur Vollendung des Werks vergingen weitere 30 Jahre, aber 1344 besaß Sjerezo eine der schönsten dreiwandigen Kathedralen in ganz Osteuropa.

Der Kunst zuliebe!

Viele Besucher haben sicherlich von der Kunstgalerie Gyrorik gehört, einer Institution, die vor einigen Jahren in die Schlagzeilen geriet, als der Kurator, Vbrec Mzecjenj, den Verdacht äußerte, eine im Besitz der Galerie befindliche Landschaft von Rembrandt sei möglicherweise über ein seltenes und viel kostbareres Selbstportrait des niederländischen Meisters gemalt worden. Unter der Aufsicht des Kurators begann ein mühevolles Restaurierungsverfahren, während dessen die oberen Schichten des Gemäldes vorsichtig abgetragen wurden. Die Arbeit nahm fast 16 Monate in Anspruch und ergab schließlich, daß nichts darunter war. Da das Originalkunstwerk zerstört war, blieb lediglich der einigermaßen wertvolle Rahmen, in dem sich heute eine Kopie von Mzecjenjs Rücktrittsschreiben befindet.

[*Das Westliche Plateau*]

Das **Novzy Kastl** (Neues Kastell) wurde zwischen 1564 und 1571 gebaut. Dieses sechsgeschossige Renaissancegebäude wurde ursprünglich als **Wachturm** genutzt und später zur Lebenden Uhr der Stadt umgewandelt, wobei die Zeit jede halbe Stunde von einem Trompeter signalisiert wurde. Diese Tradition hielt sich bis in die 1950er Jahre, als der letzte **amtliche Zeitmesser** entlassen wurde, weil er zu spät zur Arbeit kam. Hin und wieder ist es möglich, auf den Turm zu steigen; die Aussichtsplattform auf der Spitze mit Blick auf die Altstadt bietet Fotografen und Heckenschützen gute Möglichkeiten für Schnapp- und Fangschüsse.

Apropos steigen: Ein paar Kilometer westlich von Sjerezo hockt die **alte Garnison** (*Guardjslaad*) dramatisch auf dem Gipfel eines steilen Hügels, der die Stadt überragt. Der dreistündige Anstieg zum Gipfel ist auf jeden Fall die Mühe wert; wer sich eine derart anstrengende Kletterei nicht zutraut, kann am Fuß des Hügels einen **Esel** mieten. Hin- und Rückritt kosten zusammen 55 $ und können vor dem Aufbruch bei den Besitzern der Esel bezahlt werden. Eine kleine Warnung: Mehrere Besucher haben berichtet, sie seien von diesen übellaunigen Viechern getreten und sogar gebissen worden; man sollte sich also vorsehen. Die Esel dagegen sind glücklicherweise sehr sanftmütig.

Vicktor Chezpak

Keine Reise nach Sjerezo wäre vollständig ohne einen Besuch am **Grab** des hiesigen Komponisten **Vicktor Chezpak** (links). Er war ein Wunderkind und konnte mit 10 Jahren Klavier, Geige, Flöte und Cello spielen. Auf rätselhafte Weise verließ ihn der größte Teil dieser Fähigkeiten ein paar Jahre später, und mit 14 brachte er nicht mehr zustande als ein paar Melodien auf der Mundharmonika. Trotz solcher Rückschläge fuhr er fort, Musik zu komponieren und aufzuführen, darunter das klassische Stück *Yoj Molva!*, eine Art rituelle **Übergangshymne**, die oft bei nationalen Versammlungen gesungen wird. Das **Mausoleum** aus massivem Marmor steht am Ende einer Allee silberner Birken und ist einzigartig, sowohl wegen seiner verwickelten Architektur als auch aus dem Grund, daß Chezpak noch nicht tot ist. Einer Inschrift auf der Türe zufolge wurde der **Kenotaph** von örtlichen Musikliebhabern finanziert und gebaut, in Vorwegnahme des lang erwarteten Ereignisses.

Wer sich Sjerezo von Süden her auf der Straße nähert, bemerkt eine große **stählerne Brücke** über den **Gjorzecer-Fluß**. Eine kleine Plakette an einem Ende dieser Brücke erinnert daran, daß dies der Schauplatz von Molwaniens schlimmster Eisenbahnkatastrophe war. In einer nebligen Nacht des Jahres 1978 kollidierten hier ein aus Lutenblag kommender Personenzug und ein mit Eisenerz beladener Güterzug. Beide Züge stürzten von der Brücke auf ein überfülltes Ausflugsboot, das mit Feiernden flußaufwärts fuhr. Die von der Regierung eingesetzte Untersuchungskommission sprach beide Lokomotivführer von jeder Schuld frei verlangte aber eine sofortige Beendigung der molwanischen Fassung von *Verstehen Sie Spaß?*.

[*Das Westliche Plateau*] 141

DER VJAZA-SEE

Die Molwanier leben zwar in einem Land ohne Küste, aber sie verbringen gern Zeit am Wasser, und der große Vjaza-See ist dafür ein perfektes Reiseziel. Er entstand in den 1950ern, als bei sowjetischen Nukleartests versehentlich eine gewaltige **artesische Bohrung** entstand. Der Vjaza-See bedeckt ungefähr 26 Quadratkilometer. In den ersten Jahren geriet er in den Ruf schlimmer Verschmutzung, nachdem Tausende toter Wasservögel und Fische an den Strand gespült wurden, aber dank eines massiven **Zuchtprogramms** ist der See heute voll von mutierten Fischen.

Jeden Sommer strömen Tausende Feriengäste zu diesem Binnengewässer und verbringen einige exotische Wochen mit allerlei Wasser-**Aktivitäten** wie etwa Bootsfahrten, Wasserski, Windsurfen und Karpfenfischen (mit Schleppnetzen). In diesen warmen Monaten können Besucher eine **Kreuzfahrt** über den See unternehmen, an Bord eines bunt dekorierten *pletzna*, eines altmodischen Holzkahns mit Baldachin, der einer venezianischen Gondel ähnelt, außer daß er kürzer ist und von einem Dieselmotor getrieben wird. Für ein kleines Trinkgeld bricht der Kapitän gern in ein **traditionelles Volkslied** aus. Für ein weiteres Trinkgeld hört er damit auf.

Am Vjaza-See gibt es auch zahlreiche **Sandstrände**, die zum Baden ideal sind, solange man das Wasser meidet. Natürlich ist diese Gegend sehr beliebt bei **Nudisten**, und einige Strandabschnitte sind gekennzeichnet als »textilfrei«. In den meisten umliegenden Läden kann man Ferngläser mieten.

ANREISE

Da der Vjaza-See weit im Norden des Plateau-Gebiets liegt, ist ein wenig Mühe nötig, um dorthin zu gelangen.

Für eine Straße, die eine flache Ebene überquert, weist die wichtigste Landstraße eine überraschende Vielzahl enger Biegungen und Haarnadelkurven auf, was daran liegt, daß sie von Ingenieurstudenten der **Universität Sasava** entworfen wurde. Für alle, die kein Auto haben: Von Lutenblag aus fahren zweimal wöchentlich Busse zum Vjaza-See und werden jeweils am Monatsende zurückgeschleppt.

UNTERKUNFT

Die sicherlich größte und beliebteste Möglichkeit, am Vjaza-See unterzukommen, ist der jugendbetonte **Klub Zzebo** am Strand einer halbwegs geschützten, aber doch noch sehr windigen südlichen Bucht. Zwar scheint er im östlichen Mitteleuropa ein wenig deplaciert; dennoch zieht dieses als **polynesischer Themenpark** angelegte Feriendorf viele junge Touristen an, die es sich hier gern mit Sonne und Sand gutgehen lassen und Wodka aus Kokosnußschalen trinken. Das Dorf wurde in den 1980ern angelegt und ist nach den jüngsten Renovierungen – dazu gehörte der Einbau von Toiletten – den ganzen Sommer über immer ausgebucht. Zahlreiche Möglichkeiten, sich zu **betätigen**, stehen den Gästen kostenlos zur Verfügung, darunter Windsurfen, Wellenhüpfen und Drachensteigen; man kann sich auch einfach entspannen beim Sonnenbaden hinter einem der dafür aufgebauten **Windbrecher** des Dorfs. Ferner gibt es regelmäßig kostenlose Vorträge über Geschlechtskrankheiten.

Philippe schreibt ...
»Ist es zu fassen? Tausende Touristen zahlen viel Geld, um sich in einem kitschigen Feriendorf am Seeufer aufzuhalten, während ich nur ein paar hundert Meter entfernt eine Unterkunft in einer echten Schäferhütte aus dem 17. Jahrhundert fand. Und als ich da auf meinem Lattenbett lag, das nur 50 $ pro Nacht kostet, konnte ich den Lärm der jungen Rucksacktouristen hören, die tanzten, tranken, Drogen einwarfen und die ganze Nacht kopulierten. Ich wußte, wo ich lieber war!«   P. M.

ESSEN

Das **Lipza Daz** ist eines von vielen beliebten Fischrestaurants mit Blick auf die weiten Gewässer des Vjaza-Sees. Gäste können hier aus allen ans Seeufer gespülten Wasserkreaturen ihr Essen aussuchen.

Ein weiteres bei Rucksacktouristen beliebtes Lokal ist das **Bistroj Vjaza**, nur einen Katzenwurf entfernt vom Hauptpier. Dieses Trend-Bistro ist entspannt, gemütlich und – seit 2002 – offiziell asbestfrei.

Die traditionellen Tänzerinnen am Vjaza-See bieten nicht nur Unterhaltung; für ein kleines Trinkgeld suchen sie auch Kopfläuse.

HIGHLIGHTS

Neuere Zucht- und Aussetzungsprogramme haben verschiedene Fischarten erfolgreich wieder im See heimisch gemacht. Seitdem ist das **Fischen** zu einer sehr beliebten Freizeitaktivität geworden, und die meisten Methoden sind erlaubt, wie etwa das Angeln mit Köder und die Verwendung von Netzen. Im Interesse der Erhaltung des Bestandes gibt es jedoch einige Beschränkungen hinsichtlich des Einsatzes von Harpunen und **Unterwasser-Sprengsätzen**.

Nur wenige Kilometer vom größten Strandabschnitt entfernt findet sich eines der größten und am schummrigsten beleuchteten Spielhäuser in Mitteleuropa, das vor kurzem errichtete **Grandj Vjaza Kasino**. Viele Besucher haben es mit Las Vegas verglichen, weniger wegen der gesamten Ausstattung als deshalb, weil beide in der Wüste liegen und Neonbeleuchtung haben. Hier gibt es alle üblichen beliebten Spiele wie Blackjack, Roulette und Poker, aber auch eher örtliche Vergnügungen wie *cvardo* – dabei müssen Spieler einen mit einer Zahl zwischen 1 und 12 numerierten Ball wählen und diesen dem **Tanzmädchen**, das die entsprechende Nummer trägt, in den Büstenhalter stecken. (Eintritt 80 $, Kinder frei.)

Als der Papst 1978 das Westliche Plateau besuchte, erlitt das »Papamobil« nahe dem Nordufer des Vjaza-Sees einen Achsenbruch. Das schuldige Schlagloch gilt heute als heiliger Ort.

Taucher auf Schleichfahrt!

Am nördlichen Seeufer liegt oft das einzige **U-Boot** der molwanischen Flotte, die *Zcjormst*. Obwohl ein Angriff hier äußerst unwahrscheinlich ist, patrouilliert das in Rußland gebaute Schiff regelmäßig im See. Im Einklang mit ihrer allgemeinen Position verweigert die Regierung bestätigende oder verneinende Äußerungen zur Frage, ob die *Zcjormst* mit Nuklearwaffen ausgerüstet sei; der Hang der Besatzung, jederzeit mit Blei verstärkte Uniformen und Geigerzähler zu tragen, legt jedoch den Gedanken an atomare Einrichtungen nahe. An den meisten Wochenenden ist die *Zcjormst* der Öffentlichkeit zugänglich, und Angehörige der Besatzung machen gern Führungen durch das Schiff. Natürlich sind bestimmte Abschnitte (zum Beispiel die Waffenkammer) für Besucher gesperrt, aber ein kleines Trinkgeld öffnet fast alle Türen.

DAS ZENTRALE TIEFLAND
(Grandj Kentral Valljk)

[*Das Zentrale Tiefland*]

DIE REGION

Zwar wird das zentrale Molwanien von den Touristen gewöhnlich übersehen, ist aber doch eigentlich das Herz und die Seele des Landes. Hier wurde die Nation geboren, und hier blüht noch immer viel von ihrer Folklore und ihren **tiefverwurzelten Traditionen**. In vielen Dörfern dieser Gegend ist es nicht ungewöhnlich, daß ältere Frauen einen bei den Ohren fassen und einem dreimal ins Gesicht spucken, angeblich ein Schutz gegen böse Geister. Es schützt einen jedoch nicht gegen **Tuberkulose**, und angemessene medizinische Vorkehrungen sind anzuraten.

Die Schönheit des Zentralen Tieflands liegt weniger an der dortigen Architektur als in den begeisternden Naturlandschaften. In dieser Region findet sich die achthöchste **Bergkette** Europas, das beeindruckende **Czarbunkle-Massiv**. Während im Winter Horden von Skiläufern die Alpen heimsuchen, sind die hiesigen Hänge normalerweise frei von Massen. Wegen der vorherrschenden trockenen Winde sind sie leider auch meistens frei von Schnee. Dank des Einfallsreichtums der Bewohner sorgt jedoch ein **ehemaliges Düsenjäger-Triebwerk** zusammen mit einer Batterie von Lenzpumpen und Kühlaggregaten für eine brauchbare Decke aus künstlichem Schnee.

Im Zentralen Tiefland gibt es viele Möglichkeiten, sich sportlich zu betätigen, und jedes Jahr kommen abenteuerlustige Touristen her zum Camping, Wandern, Klettern und für Rennbootfahrten auf einer der großen Senken der Karstebene. Bedauerlich für den Abenteuertourismus ist es, daß bei Redaktionsschluß dieser Auflage das **Bungee Jumping Centre Vzintga** noch immer geschlossen war wegen laufender staatsanwaltlicher Untersuchungen hinsichtlich der Dehn- und Belastbarkeit älteren Gummis – aber es gibt viele weitere Angebote, um den Adrenalin-Junkie zu befriedigen. Und natürlich darf bei einer Reise in diese Gegend der Versuch nicht fehlen, eine Trophäe aus dem Wasser zu ziehen, nämlich den *kjark* (vgl. Kasten auf der nächsten Seite), einen nur hier heimischen, schwer zu fangenden Fisch. Wer angeln möchte, sollte jedoch daran denken, daß man hierzu einen **Angelschein** kaufen muß (gültig für ein Jahr, erhältlich in jedem Postamt) und auch eine Fischerlaubnis braucht (gültig für einen Tag, eine Woche oder einen Monat), die man im Büro des **Landwirtschaftsministeriums** in Jzerbo erwerben kann. Diese Erlaubnis muß von einem autorisierten Fischereiinspektor zunächst vor dem Beginn des Angelns und nach jedem Fisch bestätigt werden. Wer ohne die korrekten Scheine erwischt wird, dem drohen **schwere Strafen**, und Ausländer riskieren, daß ihr Visum verlängert wird.

Einheimischer Angler bereitet sich auf einen Fischzug vor.

[*Das Zentrale Tiefland*]

JZERBO

Die inoffizielle Hauptstadt des Großen Zentralen Tieflands, Jzerbo, mag dem Besucher, der zum ersten Mal herkommt, nicht besonders einladend erscheinen, mit ihren aufgetürmten düsteren Wohnblocks aus der Sowjet-Ära und den großen Schwerindustrie-Anlagen. Aber dank des häufigen dichten Smogs bleiben viele dieser optischen Belästigungen für den normalen Touristen unsichtbar. Es gibt auch einige Ecken von **historischem Charme**, darunter einige der ältesten Slums Europas, und nach ein paar Tagen in Jzerbo lässt man all dies moderne Beiwerk – Umweltverschmutzung, Gedränge, Antibiotika – hinter sich und taucht ein in ein echtes Dorf aus der Renaissance.

In den Sommermonaten gibt das **Symphonieorchester Jzerbo** regelmäßig Konzerte für Musikliebhaber; wer eine dieser Aufführungen besuchen möchte, sollte jedoch bedenken, daß aufgrund von Budgetkürzungen die Konzerte zum Teil vorher aufgezeichnet worden sein können. Meistens kommen Streicher, Holz- und Blechbläser vom Band; man kann aber einigermaßen sicher sein, daß die Perkussion live ist.

Auf der anderen Seite des kulturellen Spektrums ist Jzerbo das Zentrum von Molwaniens **Fuchsjägern**, und wer sich in der Umgebung der Stadt aufhält, kann mit ein wenig Glück eine wilde Jagd zu Gesicht bekommen. Natürlich sind Pferde daran beteiligt, aber anders als in England setzen die Jäger in Molwanien keine Hunde ein; sie ziehen es vor, die Beute selbst aufzuspüren, in die Enge zu treiben und ihr die Kehle aufzureißen. Ganz wie in England wird dieser Sport aber von vielen **Tierschützern** als kontrovers bekämpft, und es gibt Versuche, ihn zu verbieten. Das dürfte noch einige Jahre in der Zukunft liegen; aus dem Sportunterricht dürfte die Fuchsjagd allerdings bald gestrichen werden.

KJARKFISCHEN ...

Der *kjark* gehört zur Familie der Aale; man erkennt ihn an den dunklen, schleimigen Schuppen und dem durchdringenden Gestank. Einige Exemplare haben auch einen braunen Streifen auf der Flanke, aber das ist lediglich eine Art Hautpilz. Der sehr begehrte *kjark* gedeiht am besten in schlammigen, verschmutzten Gewässern, was ihn zum idealen Bewohner der Flüsse des zentralen Molwanien macht. Zwar werden *kjarks* bis zu 10 kg schwer, zeichnen sich aber nicht gerade als Kämpfer aus, sondern neigen dazu, sofort aufzugeben, wenn sie am Haken hängen. Angler sollten sich vorsehen, da die *kjarks* scharfe dolchartige Zähne haben, von denen bei älteren Fischen jedoch oft viele fehlen. Die beliebteste Angelmethode ist die Verwendung eines lebenden Köders (besonders gern nimmt man einen Frosch oder ein neugeborenes Kätzchen); in seichtem Wasser kann auch ein Kleinkalibergewehr nützlich sein. Seine Qualitäten als Speisefisch gelten als gut bis ausgezeichnet; der Beschreibung nach schmeckt das Fleisch ähnlich wie das eines jungen Delphins.

GESCHICHTE

Seltsamerweise sind sich die Historiker nicht sicher, wie alt die Siedlung Jzerbo tatsächlich ist. 1974 begann eine größere **archäologische Grabung** an der Stelle der bekannten ersten Siedlung, aber dieses Forschungsprojekt mußte abgebrochen werden, als die Anwohner sich beklagten, weil die Arbeiten die unterirdisch verlegten Fernsehkabel beschädigt hatten.

Die ältesten Aufzeichnungen stammen aus dem 8. Jahrhundert und deuten an, daß Jzerbo in viele Kämpfe mit Invasoren verwickelt war. **Jahrelange kriegerische Auseinandersetzungen** in der Umgebung der Stadt führten dazu, daß nur noch provisorische Holzbauten errichtet wurden, die als erste **Verteidigungsmaßnahme** der Stadt niedergebrannt werden konnten; diese Praxis erklärt vielleicht den unter den heutigen Einwohnern noch immer starken traditionellen Hang zur Brandstiftung. In der Renaissance war Jzerbo als Stadt schon sehr weit entwickelt, und 1681 wurde hier Molwaniens erste Tageszeitung veröffentlicht, *Gzorme-mec*, zugleich auch Europas erste Zeitung mit Lithographien **spärlich bekleideter Maiden** auf Seite 3.

In den folgenden 100 Jahren wurde Jzerbo immer wieder von Bürgerkriegen zerstört, als örtliche Kriegsherren um die Oberhoheit kämpften. Schließlich siegte Herzog **Hrojkac III.** (»Hrojkac der Rote«) und herrschte fast zwei Jahrzehnte lang. Er war ein Despot und Autokrat und zermalmte gnadenlos jede Opposition (führte immerhin jedoch das **metrische System** ein) bis zu seinem Sturz 1796. Damals erhob sich das Volk von Jzerbo unter dem Befehl eines jungen, charismatischen Bauern, **Ljocek Vrutklen** (»der Tölpel-König«). Die erste Maßnahme dieses Bauernführers war es, freie demokratische Wahlen abzuhalten, bei denen er 123 % der Stimmen erhielt; er machte Jzerbo zu einer friedlichen, modernen molwanischen Stadt. 1801 wurde die **Folter** als Teil des Gerichtsverfahrens abgeschafft, blieb allerdings bis in die 1970er als **öffentliche Zerstreuung** beliebt.

Jzerbo liegt am idyllischen Flüßchen Dribl.

BESTE REISEZEIT

Es gibt in Jzerbo zwar keine besonderen Feierlichkeiten oder Ereignisse, doch sollte man sich vor der Schlußfolgerung hüten, die Einwohner seien allzu sanft oder nicht ausreichend erregbar. Wie im Schaufenster des örtlichen **Buro dj Turizm** zu lesen ist: »In Jzerbo ist jeder Tag ein Feiertag!« Dies erklärt vielleicht, warum das Büro permanent geschlossen scheint.

ANREISE

Die meisten Touristen erreichen Jzerbo von Lutenblag aus mit dem Bus. Die staatliche Buslinie **AutoMolw** unterhält einen wöchentlichen Dienst, der normalerweise nonstop verkehrt (die Busse haben keine Bremsen); es gibt auch mehrere private Gesellschaften. Man kann ferner von Lutenblag aus mit der **AeroMolw** fliegen; die Flugzeit beträgt allerdings oft mehrere Stunden, da die Fluggesellschaft ihre Piloten angewiesen hat, Schleifen zu fliegen, bis aller an Bord befindliche Alkohol von den Passagieren gekauft und getrunken wurde. Die Benutzung von Mietwagen ist in Jzerbo nicht zu empfehlen (die Stadt gilt als Heimat der ersten Geisterfahrer), wegen ihrer **engen Straßen** und der Tatsache, daß man dort mit neun Jahren als fahrtüchtig gilt.

NAHVERKEHR

Außer für die entlegensten Ortsteile ist der *trollejbus* das beste Verkehrsmittel, auch wenn die Vehikel tagsüber meistens überfüllt sind und man sich oft mit anderen Passagieren schlagen muß, um ein- oder auszusteigen. In den **Stoßzeiten** können einem ein kleines Messer oder eine mit Blut gefüllte Spritze helfen, sich den Weg zu bahnen. Bitte nicht vergessen: **Rauchen** ist nur hinten im Bus gestattet; dies gilt auch für Ausspucken, was allerdings nicht so streng eingehalten wird.

Nur zur Erheiterung!
Der neueste Trend in Jzerbo sind witzige Autoaufkleber; hier einige unserer Favoriten!

Bergmänner lieben Bergziegen!

Mein anderes Auto ist ein Traktor!

Hupen Sie, wenn Sie Ungar sind!

Nicht so eng auffahren – ich habe Sprengstoff im Kofferraum!

UNTERKUNFT

Man muß zugeben, Jzerbo hat Mühe, die Nachfrage nach **erstklassigen Unterkünften** zu befriedigen, und Besucher sind gelegentlich enttäuscht über die geringe Auswahl in der Spitzenklasse. Diese Lage wird sich jedoch bald bessern, da die Stadtverwaltung versucht hat, die Hotelszene zu beleben, indem man Investoren **Anreize** wie Steuernachlässe und strafrechtliche Immunität anbietet. Auf jeden Fall gibt es viele Häuser der mittleren Kategorie und für kleine Budgets in der Stadt. Anständige Unterkunft in **abgelegenen Gebieten** ist natürlich ein bißchen schwerer zu finden, und es gibt kaum wirkliche »Hotels«; allerdings bieten einige Bauerndörfer Unterkünfte des Typs **»Scheune und Frühstück«**.

$$$ Unterkunft **Luxus**   Nicht vorhanden

$$ Unterkunft **Mittlere Kategorie**

Die Lage des modernen Herbergs-Komplexes **Hotjl Kentral** ist nicht bemerkenswert: Es liegt mitten in einem Bereich trister Wohnblocks etwa 5 km vom Stadtzentrum entfernt. Das Hotel hat jedoch ein ausgedehntes eigenes Gartengelände, in dem Gäste durchaus ein wenig Ruhe genießen können, umgeben von hohen Bäumen und Stacheldrahtzäunen. Es gibt Gäste, die jedes Jahr wieder ins *Kentral* kommen, nicht nur wegen des aufmerksamen Service, sondern auch, um nach möglicherweise auf dem Hotelgelände vergrabenen Angehörigen zu suchen.

   ✉ *296 Sv G. Estefan*
   ☏ *41 9206*
   🖷 *41 9207*
   @ *kentral@moldi.co.mv*
   🗝 *106*   🍴
   🗐 *DC, MC, V*

Das **Plavniekji** ist ein Haus mittlerer Größe am Nordrand des Stadtzentrums mit vielen kleinen, gepflegten Zimmern. Natürlich sind im Sommer, wenn das Reinigungspersonal kommt, die Preise höher, aber selbst dann kann man ein Doppelzimmer für weniger als 100 $ bekommen.

NB: Der Preis enthält ein Frühstück, das angemessen, aber nicht üppig ist, und Gäste sollten bedenken, daß jedem, der versucht, eine Extrascheibe Toast zu nehmen, harte Strafen drohen.

   ✉ *12 AV Vrutken*
   ☏ *42 8282*
   🖷 *42 8222*
   @ *plavn@molnet.co.mv*
   🗝 *48*   🍴 *&*
   🗐 *DC, MC, V*

Das regierungseigene Drei-Sterne-Hotel **Kaca Baltka** wurde 2001 aufwendig renoviert; es kamen etliche neue Zimmer hinzu, jedes eingerichtet mit in Jzerbo hergestellten Möbeln und dekoriert mit Erzeugnissen der besten **Handwerker** und Künstler der Stadt. Heute hat das Hotel eineinhalb Sterne.

   ✉ *64 Sv Rojal*
   ☏ *41 4895*
   🖷 *41 4896*
   @ *kaca@moldi.co.mv*
   🗝 *40*   *&*
   🗐 *MC, V*

[*Das Zentrale Tiefland*]

$ Unterkunft **Economy**

Fast genau im Zentrum, nur ein paar Schritte vom Bahnhof entfernt, liegt die **Pensjon Klajmazcis**, ein äußerlich etwas düsteres, aber sauberes privates Hotel. Trotz der lauten Umgebung sind die Zimmer ruhig; alle sind schallgeschützt, was sie bei **Hochzeitsreisenden** ebenso beliebt macht wie bei Angehörigen der Unterwelt von Jzerbo.

✉ *89 Bvd Busjbusj*
☎ *49 2206*
📠 *49 2207*
@ *klam@molnet.co.mv*
🛏 *26* 🍴
💳 *DC, MC, V*

Eine weitere preiswerte Möglichkeit für alle, die bereit sind, ein wenig außerhalb zu wohnen, ist das **Tija**, ein bescheidenes dreigeschossiges Hotel im Süden von Jzerbo. Dem Haus mag es an Luxus fehlen (z. B. sollte man die eigene Bettwäsche mitbringen), aber das wird mehr als nur aufgewogen durch die freundlichen, gut ausgebildeten Mitarbeiter, die beim Sightseeing helfen und dafür sorgen, daß Gäste alles mögliche mieten können, von Mountainbikes bis zu Knaben.

✉ *186 Sv Agtul*
☎ *42 2406*
@ *tija@molnet.co.mv*
🛏 *86* 🚲
💳 *V*

Gegenüber der Altstadt auf der anderen Seite des Flusses liegt das **Hostjl Latjavko**, ein Haus mit Schlafsälen, das große Mengen Rucksacktouristen und Wespen anzieht. Es gibt hier 50 große Betten; das heißt, die Herberge kann offiziell 2000 Gäste aufnehmen.

✉ *86 Sv Rojal*
☎ *41 9206*
📠 *41 9207*
🛏 *50*
💳 *MC, V*

Wie oben erwähnt, sind Unterkünfte außerhalb von Jzerbo recht dünn gesät; ein erwähnenswerter Ort ist jedoch **Rjusta Jzarmac**, ein neueröffnetes *aggro-turizm*-Zentrum etwa 60 km westlich der Stadt. Im Prinzip handelt es sich um eine Farm voll rustikaler Details, wo Gäste in Räumlichkeiten über der Scheune untergebracht werden, mit der Familie essen und ihr beim Schlachten von Vieh helfen.

✉ *25 Sv Hetski*
☎ *44 2158*
🐎 *6*

NB: Die Farm ist ganzjährig in Betrieb; wenn man dort unterkommen möchte, sollte man vorher anrufen, damit Betten reserviert und Hunde angekettet werden.

Unterkünfte auf Bauernhöfen sind überall im Zentralen Tiefland zu haben; die Standards sind allerdings von Region zu Region verschieden.

ESSEN

Ähnlich wie bei den Hotels hatte Jzerbo auch in der anspruchsvollen Gastronomie einige Mühe, mit den Bedürfnissen des Tourismusbooms schrittzuhalten. Besucher, die zu kleineren Abenteuern bereit sind und die **gastronomischen Angebote** der Stadt erforschen möchten, werden jedoch nicht enttäuscht. Mehrere hochklassige Restaurants wurden in der letzten Zeit eröffnet oder, nach Freigabe durch das **Gesundheitsamt**, wiedereröffnet. In der Stadt gibt es auch zahlreiche *tavernjas*, die authentische Gerichte der Region anbieten, oft begleitet von Volkstanzgruppen. Wenn ein örtlicher Künstler am Tisch etwas vorführt, wäre es unhöflich, ihm kein Trinkgeld zu geben; die Höhe des Trinkgelds hängt davon ab, ob die Darbietung neben oder auf dem Tisch stattfindet.

Was Getränke angeht, sollte man nicht vergessen, daß die Weine von Jzerbo recht robust sind und einen **Alkoholgehalt** von 15 % bis 18 % aufweisen. Bier ist etwas leichter (5–6 %), aber es gibt ja auch das jeweilige örtliche Mineralwasser (3,5 %).

$$$ Essen **Luxus**

Obwohl es, wie der Name **Bouljvard N10** andeutet, direkt an Jzerbos belebtem Großen Platz liegt, hört man in dieser eleganten Gaststätte kaum etwas vom Lärm der Passanten und des Verkehrs. Leider läßt sich das nicht vom Lärm des hauseigenen Pianisten Iobor Jzerbcej sagen, dessen Liebe zu molwanischer Marschmusik für ein recht zackiges Hörerlebnis sorgt.

✉ *10 Bvd Busjbusj*
☎ *48 3145*
▤ *MC, V*

Noch eines von Molwaniens beliebten »schwebenden« Restaurants: Das **Bistroj Skie-Hi** hängt in 85 m Höhe auf Jzerbos schwankendem Telekommunikationsturm. Dieses exklusive Lokal ist eines der populärsten und teuersten der Stadt. Sicher nichts für Leute mit Höhenangst, aber der Ausblick von den Fensterplätzen ist atemberaubend. Reservieren ist unerläßlich, und die Kleidungsvorschriften verlangen, daß alle Gäste Sicherheitsausrüstung tragen (einschließlich eines Fallschirms).

✉ *78 Av Vrutken*
☎ *43 7375*

Ponj Vredjom liegt, wie der Name schon sagt, auf einer Brücke über Jzerbos Vredjom-Fluß. Der Blick auf Wasser gehört zu den Vorzügen dieses modischen Cafés, sei es von den vorderen Fensterplätzen der bemerkenswerte Anblick der Lichter der Stadt im Spiegel des Flusses, sei es von den hinteren Tischen die Aussicht auf ein Abflußrohr der Herrentoilette.

✉ *4 Ponj Vredjom*
☎ *41 3345*

NB: Das »Ponj« verfügt auch über eine vorzügliche Weinkarte, falls man Spirituosen mag.

$$ Essen **Mittlere Kategorie**

Das **Pjojo Buz** im Erdgeschoß eines größeren Gebäudes serviert typische Jzerbo-Gerichte – große Portionen, hoher Cholesteringehalt und lauwarm – und ist beliebt bei örtlichen Größen aus dem Showbusiness, von denen viele hinter der Bar arbeiten. Trotz der oberflächlich zwanglosen Atmosphäre gibt es ziemlich strenge Kleidungsvorschriften; Männer müssen ein Jackett und Schuhe tragen.

✉ *57 Sv F. Castro*
☎ *48 3145*

Der freundliche Familienbetrieb des Bistro **Gosttilja pri Plavjo** ist gewöhnlich das ganze Jahr voll besetzt, was zweifellos am guten Essen und daran liegt, daß es nur zwei Tische hat. Die »Spezialität für zwei Personen« des Kochs heißt *szijka*: diverse Würste, Steak und Schisch Kebab, garniert mit Rosmarin und serviert auf einer glühendheißen Platte. Davon gibt es auch eine **vegetarische** Version; da diese aber nur aus der Garnierung besteht, sollten alle, die kein Fleisch essen, vielleicht ein anderes Gericht bestellen.

✉ *35 Bvd Busjbusj*
☎ *45 9595*

$ Essen **Economy**

Arja Tavernja ist eine Kneipe im traditionellen Stil. Wenn man die schwere Holztür öffnet, klingeln an einer Schnur aufgereihte Kuhglocken, und eine Kellnerin reicht zur Begrüßung ein Glas hausgemachten Rotweins. Diesen sollte man auf keinen Fall trinken. Die Wände sind bedeckt mit den Fellen regionaler Wildtiere, und diese **unbehandelten Häute** verbreiten einen Hauch von rustikaler Authentizität sowie das unverkennbare Aroma von verwesendem Fleisch. Es ist zwar durchdringend, übertönt aber immerhin die Aromen, die aus der Küche des Restaurants kommen. Auf jeden Fall ist das Essen herzhaft, und ohne Übertreibung läßt sich sagen, daß man nirgendwo in Europa ein besseres Gänseklein-Stew bekommt.

✉ *70 Av Vrutken*
☎ *45 3846*

Man sollte sich nicht täuschen lassen vom Schild »Bedienung oben ohne«, das vor dem schäbigen **Bistroj Bzorzo** hängt. Das Personal ist größtenteils älter, und alle sind Männer, deren Hingabe an die organisierte Gastlichkeit bestenfalls flüchtig genannt werden kann. Abgesehen davon: Das Essen ist passabel, und man sollte die Tafel »**Tagesgerichte**« beachten, die mehreren Berichten zufolge zuletzt 1976 aktualisiert wurde.

✉ *145 Sv G. Estefan*
☎ *44 2615*

HIGHLIGHTS

Wie in den meisten großen Städten Molwaniens wird auch in Jzerbo das Zentrum beherrscht von einer beeindruckenden **Kathedrale**; sie ist dem Schutzpatron der Stadt geweiht, Sankt Cvorbcek. Die Kathedrale ist ab 8:00 Uhr morgens geöffnet, und am besten begibt man sich früh dorthin, da sich später die Touristen hineindrängen. (Bitte beachten: keine Unterhemden, Sandalen oder Nippelringe.) Im Haupteingang hält sich oft ein **zahnloser Bettler** auf, der die Vorübergehenden mit gezischelten Flüchen eindeckt. Das ist der Bischof.

In der wunderbaren Barockkathedrale sticht einem sofort die massive **Orgel** ins Auge, die 1884 von dem molwanischen Instrumentenbauer **Jurjst Yvenc** aus Lutenblag entworfen und gebaut wurde. Mit ihrem Pedalbord und vier Manualen, 6718 Pfeifen (zwischen 10 und 13 m hoch) und 124 Registern ist es eine der größten Orgeln Europas, bringt aber seltsamerweise nur ein dünnes Quäken hervor.

Die benachbarte **Kapelle von Sankt Anjevlik** wurde zwischen 1622 und 1636 gebaut; die Arbeiten an der üppigen Innenausstattung nahmen noch ein weiteres Jahrzehnt in Anspruch. Die wuchtigen Deckenfresken wurden von dem italienischen Meister Iacinto Campana gemalt und stellen die Taufe Christi und den Tod des heiligen Petrus dar. Kunsthistoriker sind jedoch uneins, ob der gleiche Künstler auch das in der Sakristei befindliche Portrait mit dem Titel *Nacktes Mädchen hoch zu Roß am Strand* ausgeführt hat.

Museumsdirektor Krisjanis Burzjen

Kulturfreunde sollten einen Besuch in Jzerbos **Krisjanis-Burzjen-Memorial-Museum** erwägen. Diese kaum bekannte Einrichtung befindet sich in der Wohnung (Nr. 5), die Krisjanis Burzjen selbst bewohnt, Molwaniens bekanntester Sammler mündlicher Literatur. Das Museum gibt einen Überblick über sein Leben und sein der Oralität gewidmetes Werk und verdient eine Visite; wenn Burzjen weibliche Besucher einlädt, ihn nach oben zu begleiten, um seine »folkloristische Ausstattung« zu betrachten, sollten diese jedoch bedenken, daß es besser ist, der Einladung als Gruppe zu folgen.

Ebenfalls in der Nähe des Zentrums liegt Jzerbos **Naturgeschichtliches Museum**. Es gibt dort Dauerausstellungen zu den Themen Geologie, Entomologie und Anthropologie, außerdem ein weitläufiges **Herbarium**. Hier kann man sicher sein, sich nicht durch Menschenmassen drängen zu müssen, da das Museum bis heute keinen einzigen Besucher hatte.

Eine der besterhaltenen Hauptstraßen in Jzerbo ist der **Boulevard** an der Südseite des **Vredjom-Parks**. Neben hübschen Cafés und Antiquitätenläden gibt es auch einige sehr gut restaurierte historische Häuser an dieser Straße, darunter eine große Villa aus blauem Tonsandstein; hier wohnte der städtische Henker, bis diese Stelle 1993 abgeschafft wurde.

> **Wahrer Glaube ...**
> St. Cvorbcek, Schutzpatron von Jzerbo, wurde hier geboren, und Bilder dieser vollbärtigen Gestalt sind allenthalben in der Stadt zu sehen. Sie kam 1398 als einfaches Bauernmädchen zur Welt, errang aber schon bald den Ruf einer frommen Mystikerin, die immer wieder in Trance fiel und Visionen hatte; in vielen dieser Gesichte spielten nackte Männer eine Rolle. Die Verehrung von St. Cvorbcek erreichte zu Beginn des vorigen Jahrhunderts einen Höhepunkt, als ihre Statue vor den Toren von Jzerbo offenbar zu weinen begann. Tausende Gläubige trotzten den Gefahren der Reise und den hohen Eintrittspreisen, um zu diesem heiligen Schrein zu pilgern, und der Statue wurden zahlreiche Wunder zugeschrieben. In den 1980ern sanken die Besucherzahlen, als wissenschaftliche Untersuchungen enthüllten, daß die Tränen der Statue von einer mit Münzen betriebenen Pumpe produziert wurden; aber fromme Gläubige besuchen auch heute noch dieses geheiligte Monument.

Nichts für Touristen mit schwachen Nerven: In Jzerbo befindet sich eines der größten und populärsten **stajbulek** (Stierkampf)-Stadien in ganz Europa. Der molwanische Stierkampf unterscheidet sich vom spanischen in mehreren Hinsichten: Der *matjeodor* (Stierkämpfer) sitzt auf einem Trail-Dreirad, und statt den Stier mit einem roten Tuch zu reizen, kontrolliert er ihn mit einem langstieligen elektrischen Rindersporn. Natürlich lieben die Massen jede Minute dieses einzigartigen Schauspiels, und oft setzen sie große Summen ein und wetten, wie lange es dauert, bis bei dem Tier Herzstillstand eintritt.

Am westlichen Stadtrand gibt es einen großen Park mit Teichen, Springbrunnen, Picknicktischen und einem **Waldfriedhof**. Viele berühmte Einwohner von Jzerbo wurden in diesem Tannenwald begraben, darunter der Schriftsteller Vorj Dragkot, der Schachmeister Illjia Ggrezel und der große Theaterschauspieler Hernj Hkorml, der später exhumiert wurde: Der **Obduktion** zufolge war er nicht tot, sondern legte gerade eine dramatische Pause ein.

Ein großer Teil von Jzerbo ist umgeben von einem tiefen Graben, gefüllt mit brackigem Wasser, von dem fauliger Gestank ausgeht. Man sollte auf jeden Fall Abstand halten – es ist nicht nur gefährlich, sondern auch das größte Wasserreservoir der Stadt.

GYRORIK

Gyrorik wird oft das »Tor zu Molwanien« genannt, und wenn man sich auf einer ziellosen Wanderung nach Süden über die öden Flächen der **Torzjeccim-Sümpfe** befände, wäre dies möglicherweise eine passende Beschreibung. Abgesehen davon, daß Gyrorik eine der ältesten Städte Molwaniens ist, ist es auch die am gründlichsten multikulturelle des Landes, da hier Menschen aus Polen, der Slowakei, Ungarn, Estland und der Ukraine in der **Zentralen Justizvollzugsanstalt** Gyrorik einsitzen (Besichtigungen montags bis freitags; bitte Insassen nicht füttern).

Mit seinen breiten, von Bäumen gesäumten Boulevards, zahlreichen Gärten und Parks und der **Uferpromenade** am Fluß könnte Gyrorik eine der optisch charmantesten Städte in Molwanien sein. Leider wurden die meisten dieser Reize während des **Baubooms** der 1970er entweder zerstört oder durch Bauwerke verdeckt, und ohne diese Reize ist es ein ziemlich düsteres Industriezentrum. Wer trotzdem nach Gyrorik kommt und bereit ist, zwischen Schwerindustrie und riesigen Wohnblocks genauer hinzuschauen, wird eine besondere Stadt voll faszinierender Attraktionen entdecken. Da gibt es das **Kriegsmuseum** mit einer umfassenden Ausstellung, die ganz dem **Molwanischen Scharfschützenregiment** gewidmet ist, das im Zweiten Weltkrieg so tapfer für sein Vaterland focht, bis es 1943 komplett zu den Nazis desertierte. Am **Gedenktag** sieht man eine große Menschenmenge, die Blumen am Denkmal niederlegt, und eine ebenso große Menge, die es mit faulem Obst bewirft. Zum lebhaften Treiben in der City von Gyrorik gehören auch Festivals, und oft sind die Straßen gefüllt mit einer langen, **bunten Prozession** von Leuten, die brüllen und Autohupen betätigen. Diese Parade heißt *veerjkul* (Stoßzeit).

Gyrorik ist umgeben von der malerischen Bljödn-Ebene. Touristen mieden früher dieses Gebiet, aber heute ist es ein beliebtes Ziel für Picknick-Ausflüge, vor allem, seit die Radioaktivität fast unter die von der Weltgesundheitsorganisation festgesetzten Grenzwerte gesunken ist.

GESCHICHTE

Das Dorf Gyrorik geht zurück auf das 3. Jahrhundert, als es Ziegenhirten in den harten Wintermonaten als Zufluchtsstätte diente. Archäologen haben zahlreiche **Artefakte** aus dieser Zeit gefunden; eines der berühmtesten ist die Tonfigur eines Hüteknaben, die zu **urinieren** beginnt, wenn man sie mit Wasser füllt. Nach Meinung der Gelehrten handelt es sich wahrscheinlich um das älteste Gag-Spielzeug aus Keramik auf der Welt.

Bis zum 8. Jahrhundert hatte sich Gyrorik zu einem lebhaften **Handelszentrum** entwickelt, mit eigener Regierung, Armee, Krankheiten und sogar Sprache. Die Menschen hingen sehr an ihrer Stadt und mißtrauten äußeren Einflüssen so sehr, daß im Jahre 900 Gyrorik seine Unabhängigkeit vom übrigen Molwanien erklärte. Die Bevölkerung und ihre Führer stellten sich auf einen verlustreichen Krieg ein und waren sehr überrascht, als der Rest des Landes vorbehaltlos zustimmte und sogar anbot, Mittel zur Beschleunigung des Prozesses zur Verfügung zu stellen. Bald darauf entstand die **Unabhängige Republik Gyrorik**; sie bestand aber nur drei Jahre, dann stimmten die Einwohner dafür, wieder Teil Molwaniens zu werden.

Trotz ihrer isolierten Lage hat die Stadt Gyrorik oft eine Vorreiterrolle in der molwanischen Geschichte gespielt. So trug sich hier der erste amtlich verzeichnete Ausbruch der **Beulenpest** in Molwanien zu. 1743 wurde Straßenbeleuchtung eingeführt. 1744 brannte die ganze Stadt nieder, was zu einer Neubewertung der Nutzung von **mit Schießpulver betriebenen Laternen** führte. Auch im 20. Jahrhundert verschrieb sich Gyrorik der Förderung moderner Ideen; es war die erste Stadt Europas, die das Fahren auf beiden Straßenseiten erlaubte und das Wahlrecht für **Nutztiere** einführte.

Emsig, eifrig und energisch: Gyrorik wartet nur darauf, erforscht zu werden!

Der Bürgermeister von Gyrorik, K. V. Stronzlhem, mit seinem jüngsten Sohn »Leon jr.«, Kabarettsänger und Düngemittelvertreter.

ANREISE

Zug Die Fertigstellung einer Bahnverbindung zwischen Lutenblag und Jzerbo wurde von den Einheimischen als großer Schritt vorwärts betrachtet, bis man begriff, daß die Strecke Gyrorik nicht berühren würde. Fahrgäste können jedoch am **Knotenpunkt Trbeki** aussteigen und den Rest der Reise auf einem von Pferden gezogenen Esel beenden. Die meisten Besucher halten dies für eine reizvolle Option, bis ihnen klar wird, daß es die einzige ist.

Luft Gyroriks regionale Fluglinie GyroProp bietet **tägliche Flüge** von und nach Lutenblag an; allerdings haben Passagiere sich oft über verschwundenes Gepäck beklagt. Dieses Problem wird zweifellos vergrößert durch das etwas ungewöhnliche Verfahren der Fluglinie, Fracht zu befördern, indem man sie auf das Dach der Maschine bindet. Wo immer dies geht, sollte man soviel wie möglich als Handgepäck mitnehmen.

Eine Warnung für Besucher, die am Flughafen Gyrorik ankommen: Im Terminal ist das **Rauchen verboten**. Es gibt jedoch außerhalb der Ankunftshalle eine ausgewiesene Raucherzone neben den Anlagen für das Betanken der Flugzeuge.

Auto Obwohl die Stadt weit von allen anderen urbanen Zentren entfernt ist, sind die meisten nach Gyrorik führenden Straßen gut markiert und werden oft auf Minen untersucht. Natürlich sollten Reisende dafür sorgen, daß ihre Fahrzeuge in gutem Zustand sind, denn der **Automobil-Club Gyrorik** (ACG) bietet zwar einen Pannendienst an, aber wegen mechanischer Probleme sind die Hilfefahrzeuge oft nicht einsetzbar.

NAHVERKEHR

Die Stadt Gyrorik hat eines der effizientesten und schnellsten **U-Bahn-Systeme** in ganz Europa. Leider ist das Streckennetz nur 2 km lang und daher von begrenztem Nutzen. Busse sind eine bessere Alternative, und Taxis sind zahlreich wiewohl für molwanische Verhältnisse teuer (viele Fahrer verlangen Zuschläge für »Extras«, z. B. Sicherheitsgurte oder das Umfahren von Schlaglöchern).

Café à la molvanienne!
Koffein-Liebhaber können in Gyrorik einen dampfenden Becher *kappacinjo* bestellen, frisch gebrauten Kaffee mit einer Haube aus aufgeschäumter Milch, die ausschließlich von mit Rinderwahn infizierten Tieren stammt.

[*Das Zentrale Tiefland*]

UNTERKUNFT

In Gyrorik gibt es ein breites Spektrum von **Unterkunftsmöglichkeiten**, abhängig vom jeweiligen Geldbeutel und den individuellen Ansprüchen. Die Häuser im oberen Preissegment sind mit Luxushotels in Westeuropa vergleichbar, wogegen die am unteren Ende der Skala einem einen Eindruck davon geben, wie man sich bei der Afghanistan-Invasion 2002 in einem unterirdischen **Taliban-Stützpunkt** gefühlt hätte. Hotels sind noch immer die üblichste Form der Unterkunft; die Unterbringung in einer sogenannten »Villa« erfreut sich jedoch **wachsender Beliebtheit**, und in Gyrorik können Besucher schon für 200 $ pro Woche ein Zwei-Zimmer-Cottage am Stadtrand mieten. Man muß natürlich ein wenig mehr bezahlen, wenn man möchte, daß in dieser Zeit die eigentlichen Bewohner ausziehen.

Reisetip ...
Viele Besucher von Gyrorik stellen fest, daß es sinnvoll ist, einen Universalstöpsel mitzunehmen, da Stöpsel in den meisten Badezimmern fehlen. Übrigens können auch eine Taschenlampe, ein kleiner Werkzeugkasten und eine Strickleiter nicht schaden.

$$$ Unterkunft **Luxus**

Das nah am Stadtzentrum liegende **Hotjl Prozta** ist seit vielen Jahren beliebt bei Geschäftsleuten und Ehebrechern. Die Zimmer sind geräumig, und alle haben hohe Decken und noch höhere Minibar-Preise. Zeitgenössische molwanische Kunst hängt oft in der Lobby – wie auch mehrere Gäste, die beim Versuch erwischt wurden, Badetücher des Hotels zu stehlen.

✉ *54 Av Nazjonal*
☎ *22 7575*
📠 *22 7577*
@ *prozta@mol.co.mv*
🛏 *46* 🍽
▤ *DC, V*

Dieses lange leerstehende Gebäude wurde mit großer Sorgfalt hinsichtlich stilistischer Details restauriert und in seine ursprüngliche Gestalt versetzt. Warum sich die Eigentümer des **Spakiegjo** die Mühe gegeben haben, bleibt rätselhaft, da das Haus erst vor 12 Jahren gebaut wurde und eine Videothek war.

✉ *23 Sv Bruce Lee*
☎ *24 5804*
📠 *24 5805*
@ *spak@molnet.co.mv*
🛏 *16* 🍽 ⚿
▤ *DC, V*

Das **Gyrorik Holidaj Injn** entspricht genau dem, was man von dieser Hotelkette erwartet; allerdings gibt es einige interessante lokale Akzente – zum Beispiel Stalaktiten. Der Service ist gelegentlich ein wenig langsam, und wenn man den einzigen Aufzug des Hotels benutzen möchte, empfiehlt es sich, einen Tag oder zwei im voraus zu buchen.

✉ *78 Av Busjbusj*
☎ *28 0539*
📠 *28 0555*
@ *inn@moldi.co.mv*
🛏 *94* ⚿
▤ *MC, V*

NB: Zum Komplex »Sport & Gesundheit« gehören ein Schwimmbad (im Keller) und drei Bars.

$$ Unterkunft **Mittlere Kategorie**

Das **Gbocjan Mic** ist ein erst vor kurzem erbautes Hotel in der Nähe des Marktplatzes; es bietet solide preiswerte Unterkunft nahe bei allen Sehenswürdigkeiten der Stadt. Zum Hotel gehört auch ein Restaurant; ein Leser teilte uns jedoch mit, daß die angekündigte »Folklore-Show« lediglich aus einem älteren – und an den meisten Abenden betrunkenen – Einheimischen bestand, dessen Darbietung von »traditionellen Balladen« kaum mehr war als der verwirrten weiblichen Gästen zugebrüllte Satz: *»Erz vbe irg gugubcelc!«* (»Zeig mir deinen Büstenhalter!«); danach brach der Mann an der Bar zusammen.

✉ *12 Sv Mao Tse Tung*
☎ *25 0915*
@ *mic@molnet.co.mv*
🔑 *24*
🛏 *V*

Das **Aranjy Palatz** liegt ebenfalls im Zentrum und hat ausreichend große Zimmer, viele davon mit Bad und Klimaanlage. Es gibt weder ein Restaurant noch einen *health club*; die Gäste haben jedoch einen Anspruch darauf, die entsprechenden Einrichtungen im Schwester-Hotel des Aranjy zu benutzen, und zwar in Budapest.

✉ *60 Av Nazjonal*
☎ *22 0412*
📠 *22 0411*
@ *aranjy@mol.co.mv*
🔑 *20*
🛏 *DC, MC, V*

Ein wenig außerhalb der Stadt, an der Hauptstraße nach Lutenblag, findet sich **Kaca Sobieje**, ein sechsstöckiges Hotel mit eigenem Restaurant und Sportanlagen. So nah an der Fernstraße kann Verkehrslärm ein Problem in Zimmern sein, die nach vorn liegen; man sollte daher eines verlangen, das an der Rückseite liegt, wo der Lärm des benachbarten Stahlwerks den der Autos meistens übertönt.

✉ *186 Sv Lutenblag*
☎ *22 7575*
📠 *22 7577*
@ *sobie@molnet.co.mv*
🔑 *129* 🖉
🛏 *MC, V*

Das **Jborkle Palatz** hat zwar noch Spuren seiner früheren Pracht bewahrt, muß sich heute jedoch bemühen, gewisse Standards einzuhalten. Ausgiebige Renovierungen während der 1970er haben viele Originaldetails retten können, so etwa die beeindruckende **Marmortreppe**, dafür aber andere beseitigt, zum Beispiel mehrere **tragende Wände**. Als Folge davon hat das Gebäude heute unebene Böden und ein leckes Dach; es ist aber nicht alles schlecht – einige der Risse in der Fassade bieten schöne Blicke über einen nahen Park.

✉ *90 SV Czokrak*
☎ *28 1563*
@ *jbork@moldi.co.mv*
🔑 *43*
🛏 *V*

Philippe schreibt ...
»Als ich 1976 in Gyrorik war, gab es kein einziges Hotel. Also!«   P. M.

[*Das Zentrale Tiefland*]

$ Unterkunft **Economy**

Nur einen Molotowcocktailwurf vom Stadtzentrum liegt das **Miltajkadetka**, ein ehemaliges Armeegebäude, das in eine staatliche Jugendherberge umgewandelt wurde. Die Zimmer sind klein, aber sehr ruhig, was nicht überraschen kann, da die meisten von ihnen Betonbunker tief in der Erde sind. Einige Details, die der früheren Verwendung entsprechen, stehen heute Gästen offen, zum Beispiel das Offizierskasino (heute ein Café) und ein Trainingskurs mit Hindernissen (heute die Lobby).

✉ *37 Sv Bruce Lee*
☎ *20 7423*
📠 *20 7422*
@ *gruc@mol.co.mv*
🛏 *142*

NB: Leider wurde der beliebte Schießstand vor kurzem nach Klagen aus der Grundschule nebenan geschlossen.

Die zweite wichtige Herberge in Gyrorik ist das in Privatbesitz befindliche **Bejcelzet**; es liegt ein wenig weiter stadtauswärts, ist dafür aber insgesamt komfortabler. Es verfügt über eine eigene Spielhalle und ein Internet-Café, außerdem eine Piercing-Klinik.

✉ *104 Ul Pizpiz*
☎ *27 9870*
@ *bejc@net.co.mv*
🛏 *86*
💳 *DC, MC, V*

NB: Der Besitzer, ein früherer Stellvertretender Polizeipräsident, ist eine gute Quelle von Informationen über die Gegend, vor allem, wenn man Drogen sucht.

Wer es gern rustikaler haben möchte, findet in der **Villa Boricja**, einem touristischen Farmkomplex etwa 75 km südlich der Stadt, was er sucht. Hier kann man in umgebauten Ställen übernachten und das Landleben genießen, wenn man zum Beispiel beobachtet, wie der Bauer sich liebevoll um seine 10 000 Batteriehennen kümmert. Wie viele Geschäfte auf dem Land akzeptiert Boricja keine Kreditkarten. Die Bezahlung erfolgt hier nur in bar oder in Zigaretten.

✉ *34 Sv Onslo*
☎ *23 2325*
🐎 *6 stables*

Dinieren al fresco – *im Stil von Gyrorik!*

ESSEN

Wie viele Städte in Molwanien verfügt auch Gyrorik über eine gastronomische Szene, die sich schnell entwickelt, da Restaurantbesitzer auf sich wandelnden Geschmack und Fortschritte in der Nahrungsmittelhygiene reagieren. Aber alte Gewohnheiten sterben nicht so schnell aus, und wer fettarme Kost sucht, ist in Gyrorik nicht unbedingt am richtigen Platz. Auf den meisten Speisekarten dominieren immer noch Braten, fette Speisen, rotes Fleisch und **schwere Desserts**; viele Restaurants bemühen sich jedoch um gesünderes Leben und installieren in ihren Küchen nun Defibrillatoren für die Behandlung bei Herzanfällen. Und: Gäbe es denn eine bessere Art, das Mahl zu ergänzen, als mit einem Glas Gyrorik-Wein oder dreien? Flaschen mit diesem **erheblich verstärkten Alkohol** finden sich bei den meisten lizenzierten Lebensmittelhändlern oder in Baumärkten in der Abteilung Lösungsmittel. Und ein Tip zur Abrundung dieses gelungenen Abends? Eine besänftigende Tasse *tzerca*: ein regionaler Kräutertee mit bemerkenswerten medizinischen Eigenschaften – er führt zum Erbrechen.

$$$ Essen **Luxus**

Viele kommen allein wegen der Atmosphäre ins **Starejo Miaska**: Keller mit unverkleideten Ziegelwänden und Kerzenlicht in einem der schönsten historischen Herrenhäuser im Herzen von Gyrorik. Aber auch das Essen ist hervorragend; frisches Geflügel ist eine der Spezialitäten. Man kann sich nicht nur das Huhn oder den Fasan aus einem Käfig selbst aussuchen, der Koch läßt es einen sogar selbst schlachten, was als große Ehre gilt. Ein **Streichertrio** gäbe allem einen Hauch von Eleganz – wenn sie nicht alle drei Banjospieler wären.

✉ *24 Sv Dipterja*
☎ *29 8872*
▤ *DC, MC, V*

Das **Oceajana** liegt im Zentrum. 2000 km vom nächsten Ozean entfernt, bietet dieses Bistro eine große Auswahl an schmackhaften Meeresfrüchten. Berichten zufolge ist die Sushi-Platte zum Sterben lecker. Buchstäblich.

✉ *23 Av National*
☎ *21 9961*
▤ *MC, V*

Nur ein paar Schritte vom Museum entfernt findet sich eine der kulinarischen Institutionen der Stadt, **Qchinzja**. Vor allem ist es ein Steakhaus, und bei den meisten Gerichten ist Fleisch die Hauptsache, auch bei den Desserts.

✉ *17 Av Nazjonal*
☎ *23 6986*
▤ *MC, V*

NB: Wer koscher essen will, sei gewarnt: Die Platte mit »traditionell gegrilltem Fleisch« kann Spuren von eingelegtem Schweinepenis enthalten.

WARNUNG FÜR REISENDE!

VIELE RESTAURANTS IN MOLWANIEN VERSUCHEN TOURISTEN ANZULOCKEN, INDEM SIE »TANZ IN TRADITIONELLEN KOSTÜMEN« ANPREISEN. BEDAUERLICHERWEISE SCHEINT IN TEILEN VON GYRORIK DIES KOSTÜM IMMER HÄUFIGER AUS EINEM BH UND HÖSCHEN OHNE ZWICKEL ZU BESTEHEN, WAS AUCH BEI EXTREM LIBERALER INTERPRETATION DER MOLWANISCHEN GESCHICHTE NICHT ALS AUTHENTISCH GELTEN KANN. FERNER IST DIESE KLEIDUNG DEMÜTIGEND FÜR DIE MÄNNER, DIE SIE TRAGEN MÜSSEN.

$$ Essen **Mittlere Kategorie**

Das **Bzorgas** ist ein zwangloses Eßlokal knapp oberhalb des
Rathauses und bei Einheimischen und Touristen gleichermaßen beliebt. Hier legt man Wert auf frische Zutaten; alle
Mahlzeiten werden am Tisch aufgetaut. Im Sommer nimmt
dieses sympathische Bistro auch einen Teil des gepflaster-
ten Platzes davor ein, wo Gäste oft in Gesang oder Nahkampf
ausbrechen, je nachdem, wie viel sie getrunken haben.

✉ *78 Sv Frokstok*
☎ *29 5961*

Das **Kazminc Jboba** liegt im Herzen des geschäftigen Vier-
tels gleich nördlich des Flusses. Diese unprätentiöse *tavernja*
ist oft brechend voll von Einheimischen, die typische **Gyro-
rik-Spezialitäten** genießen wie *hzermul* (Hirn, gebraten in
Knoblauch), *ezikij* (Zunge), *scklat jcumba* (pikante Kuttelsuppe) und *prochza* (Käse mit Kropf).

✉ *56 Sv Frokstok*
☎ *22 1853*

NB: Für nicht ganz so abenteuerlustige Gäste gibt es konventionellere
Angebote wie Steak und Hühnchen, aber auch diese werden gewöhnlich
serviert auf einem Bett aus *zmecj* (Schafsschleim).

Gleich neben der Ul Vzitmena im Herzen der Altstadt findet
man das modische Speiselokal **Branjsko**. Mit einer Auswahl
von mehr als fünfzig Hauptgerichten ist das nicht das Restaurant für Unentschlossene. Zum Glück gehört zu acht-
undvierzig dieser Gerichte eingelegter Hering, was die Ent-
scheidung ein wenig erleichtert.

✉ *78 Sv Frokstok*
☎ *29 5961*

$ Essen **Economy**

Yankjees ist ein erst vor kurzem eröffnetes Restaurant mit
sogenannter »molwanisch-amerikanischer Küche«, einer
Mischung, die so ausgefallene Angebote macht wie Rote-
Beete-Pizza, Muliburger und Frühlingszwiebel-Soda. Wegen der allzu wörtlichen Interpretation fremdsprachiger Re-
zepte durch den Koch sollte man **»Hot Dogs«** lieber meiden.

✉ *21 Sv Bruce Lee*
☎ *27 6583*

Eine weitere Möglichkeit, preiswert zu essen, bietet das **Vvaji**,
ein schrilles kleines Café, das gutes Essen und guten Service in
freundlicher Atmosphäre ohne Fenster bietet. Es gibt viele
Tische, und noch billiger ist es, wenn man bereit ist, an der Bar
zu sitzen oder auf dem Schoß des Kochs. Im Sommer kann
man auch im Freien essen, auf einer **attraktiven Terrasse**;
allerdings können die Wespen, Mücken, Schmeißfliegen und
bettelnden Zigeuner das Ambiente ein wenig beeinträchtigen.

✉ *30 Sv Mao Tse Tung*
☎ *25 2362*

HIGHLIGHTS

Trotz des Rufs als Industriestadt ist Gyrorik auch dafür bekannt, daß es einen der größten und schönsten **botanischen Parks** in Zentralmolwanien hat. Die 44 Hektar großen **Hopzebja-Gärten** ziehen Menschen aller Altersgruppen an, die hierherkommen, um in dieser schattigen, anmutigen Atmosphäre Spaziergänge oder Picknicks zu machen, Frisbee zu spielen und gestohlene Autos loszuwerden.

> **Verästelungen**
> Die Hopzebja-Gärten enthalten eine Vielzahl von Bäumen, die in Molwanien heimisch sind, darunter auch einige, die sich nirgendwo sonst in der Welt finden; zum Beispiel die Bröselulme, die Splitterfichte und die Jubelweide. Aber der berühmteste Baum ist wohl eine 150 Jahre alte Wurzellose Eiche; sie gilt als das am langsamsten wachsende Hartholz der Welt. Während des 18. Jahrhunderts war ihr Holz sehr begehrt bei molwanischen Schiffbauern, die mit Vorliebe die kurzen, krummen Äste in ihren Öfen verbrannten.

Gyrorik ist natürlich auch der Geburtsort von Molwaniens berühmtestem Komponisten, **Tzozar Czevkel** (1772–1821), und eine der beliebtesten Sehenswürdigkeiten im Park ist das **Czevkel-Denkmal**, eine prächtige Bronzestatue, die das Musikgenie in einer typischen Pose zeigt – die Hose auf den Knöcheln, eine Flasche Cognac in einer Hand und ein Zigeunerjunge an der anderen.

Die Altstadt von Gyrorik bietet viele architektonische Highlights, darunter die **große Uhr**, die 1421 von hiesigen Handwerkern gebaut wurde und dafür berühmt ist, nie die richtige Zeit gezeigt zu haben.

Gleich gegenüber von der Kathedrale liegt das aus dem 16. Jahrhundert stammende **Alte Arsenal**, ein renaissancegotisches Gebäude, welches heute das **Museum** von Gyrorik beherbergt. Die bedeutendsten Exponate des Museums finden sich in der Sammlung ehemals königlicher Schmuckstücke, vor allem Gold, Silber und Stickereien, die größtenteils aus dem 16. Jahrhundert stammen und im September 1939 in den Wänden des Arsenals vermauert wurden, um sie vor den **russischen Invasoren** zu schützen. Erst 1992 wurde die Sammlung wiedergefunden, und zwar ausgerechnet von **russischen Geschäftsleuten**, die eine Klimaanlage einbauten und sofort mit dem größten Teil der Schätze abreisten. Die wenigen verbliebenen Stücke sind heute Schwerpunkt der etwas lückenhaften Ausstellung.

Östlich der Altstadt findet sich ein **ausgedehnter Komplex** aus abweisenden, fensterlosen Häusern, jedes umgeben von einer hohen Mauer, auf der Wandgemälde **Feuertod**, Kreuzigung und Hölle zeigen. Während des Mittelalters wurden Leprakranke hierhin verbannt. Heute ist es ein Kinderheim.

[*Das Zentrale Tiefland*]

Die **Kathedrale von Gyrorik** ist ein schönes und imposantes Gebäude, das ein wenig vom Großen Platz zurückweicht. Nach der Besichtigung kann man die Holztreppe ersteigen, die aus der Sakristei zum Turm hinaufführt, wo die berühmte **Zjekvel-Glocke** zu sehen ist. Angeblich bringt es Glück, die Glocke zu küssen; die hohe Zahl von Herpes-Infektionen unter den Gläubigen läßt daran allerdings Zweifel aufkommen.

Natürlich gehört zu einem Besuch in Gyrorik unbedingt eine Besichtigung des berühmten **Schlachthofs**, der einer der größten und weitestgehend automatisierten in Europa ist. Führungen werden angeboten (Kinder zahlen die Hälfte), aber es ist sinnvoll, frühzeitig zu buchen, vor allem im Sommer, da dies eine der beliebtesten Attraktionen der Stadt ist.

Gyroriks berühmter Kernreaktor ist einer der ältesten in Europa; einige Risse stammen noch aus den 1960ern.

SCHACHMEISTER

Gyrorik ist natürlich auch der Geburtsort von Molwaniens berühmtestem Schachspieler, dem rätselhaften Illjia Ggrezel. Die Leistungen dieses Mannes scheinen oft widersprüchlich – mit 12 Jahren wurde er Internationaler Großmeister, fiel aber mit 25 durch die Führerscheinprüfung. Auf seinem Weg zum Finale der Osteuropäischen Meisterschaften 1998 besiegte er sowohl Viktor Kramnik als auch Garri Kasparow spektakulär, wurde dann für das Endspiel jedoch tragisch disqualifiziert, als er seinen Wecker nicht hörte und verschlief. Ggrezel ist vielleicht am bekanntesten für seine triumphalen Siege in der Serie von Partien »Mensch gegen Maschine«, die 2001 in Lutenblag gespielt wurden. Er trat hier gegen den in Molwanien gebauten Super-Computer »Deep Brown« an. Dieser Computer konnte vor jedem Zug 14 Milliarden Berechnungen anstellen; da die Kalkulationsprozesse aber jeweils mehrere Wochen dauerten, verlor die Maschine wegen Zeitüberschreitung.

MÄRCHENHAFTES MOLWANIEN
Zwölf Dinge, die man nicht verpassen darf

Seit unserer vorigen Auflage ist Molwanien als touristisches Ziel immer beliebter geworden. 2005 wurde das Land von der Europäischen Vereinigung der Schweinezüchter als *Romantisches Ferienparadies* ausgezeichnet. 2006 wurde es zum »Schurkenstaat des Jahres« erklärt. Tausende Touristen besuchen heute Molwanien auf der Suche nach einem wahrhaft einzigartigen Reiseerlebnis. Daher haben wir uns einer schlichten Herausforderung gestellt: die zwölf unbedingt zu besuchenden Attraktionen Molwaniens zu präsentieren ...

01 UNIVERSITÄT RIDZENC

Dieser 1580 gegründete historische Hort der Gelehrsamkeit war eine der ersten Bildungseinrichtungen Europas, die Frauen aufnahmen (allerdings als Küchenhelferinnen im Refektorium der Dozenten). Die Universität Ridzenc gehörte auch zu den Wegbereitern des wissenschaftlichen Fortschritts im 16. Jahrhundert. Zehn Jahre bevor Galileo das **Teleskop** vervollkommnete, entwickelte der Erfinder Eduard Kefflec den Prototypen eines Fernrohrs mit so starker Vergrößerung, daß er vom Dach seiner Studierstube aus beobachten und eingehend beschreiben konnte, welche Unterwäsche die Frau des Dekans trug.

Zwar wurden viele der ursprünglichen Universitätsgebäude 1783 durch einen Brand zerstört (das Feuer brach bei einem Grillfest zur Einführung von Erstsemestern aus), doch gibt es noch immer viel zu entdecken.

In den 20er Jahren des 20. Jahrhunderts entwickelten Studenten der Ballistik an der Universität Ridzenc eine der größten Kanonen der Welt; sie konnte ein Geschoß von bis zu einem Meter Durchmesser abfeuern. Leider betrug die größte Reichweite nur etwa sechs Meter, was den taktischen Nutzen ein wenig beschränkte.

DAS OBSERVATORIUM

Es wurde erbaut von einem der berühmtesten Astronomen Molwaniens, Friedrik Helmsej (1621-1656), der unsere Form der Himmelsbetrachtung für immer veränderte. Angeregt von der in der Renaissance verbreiteten Annahme, die Erde sei möglicherweise doch nicht der **Mittelpunkt des Universums**, verwandte Helmsej mehr als ein Jahr darauf, die Position der Sonne eingehend zu vermessen und aufzuzeichnen, bis er schließlich zu einer dramatischen Schlußfolgerung gelangte – daß er erblindet war.

Seit kurzem befindet sich im Observatorium das Universitätsseminar für Astrophysik, welches das mächtige Radioteleskop verwendet, um entfernte Sternbilder zu untersuchen und ukrainische Pornokanäle aufzufangen.

GLOCKENTURM

Der größte Innenhof der Universität wird beherrscht von diesem massiven Bauwerk (*Bild rechts*), erbaut im typisch molwanischen Stil (*schief*); es ist 120 Meter hoch. Hier überwarf sich 1789 Ridzencs berühmtester Mathematiker, Albert Loisek, mit der Obrigkeit, als er postulierte, daß zwei Bleikugeln von unterschiedlichem Gewicht mit der gleichen Geschwindigkeit fallen müßten. Der **Bischof von Ridzenc** bezichtigte ihn sogleich der Ketzerei, doch gelang es Loisek dank eines einfachen, aber wirkungsvollen Experiments, dem Kerker zu entgehen: Er stieg auf den Glockenturm und ließ beide Kugeln auf den Kopf des Bischofs fallen.

BIBLIOTHEK

Die gotisch anmutende Bibliothek der Universität ist immer noch eine der größten des Landes. Ein Gemälde in der Wandelhalle zeigt den ehemaligen Dozenten Frater Stanisl Kervol, einen gelehrten Mönch; er verfocht, die Welt sei quadratisch, und man könne aus Menschenhaar Gold gewinnen. Kervol wurde wegen Schwachsinns zum Tode verurteilt, starb aber vor der Vollstreckung, als er nachzuweisen versuchte, daß Feuer eine der wichtigsten Ernährungsgrundlagen sei. Während der Reformation lehrte in dieser Bibliothek der **radikalste religiöse Denker** der Stadt, Juan Beczouk. Als Mönch und Freidenker bekämpfte Beczouk die Deutungshoheit der katholischen Kirche über das Wort Gottes, indem er Teile der Bibel aus dem Lateinischen ins Molwanische übersetzte. Der Tropfen, der für die Kirchenoberen das Faß zum Überlaufen brachte, war seine Übertragung des Buchs der Psalmen in eine Reihe von Limericks.

02 DIE ZETLOPP-EBENE

Ausgedehnt. Platt. Windgepeitschte Tundra. Was könnte Molwaniens lockende Reize besser ausdrücken als die Zetlopp-Ebene?

Diese faszinierende Region ist stolz auf ihre Küche. Einige der hiesigen Gerichte findet man in keiner anderen Stadt (dank der Lebensmittelgesetze). Die Serie aufregender Kulturereignisse kulminiert jeden September mit *shwinekil*, einer traditionellen **Wildschweinhatz** unter Beteiligung von Männern, Hunden, Pferden und – neuerdings – ferngelenkten Granaten. Trotz der sinkenden Anzahl von Wildschweinen (der augenblickliche Bestand dürfte bei zwölf liegen) strömen alljährlich Tausende zu diesem Ereignis zusammen. Den alten Bräuchen entsprechend brechen immer zwei Jagdtrupps auf. Wenn bis zum Tagesende kein Wildschwein gesichtet wurde, dürfen die Trupps übereinander herfallen.

> Auf der Zetlopp-Ebene testete Molwanien 1974 eine Rakete mit Methanantrieb; sie gilt als erstes Raumfahrzeug, das je die Geruchsmauer durchbrochen hat.

Alleinreisende Frauen, die Regionalzüge auf der Zetlopp-Ebene benutzen wollen, sollten tunlichst sowohl einen Sitzplatz als auch – für längere Fahrten – einen Wachhund reservieren.

03 GJORC

Gjorc ist eine der besterhaltenen mittelalterlichen Städte Molwaniens. Wer über das Kopfsteinpflaster der Altstadt wandert, fühlt sich in längst vergangene Jahrhunderte versetzt, in eine Zeit ohne Kraftfahrzeuge und **Kanalisation**.

Kürzlich wurde Gjorc international bekannt als Tagungsort der Osteuropäischen Regierungschefs, des O8-Gipfels (früher bekannt als »Jahrestreffen der Kriegsherren«).

Vorgeschichte

Historiker und Archäologen waren lange der Meinung, die Region um Gjorc sei in der Vor- und Frühgeschichte unbewohnt gewesen. Vor kurzem wurde dort jedoch der Knochen einer Frau aus der Jungsteinzeit entdeckt. Dies war nicht nur eine Überraschung für die Archäologen, sondern auch für den Restaurantbesucher, in dessen Suppe der Knochen schwamm. Seitdem hat man in der Nähe der Stadt zahlreiche bedeutende Fundorte entdeckt. Reisende sollten sich vor allem die beeindruckenden **Jzarjci-Höhlen** ansehen (*Bild rechts*), in deren Wänden ein primitives Alphabet eingeritzt ist – Beleg dafür, daß die hiesigen Urmenschen zu den ersten Gruppen in der Welt gehört haben dürften, die schreiben konnten. Seltsamerweise ist es den Höhlenbewohnern nie gelungen, auch lesen zu lernen, was die Bedeutung dieses Durchbruchs in gewisser Weise mindert.

[*Märchenhaftes Molwanien*]

04 DAS OPERNHAUS VON LUTENBLAG

Ein Besuch in Lutenblag wäre unvollständig ohne »Eine Nacht in der Oper«, und nach gründlicher Renovierung ist dieses großartige Gebäude vor kurzem wieder geöffnet worden. Die Oper ist natürlich die Heimstatt des **Molwanischen Symphonieorchesters**, das zur Zeit als das fünftlauteste in Europa gilt. Vor einigen Jahrzehnten wurde das prächtige Bauwerk leider fast völlig zerstört, als während einer Aufführung von Tschaikowskys *Das Jahr 1812* versehentlich scharfe Munition verwendet wurde, was zu größeren Strukturschäden am Dach und dem Abgang von über hundert Abonnenten führte. Das Symphonieorchester spielt immer noch regelmäßig hier und verzichtet im Bemühen um jüngeres Publikum häufig auf Formalitäten wie Frack und Kammertonstimmung.

Das Konservatorium der Oper wurde 1908 so konzipiert, dass besonders Interpreten der traditionellen molwanischen Volksmusik angelockt wurden. Nach Fertigstellung bat man sie herein, um dann die Türen fest zuzumauern.

Eine Szene aus der beliebtesten komischen Operette Molwaniens, Das Massaker an Bauernjungfern mit einer Axt im Walde.

BRAVO BRUMEL!

Untrennbar verbunden mit diesem Opernhaus ist natürlich der Name von Rancek Brumel, einem der größten Komponisten des frühen 20. Jahrhunderts. Nachdem er mehrere Jahre in Rom studiert hatte (um Kellner zu werden), kehrte Brumel heim nach Lutenblag, wo er sich in Violezja Abrukoj verliebte, eine wohlhabende Dame der Gesellschaft. Abrukoj hielt sich für eine Sopranistin und gab Brumel den Auftrag, eine Oper für sie zu komponieren.

Einen ganzen Sommer lang arbeitete er wie im Fieber (später diagnostiziert als Gürtelrose), und Ende 1903 war die **klassische Oper *Anjelika*** vollendet.

Obwohl es sich um ein brillantes Werk handelt, gab es einige Schwierigkeiten bei der Aufführung, darunter nicht zuletzt Violezjas begrenzter Stimmumfang. Technisch war sie nicht eben vollkommen, und sie konnte ein hohes C nur singen, wenn man sie mit einem scharfen Gegenstand stach. Ansonsten war ihr Umfang nicht sonderlich begrenzt, was die Schwierigkeiten vermehrte, denn die Protagonistin der Oper ist ein schönes Mädchen, das an Schwindsucht stirbt. Brumels Primadonna war weder jung noch bemerkbar schön, und wegen ihrer 80 Kilo war für die Todeswallungen des großen Finales eine besonders tragfähige Bühnenkonstruktion vonnöten. Schließlich wandelte Brumel die Handlung ab, die Heroine durfte an einem Hieb auf den Kopf sterben, und *Anjelika* konnte uraufgeführt werden.

Die Kritiken waren zu Beginn nicht sehr freundlich. Viele stießen sich an der Länge der Oper, vor allem am zweiten Akt, der so lang geraten war, daß der Tenor zwischendurch mehrmals die Bühne verlassen mußte, um sich zu rasieren. Aber nach wenigen Jahren wurde *Anjelika* zu einem beliebten und geachteten Teil des europäischen Opernkanons.

Wer das Opernhaus von Lutenblag besucht, sollte sich die beeindruckende Statue nicht entgehen lassen, die Brumel in einer typischen Pose zeigt – niedergeschlagen nach einer weiteren schlechten Kritik.

05 STYNKBLÖRP

Dieses Paradies für Bierfreunde verfügt über mehr Kneipen pro Kilometer als jeder andere Ort Molwaniens. Allein im Stadtzentrum gibt es 114 Lokale mit Schankerlaubnis (einschließlich des Kindergartens sogar 115). Die Einheimischen lieben ihr Bier, und diese Liebesgeschichte erreicht jeden Herbst ihren Höhepunkt, wenn in Stynkblörp Osteuropas größtes **Oktoberfest** stattfindet (voriges Jahr endete es im April).

Einer alten Redewendung zufolge sollte molwanisches Bier genau so sein wie molwanische Frauen; dies erklärt vielleicht, warum die meisten heimischen Sorten fahl und flach sind. Es mag aber auch daran liegen, daß gewisse Ingredienzien fehlen – wegen chronischer Knappheit an Hopfen und Gerste wird molwanisches Bier aus Chicorée und Sägemehl gebraut, wobei in der letzten Phase der Fermentierung örtlich hergestellte Bleichmittel zugesetzt werden, was Haupt und Farbe von Bier und Trinkern beeinflußt.

Es gibt zwei Gehaltsstufen bei molwanischem Bier – »schwer« und »nicht brennbar«. Zu den beliebtesten Sorten gehören:

Gluggplopz – zähflüssig und bitter mit einem deutlich versengten Nachgeschmack; idealer Begleiter molwanischer Gerichte.

Ein anderer besonders populärer Tropfen ist **Bahff**, ein heftiges braunes Gebräu; viele Einheimische behaupten, süchtig danach zu sein, was daran liegen mag, daß ein wichtiges Ingrediens Opium ist.

Zwakenwak war im Zweiten Weltkrieg sehr beliebt; gründlich geschüttelte Flaschen wurden als Brandsätze verwendet.

Puuftipl-Light – eine Kuriosität: Molwaniens erstes Bier mit geringem Alkoholgehalt. Es kam 1994 auf den Markt; die Brauerei ging eine Woche danach bankrott.

NÜTZLICHE HINWEISE

Für Autofahrer in Molwanien ist der höchste zulässige Blutalkoholwert 0,8 Promille (0,5 bei Kindern). In einigen Kneipen ist ein Zuschlag von 10 % zu zahlen, wenn die Bedienung Schnurrbart trägt, und weitere 5 % sind fällig, wenn man verlangt, daß sie nicht oben ohne serviert.

In Stynkblörp herrscht kein Mangel an Kneipen (*piist-haussika*), und reisende Bierliebhaber können es sich dort gemütlich machen und die Erzeugnisse der örtlichen Braukunst genießen. Zu den berühmtesten Wasserlöchern gehören:

Armjka Djo Kpowbilda (»Beim Bombenbastler«)
Eine freundliche kleine Taverne, wo sich Trinker in einer unaufgeregten Atmosphäre hinter kugelfestem Glas entspannen können. Die Wände sind dekoriert mit Bier-Souvenirs wie Humpen, Kneipenschildern und Erbrochenem.

Z Hihau Intrepjid (»Zum furchtlosen Maultier«)
Diese alte Schenke wurde 1754 gebaut, als auch die Toiletten zuletzt gereinigt wurden, und wirbt mit 550 verschiedenen Bieren. Es handelt sich allerdings um 550 Abfüllungen der gleichen Sorte.

Paralytyk
Eines der Lokale neueren Stils mit modischen Accessoires wie farbiger Beleuchtung, Ventilation und Notausgängen. Empfehlenswert an Samstagen, wenn das örtliche Folk-Jazz-Ensemble *Pzerekiy* für viele freie Plätze sorgt.

Kjorda Djo Puplok (»Henkersknoten«)
Eine der ältesten Kneipen der Stadt. Sie wurde 1998 von neuen Eigentümern übernommen und für rauchfrei erklärt. Dies wurde am nächsten Tag wieder aufgehoben, nach 24 Stunden bewaffneter Unruhe.

NÜTZLICHE REDEWENDUNGEN

Hallo, kann ich ein Bier haben?
Zlkavszka, bjeerka avko strolko?

Hmmm ... interessanter Geschmack.
Mjmkm ... flavjor ijntrztink.

Ist meine Zunge geschwollen?
Istk mjo glottka ballonkushkol?*

Danke, mein Krankenwagen ist da.
Brobra, arrjvkul mjo ambuljanzk.

* Könnte unter diesen Umständen schwierig auszusprechen sein.

Hallo ir da!

Ich heis Jlanka Bubjik. Ich bin Missz Molwanja 2007! (Wen du iber 18 erkenn mir vleich aus Ilustrte wo Tangkstäl verkaft.)

Turistmusministr bitt mjich lad euch ajn komm in meinen scöhnes Lant – wenn du hir scohn gekkomm bist, ich will du komm nochmal ~~un noemal un noemal~~! Mein Lant ißt fir dir bereit.

Molwanja sst Nummbr 1 Spot Hot. Sovil zusehn! Du mir glaube kann!

Wixtich zum wisse das wo du hinkuck alls ist hystorik. Napoljeon hier Typfus kriegt gehabt und Ivan Lendl früer mal Fjerienhus.

Du Naturliep? Wau! Sovviel Vlora und Vauna – vieles Tjire und Gevögel und Biest. Du Gewer bring. Peng! Tot! Lach!

Du max Spocht Spanung? Fir dir bester Tips Molwnanja Grand Prixx. Jeden Jar ins Merz (abjer manxmal Oktjobr) alle shnäl Autos komm fir grosen Renn. Auch attrtatif Mädchen mit lang aber nix haaarig Bein. Fir ein Woke vil Schpatz und Gefummel. Protzitusen halbe Preijs, erlich!!!

Gips fil Chnee in Alpeberge. Brr! Wir habe Sessselllifffft unt vil Gehänge fir Abfarzlaupf. Ist 815 Metr übr Meerr. Foierkammihn in holze Hütt für du lieg auf Tepfich mit blonde Mädche zu tringk Alkool und vleich kusse. Yaeh, Babby!

Oder vleich du vorzihn kosmopoliti-Scharm. Kaputzschjino und Kroasang wir steck dir in Maul unaufgehörlist. Mann schpilt Jaije für dic unt dein Begleits-dame. Sofistikatze Scöhneit überal, deshalb kom shnäl. Vil Rumantick, perfikt für Zeitshochreis – abr nix Homosexüel bitte.

Du komm. Bon voyeur!

[*Märchenhaftes Molwanien*]

Begeisterte Angehörige der Molwanischen Jugendliga für Kultur bei der Vorbereitung der jährlichen Bücherverbrennung.

Dieser edle Hengst namens »Klop-Klop« trug im Ersten Weltkrieg viele Soldaten in die Schlacht und erhielt später den höchsten Kriegsorden Molwaniens. Er wurde vom Präsidenten gegessen.

Um Kosten zu senken, experimentieren mehrere molwanische Städte mit alternativen Transportmitteln. Diese Straßenbahn läuft mit statischer Elektrizität, erzeugt von den Fahrgästen, die sich aneinander reiben. NB: Die Zahl an den Straßenbahnen bezieht sich nicht auf Strecke oder Fahrtziel, sondern auf das Alter des Fahrers.

Für alle, die sich lieber auf drei Rädern fortbewegen, bietet das neueste Skumpta-Modell einiges an Luxus (optional), z.B. Klimaanlage und Sitze. Im vergangenen Jahr wurde er zum »Fluchtauto des Jahres« gewählt.

[*Märchenhaftes Molwanien*]

Am Stadtrand von Lublova findet sich dieses große Kloster, Heimstatt der Kvelzciv-Mönche, eines alten Ordens, der 1828 aus steuerlichen Gründen entstand. Im größten Innenhof gibt es einen weitläufigen Garten, wo die Mönche lange Zeit Gemüse und Heilkräuter anbauten. Dies endete 1995 nach mehreren Razzien des Rauschgiftdezernats.

Das über 500 Jahre alte Rathaus von Llujevek steht unter zweifachem internationalen Schutz: Wegen seiner architektonischen Bedeutung zählt es zum UNESCO-Welterbe, und der World Wildlife Fund erwähnt es wegen einer seltenen Rattenart in der Kantine.

[*Märchenhaftes Molwanien*]

Svent Csardoj (oben) gilt mit Recht als einer der produktivsten Bildhauer (Marmor) der Stadt. Im 20. Jahrhundert schuf er über 500 bedeutende Werke in modernem und klassischem Stil. Als er 1957 starb, hinterließ Csardoj seine komplette Sammlung der Stadt. Viele der Stücke dienen seither als Sitzflächen von Küchenbänken.

In den 20er Jahren erreichte der Kubismus Molwanien. Was den einheimischen Künstlern an Phantasie fehlte, machten sie an Gewicht mehr als wett.

06 GYERJMEK-GALERIE

Diese niedliche Galerie ist ein Muß für jeden Besucher von Dzrebo. Dies gilt vor allem für die **Renaissance-Sammlung**, die sich besonders mit dem menschlichen Körper beschäftigt. So wichtig wurde die Gestalt des Menschen in dieser Periode, daß in vielen der ausgestellten Landschaftsgemälde die Feigenblätter mit Penissen bedeckt sind.

Eine Abteilung der Galerie ist dem großen molwanischen Realisten des 17. Jahrhunderts gewidmet, Jozsef Kiroly, dessen meisterliche Kenntnis der menschlichen Gestalt, verbunden mit der laschen Moral seiner Maitresse, solch außergewöhnliche Werke hervorbrachte wie *Nackte mit Halsband*, *Nackte (ruhend)* und *Nackte mit anderen Nackten, möglicherweise ihren Schwestern*.

Der nächste Saal birgt einen weiteren Höhepunkt: Molwaniens nächste wichtige Kunstperiode, **Impressionismus**. Die Impressionisten interessierten sich weniger für Form oder Perspektive; ihr Hauptanliegen war die Größe, da sie der These anhingen, je größer ein Bild sei, desto teurer lasse es sich vielleicht verkaufen.

Kajarina Voltav, eine Künstlerin des 18. Jahrhunderts, erweist sich mit diesem prallen Selbstportrait als Liebhaberin von Neoklassizismus und Junk Food.

Chateau Dzbeke. Hierhin kam 1780 der molwanische Künstler Ljecov Suvmek mit einer Gruppe von Nacktmodellen, um den Sommer über, wie er sagte, »seine Muse zu tummeln«. In dieser Zeit schuf Suvmek nicht ein einziges Kunstwerk, zeugte aber siebzehn Kinder, von deren Nachkommen noch einige hier leben.

07 AMPHITHEATER VON LICIJ

Am nördlichen Stadtrand von Licij befindet sich dieses wunderbar erhaltene Bauwerk aus der Zeit, als römische Gouverneure Molwanien regierten. Hier kämpften furchterregende Gladiatoren oft bis zum Tod, auf jeden Fall aber bis zur Frühstückspause, vor begeisterten Zuschauermassen. **Gladiatorenkämpfe** gehorchten strengen Regeln; sie begannen mit einem wohlorganisierten Einmarsch, den der jeweilige Sponsor anführte (gewöhnlich ein hoher Beamter oder der größte Bierbrauer des Orts).

Das Amphitheater spielt immer noch eine große Rolle im kulturellen Leben von Licij und wird regelmäßig für **Monstertruck-Shows** genutzt. Hier fanden auch Konzerte statt; diese Nutzung hat man jedoch im vorigen Jahr eingestellt, als bei einer versehentlichen Doppelbelegung der hiesige Popstar Zladko Vladcik überfahren und schwer verletzt wurde.

Die Menschen in Licij lieben Sport. Jedes Jahr strömen sie in großen Mengen ins J.-Z.-Kkracdoy-Stadion zum traditionellen Zusammenstoß von Fans und Polizei. Im vorigen Jahr kam es dabei leider zu häßlichen Ausbrüchen von Fußball.

08 HUBJK

Seit dem Verfall der Preise für landwirtschaftliche Erzeugnisse und dem EU-Verbot genetisch manipulierter Pflanzen versuchen viele Bauern, ihre Einkünfte durch *agroturizm* aufzubessern, indem sie ihre Höfe für Übernachtungsgäste öffnen. Eine dieser Einrichtungen findet sich im Weiler Hubjk, südlich von Dzrebo: die **Pension Petrzarka**. Die Eigentümerin, Olga Petrzarka, leitet das Gut seit 1998, als ihr Mann sie ohne Vorankündigung verließ. (Einen detaillierten Bericht über das folgende Scheidungsverfahren und Herrn Petrzarkas diverse eheliche Mängel erhalten Gäste meistens innerhalb einer Stunde nach Ankunft.) Die Zimmer sind authentisches 18. Jahrhundert – kalt, düster und bewohnt von zahlreichen Nagetieren. Herzhafte Mahlzeiten werden in der Küche des Bauernhofs serviert. Dabei verwendet man möglichst oft vorgefertigte Speisen, deren Packungen das handschriftlich gekrakelte Wort »biodynamisch« aufweisen.

Alles Käse!

Gäste der Pension Petrzarka sollten unbedingt den originellen Laden in der Scheune besichtigen, wo Frau Petrzarkas Sohn Ulerft als *fromagier* arbeitet. Er plaudert immer gern über seine Tätigkeit und bemerkt scherzhaft, für ihn seien Käse und Liebe machen sehr ähnlich. Offenbar sind an beidem Ziegen beteiligt.

Die luxuriöse Hochzeitssuite der Pension Petrzarka

09 KATHEDRALE VON ARJBUC

Sie gehört vielleicht nicht zu Molwaniens schönsten Kathedralen, vor allem seit der Hauptaltar mit Zigarettenpostern verkleidet wurde. Aber es gibt an diesem pseudobarocken Gebäude doch einiges zu bewundern.

Hier ist alles groß. Der prächtige geschnitzte **Schwebechor** bietet Platz für einhundertzwanzig Personen. Dies zeigte sich kurz nach der Einweihung der Kathedrale, als einhunderteinundzwanzig Chorherren in den Tod stürzten.

Über dem Altar zeigt ein großartiges Wandgemälde aus dem 18. Jahrhundert eine packende Darstellung des Jüngsten Gerichts. Jesus steht zwischen den Erwählten und den Verdammten; es ist sogar ein Bischof im Höllenfeuer zu sehen. Bei eingehender Betrachtung entdeckt man, daß einer der Engel nicht etwa ein Schwert reckt, sondern eine Flasche des hier gebrauten Biers Djuurko. Historiker versichern, dies sei weltweit der erste Fall von *product placement* in religiöser Kunst.

Der Blutende Heilige
Vielen ist die Kathedrale von Arjbuc vor allem bekannt als die Heimstatt des »Blutenden Heiligen«. Das winzige Standbild von Sankt Pedzroj steht im östlichen Seitenschiff. 1910 bemerkten Kirchgänger erstmals, daß diese Marmorstatue zu bluten schien. Das Wunder wiederholte sich mit solcher Regelmäßigkeit, daß die Kirche im Ersten Weltkrieg als Blutbank genutzt wurde.

[*Märchenhaftes Molwanien*] 185

Schwester Beatrik Francesja (1883-1921)
Schwester Beatrik, Gründerin des Francesja-Ordens, glaubte an die Läuterung der Seele durch Selbstverleugnung und Kasteiung. Schon als junge Frau machte sie Geißelung, kalte Bäder und das Erdulden von Orgelkonzerten zu Teilen ihres täglichen Lebens. Zu den Schriften dieser profunden Denkerin gehören *Höllenzorn* (Meditationen), *Die Flammen des Hades* (Gebete) und *Das ewige Feuer der Verdammnis* (populäre Kindergeschichten).

Unmittelbar gegenüber der Kathedrale liegt ein großes Kloster, Heim der Francesja-Nonnen. Inzwischen ist es der Öffentlichkeit zugänglich; man kann zusehen, wie die Nonnen in stiller Kontemplation ihr Tagewerk verrichten. Kleine Gucklöcher in den Zellentüren erlaubten es früher der Äbtissin, die Nonnen beim Gebet zu beobachten. Heute können Besucher für ein paar Dollar mehr pro Minute dieses Privileg genießen.

Das zur Kathedrale gehörende Mönchskloster wurde im Zweiten Weltkrieg beschädigt. Das Dach fiel Bomben zum Opfer, die bunten Fenster gelangweilten Mönchen, die Hallenfußball spielten.

10 DAS HISTORISCHE JERBL

Jerbl ist eine der ältesten und besterhaltenen Städte Molwaniens und war lange bekannt als **»Goldene Stadt der hundert Brücken und Türme«**. Erst vor wenigen Jahren verzichtete man auf diesen Titel, als man feststellte, daß er nicht in den Briefkopf paßte.

Jerbl liegt im tiefen Süden des Landes und ist stolz auf eine lange wiewohl **wirre Geschichte**. 1482 brach der damalige katholische Herrscher, Herzog Sejem Dobrdja, die Beziehungen zu Rom ab, als ihm der Papst keine Heiratserlaubnis erteilen mochte, da die vorgesehene Braut des Herzogs eng mit diesem verwandt und überdies ein Mann sei: sein Vetter.

Seitdem gibt diese stolze Stadt viel auf ihre Unabhängigkeit (bisher hat sie das metrische System, die Sommerzeit und Penicillin noch nicht übernommen), und die politischen Führer sind immer gut für **Kontroversen**. Erst voriges Jahr machte Jerbls Bürgermeister Mikolt Podol Schlagzeilen, als die Polizei während eines routinemäßigen Alkoholtests bei ihm kein Blut feststellen konnte.

Städtische Inspektoren untersuchen Jerbls Wasser regelmäßig auf Bakterien, Schwermetalle und Opfer von Bandenkriegen.

Eines der interessantesten Andenken an die Industriestadt Jerbl ist wohl diese Schneekugel. Geschüttelt und auf den Kopf gestellt, läßt sie sauren Regen auf die Landschaft fallen.

MUSEUM JERBL

Für Liebhaber des Makabren: das städtische **Naturkundliche Museum** zeigt eine faszinierende Sammlung von **Folterinstrumenten**. Mehr als zweihundert gräßliche Exponate sind zu sehen; weitere fünfzig befinden sich zur Zeit als Leihgaben bei der städtischen Polizei.

Griff nach Gold
1964 bewarb sich Jerbl um die Austragung der Olympischen Spiele und scheiterte nur knapp, weil sich einige Offizielle des IOC bei der Besichtigung der Ruderstrecke Typhus holten.

DIE BURG

Dank massiver Mauern, Schanzwerke, Befestigungstürme und Graben galt dieses beeindruckende Bauwerk als absolut uneinnehmbar. Einen Beweis dafür gab es im 8. Jahrhundert, als die Eigentümer sich zufällig aussperrten und rund zweihundert Jahre lang nicht wieder hineingelangten. Eine Statue im Innenhof stellt den molwanischen Ritter Erjic Varnak dar, der jahrelange Kämpfe auf einem Kreuzzug überlebte und gleich nach der Heimkehr von seiner Frau getötet wurde, weil er ihr nichts mitgebracht hatte.

Jerbl ist der Geburtsort von Niklj Vaskaz, Schutzpatron der Akupunkteure.

11 MILITÄRMUSEUM ZIZKEV

Molwaniens Kriegsgeschichte gehört nicht zu den stolzesten Erinnerungen der Nation. Das Land bekennt sich zum »Neutralismus«, hat die Verwicklung in bewaffnete Konflikte immer abgelehnt und davon im vergangenen Jahrzehnt mehr als ein Dutzend angezettelt. Das Militärmuseum in Zizkev versucht, diese Geschichte im Kontext sichtbar zu machen. Die Wahl des Standorts ist bezeichnend: Zizkev insgesamt wurde der **Kollaboration** mit Stalins Streitkräften bezichtigt, als diese 1944 Molwanien besetzten. Die Einwohner von Zizkev haben diesen historischen Schandfleck lange geleugnet. Wenig hilfreich sind dabei jedoch jüngst aufgetauchte Fotos: Sie zeigen, wie der Bürgermeister der Stadt die sowjetischen Truppen nicht nur willkommen heißt, sondern ihnen auch noch den Schlüssel zur Stadt überreicht.

Dazu paßt eine Inschrift über dem Haupteingang des Museums, die frei übersetzt bedeutet: »Zum ewigen Ungedenken«. Im Inneren findet sich ein faszinierender Abriß von Molwaniens vielen kriegerischen Konflikten samt Informationen darüber, wo sie stattfanden und wie lange es jeweils gedauert hat, bis die **molwanischen Truppen** kapitulierten, desertierten oder überliefen. Mehrere Vitrinen zeigen Exponate aus der Laufbahn von Molwaniens berühmtesten Soldaten. Darunter ist General Igzor Biakeflec, der 1978 die verhängnisvolle Invasion Sloweniens befehligte und später mit den höchsten militärischen Auszeichnungen erschossen wurde.

Das »Ewige Licht«, ein Feuer vor dem Museum Zizkev, ist tatsächlich das Ergebnis einer geborstenen Gasleitung, die von den Behörden noch zu reparieren wäre.

12 FRIEDHOF LUTENBLAG

Es mag makaber klingen, aber die beste Möglichkeit, eine Stadt zu begreifen, ist ein Besuch ihrer Friedhöfe. Und der von Lutenblag hat es in sich!

Im 17. Jahrhundert wurden Molwaniens Bestattungsgesetze geändert; seither war es nicht mehr zulässig, Leichen aus einem fahrenden Wagen zu entsorgen. Zahlreiche neue Friedhöfe wurden im Land angelegt, aber keiner von ihnen ist beeindruckender als der von Lutenblag. Nehmen Sie sich ein paar Stunden **Zeit für einen Spaziergang** zwischen den Mausoleen, Grüften, Mahnmalen und Souvenirläden. Oder machen Sie es wie die Einheimischen, klauen Sie bei einer Stippvisite die Blumengebinde. Eine organisierte Führung empfiehlt sich, da 90 Prozent der Gräber nicht gekennzeichnet sind.

Besucher des Friedhofs von Lutenblag hinterlegen oft Blumen am Grab von Molwaniens größtem Dichter, Viktor Zlodjkep (rechts), der an einer Pollenallergie starb.

Philippe schreibt ...

»Als ich gebeten wurde, die mir liebste Attraktion Molwaniens zu nennen, begannen meine Gedanken sofort zu rasen ... Was würden andere Reiseschriftsteller sagen und wie könnte ich sie übertrumpfen? Schließlich legte ich mich auf drei unerläßliche Sehenswürdigkeiten fest; zwei von diesen sind mir jedoch so wichtig, daß ich nicht bereit bin, Einzelheiten preiszugeben. Die dritte wäre dann wohl Lutenblags wunderbares Hcvekle-Theater, Sitz von Molwaniens Drama-Ensemble. Niemals werde ich seine bahnbrechende Inszenierung von Strebelec! vergessen, einem epischen Werk über den Stahlarbeiterstreik von Strebelec 1978. Es war packendes Theater, und es lief siebzehn Abende nacheinander mit einer einzigen Pause (bei der ich auf meinem Sitz blieb und den Vorhang bestaunte). Die meisten Stücke hier werden auf Molwanisch geschrieben und aufgeführt. Es gibt zwar Untertitel, aber ich weigere mich immer, sie zu lesen.«

EIN ABSCHIEDSGEDICHT

1920 schrieb Molwaniens damaliger *poeta laureatus* K.J. Bcekjecmec (rechts) diese Ode, die seit langem Besuchern vorgetragen wird, die das Land verlassen (oder deportiert werden).

Leb wohl o Besucher unseres schönen Landes
Scholle bereichert durch deine Schritte
Wie du bereichert bist da du es spürtest
Unter deinen Reiseschuhen.

Und scheiden wir auch als echte Freunde,
Ist unser nächstes Treffen vielleicht in der Schlacht
Und wir werden des anderen Blut vergießen
Und einander die Kehle schlitzen.

Wohlan, unsere Kinder werden einander hassen
Das ist die Art Gottes und der Natur
Wie die Sonne den Mond verachtet
Und der Esel seine Ohren.

Doch laß uns jetzt einen Trunk trinken
Und einander Gutes wünschen
Belege ich auch dich und deine Familie mit einem Fluch
In alle Ewigkeit.

REGISTER

Halbfette Seitenzahlen verweisen auf Haupteinträge. *Kursive* Seitenzahlen verweisen auf Karten. **Halbfette** *und kursive* Seitenzahlen haben nichts zu bedeuten, sehen aber wichtig aus.

ACHTUNG: Nicht alle Seitenzahlen beziehen sich auf tatsächliche Textstellen. Schuld daran ist nicht ein schlampiges Lektorat, sondern der molwanische Drucker, der ein Anhänger der mystischen Zahlenlehre ist.

A

Aeromolw 39
Aggro-turizm 75, 112, 151
Agzcva Tal 75
Alkohol, siehe
»Flugzeugtreibstoff«
Allerheiligen Gentlemen's
Club 57
Allerheiligenkapelle **57**
Allerheiligenkirche 57
Amerikanische Botschaft 56
Ansteckende Krankheiten 16
anthraxfreie Regionen **75**
Apartments & Villas 49
Arboretum 57
Ausreisesteuer **39**
Ausstellungen siehe
»Galerien«
Autobahnen 39, 48, 100, siehe
auch »andere Länder«
Autobusse siehe »gefährliche
Transportmittel«

B

Banken 38
Barbecue siehe »gegrilltes
Pferdefleisch«
Bardjov 5, 9, 88, 90 ff., 101, *91*
Barocke Brunnen 12
Bazurkas 57
bedrohte Tierarten 21
Benediktinisches Kloster 93,
129
Beton siehe »Westliches
Plateau«
betrübter Spaniel siehe
»Hunde«
Bierhallen siehe »Religion«
Bildung siehe
»Kindesmißbrauch«
Biljgum 126
Bljödn-Ebene 156
Blutegel 120
Bogstruum **110**
Bohinnjcbo Verdec 12

Bootstouren 109
Botanische Gärten 47, 61
Botschaften & Konsulate **38**
Brailja, Vcez 112
Brajvov 156
Brauereien siehe »Attraktionen
für Kinder«
Brijzov-Museum 57
Brücken 36
Bu-Bu siehe »Busjbusj,
Szlonko«
Büchereien 57, 107
Bullenhatz **35**
Bumkrak *173*
Bungee-Jumping siehe
»Risikosportarten«
Burrp, Tagesausflüge *48*
Burzjen, Krisjanis 154
Busjbusj, Strengga 122
Busjbusj, Szlonko 16, 72
Bvorvil-Milbe 111
Bzejenko, Lec 86
Bzejewc 126

C

Camping 103, 109, 126, 146,
152, 163
Cherzjov-Wald 130
Cholera, siehe Lutenblag,
»Essen«
Cist 109
Crepzep 131
Crudd **146**
Cvecej, Jana 73
Cvorbcek, St. 145 f.
Cvweta-Straße 92
Cweveskid 43
Czarbuncle-Berge 19, 118, 144
Czelm-Park 108, siehe
auch »nicht gekennzeichnete
Gräber«
Czervkle, Viordar 22, 34
Czevkel, Tzozar 30, 164
Cziksos 74
Czroyjes 128

D

Debrizca-See 19, 62, 76, 81
Demkjo, Bratislav 32
Diarrhö siehe Crezep,
»Essen«
Dirj, Azmon 31
Drabb 99
Dribl-Fluss 148
Drogen 134, 161
Drypp 86
Dvokic, Gyidor 12
Dzrebo 5, 88, 100, 110–117

E

Einheitspartei der Tyrannen,
Despoten & Diktatoren 16
Einkaufen 42
Elektrizität 38
Entmilitarisierte Zone, siehe
»Ost-Molwanien«
Essen & Trinken **21**
Exhibitionismus siehe »Jzerbo,
Bürgermeister von«
Ewcvej, Vyodaor 141

F

Faschismus siehe
»Straßenbahnfahrer«
Fernsehen 34
Feuchtgebiete 120, siehe auch
»Hotelinstallationen/Wasser-
rohre und -leitungen«
Film & Video 33 ff., **113**, 116
Fischen 29, 143, 147,
siehe auch »Unterwasser-
sprengstoff«
Fiztula-Fluss 18, 62, 64, *197*
Fjodor, Hl. 25
Flugreisen 39
Liebfrauenkirche siehe
»Nachtleben«
Friedhöfe siehe »nicht
gekennzeichnete Gräber«
Fzdari-Band 9
Fzipdat-Pflanze **21**

[*Register*]

G

Gastrodizzi 53
Gbebzeci 126
Geflügel siehe »Tauben«
Geldautomaten 41
Geschichte 12–16
geschützte Arten **28**, 112
Getränke **28 f.**
Gewaltverbrechen siehe
»Nachtleben«
Ggrezel, Illjia 155, 165
Giftmüll siehe »Kinder-
betreuungseinrichtungen«
Girtt *197*
Gladbaag-Dynastie 13
Gold siehe »Zahnärzte«
Grabmal des unrasierten
Soldaten *117*
Grekjez, Jorg 59
Große Ebene, die 74-5
Grotti 147
Guarjda Civilje 36
Gyrorik 156–65, siehe auch
»radioaktive Strahlung/Be-
strahlungs-/Strahlensyndrom«
Gzapaov, Vron **31**

H

Handfeuerwaffen 20, 42, **111**
Hauptstädte 18
Haustiere siehe »Räude«
Helmzlog III 47, 58
Hercmec 80
Höhlen 108
Hopzebja-Gärten 156, 164
Horloose-Museum 47
Hrosflab 23
Hunde 74, 107, 116, 120, 147,
siehe auch Crezep, »Essen«
Hvobecz-Nuss 21

I

Impfungen siehe »Knoblauch«
Information für Touristen 46
Institut Medekina Anabolika 22
98

J

Jagd **23**, 35
Jchuvski, Anton 133
Jerko-Fluss 72, *197*
Jzerbo 147–155, *147*
Jzerckev-Nationalpark 101,
siehe auch »nicht
gekennzeichnete Gräber«
Jzornflek **106**

K

Karolcyi 87, siehe auch
»Industrielle Lösungsmittel«
Kathedralen 139, 154, 165
Kaufhaus Uzkro 101
KFZ-Miete siehe
»Extremsportarten«
Kjark 147
Kjerzenko-Fisch **71**
Klima 35
Klinik für funktionale
Erektionsstörungen **56**
Klodd 23
Klub Lezur 94
Knoblauch 28, siehe auch
»Währung«
Königliche Familie siehe
»Erbkrankheiten«
Königliche Schlitterhusaren **35**,
siehe auch »Fleisch- und
Wurstwaren«
Königlicher Zirkus 97
Königsweg 100
Konkerthausj 47, 56
Kontrollen & Zoll 40, siehe
auch »Beamtenbestechung«·
Konzerthalle, Lutenblag 56
Kopfläuse siehe »Lutenblag,
Friseursalons«
Krejkzbec, Willjm 116
Kriminalität siehe »Politik«
Kvkadra-Horn 30
Kvorvecz 80
Kulturhaus Kzamailkia 56,
siehe auch »Bierhallen«
Kunst 32
Kzmurta **72**

L

Landschaftstypen 18
Lebensmittelvergiftung siehe
Lutenblag, »Essen«
Lipobagy 37
Literatur 32, 154
Lutenblag 8, 9, 14, 22, 25, 34,
35, 36, 39, 44–61, 47
Lublova 99–110
Lutenstaad 22

M

Malaria 9, 38, 100
Martejz, Jzan 110, 116
Mczemet, Febycin 94
Mehrwertsteuer, Erstattung der
41, 42
Mevtrajo, Hzmach 108

Militärische Einrichtungen
siehe »grausame &
ungewöhnliche Strafen«
Miseree, Philippe 6, 36, 51, 64,
75, 85, 100, 112, 160
Miljtakslaab 61
Molestov der Klown 97, siehe
auch »Kindesmissbrauch«
Molwanische Alpen 62–87
Molwanischer Braunbär 129
Molwanische Dogge **107**
Molwanische Drossel 107
Motensparg 12
Muczecl-Käse 96, 115, siehe
auch »biologische
Kampfstoffe«
Mukjus *197*
Museum für mittelalterliche
Zahnheilkunde 76, 81
Musik siehe »Ohrenschmerzen«
Mzazeruk 30
Mzemet, Pfarrer Jzerco 34

N

Nagetiere siehe »Hotel,
Vajana«
Neo-Nazis siehe
»Kommunalverwaltungen«
Nieshund, molwanischer 21
Notfälle 43, 84, 108, 134, 151,
220

O

Öffnungszeiten 38
Öko-Tourismus 8
Östliche Steppen 88–117
Offij Turizm Nazjonal **46**
Olivenöl siehe »KFZ-Zubehör«
Olja 17
Ovza 29, siehe auch »Fischen«

P

Parthag, St. 12
Passegjeco 73
Pässe 38
Pastinaken siehe »Essen,
Desserts«
Pflanzen & Tiere 21, 64
Photographie 38
Plavec 130
Plodvic 28, *197*
Plunkas 72
Plutto **23**, 67, 110
PKW-Verkehr 39
Pootanc 35, *197*
Ponj Vredjico 129

Postenwalj-Berge 83–87
Prablik, König 84
Psychiatrische Anstalten siehe
auch »Attraktionen für Kinder«
Pusctel 35, *197*
Putul 35, *197*
Pysst 35, *197*
Pzotjicas *126*

Q
Quallen siehe »Vjaza-See«

R
Radfahren siehe
»Risikosportarten«
Rattenkämpfe 120, **19**, 121, 135
Rebljeten, Jzacol 32
Reiten 48
Reizdarm siehe Skrotul-See,
»Essen«
Rettich siehe »Luxusgüter«
Röntgenstrahlen siehe »Zoll«
Rubrav 90
Ruzbcil, Hlavni 77
Rzecbec, Tjojar 124
Rzeumerten, Djar 73

S
Sasava 121–130, *121*
Sauvignon Sour 82
Schlachthöfe 109, 165, siehe
auch »Attraktionen für Kinder«
Schlösser 55, 66, 116, 140
Schmuck 72, 122, 164
Schovjen, Petjka 56
Schusswaffen 42, siehe auch
»Unterhaltung«
Schweinefest **35**
Schwimmen siehe
»Unterkühlung«
Schwule & Lesben siehe
»Jagd-Vereine« bzw.
»Schützenvereine«
Scunge *197*
Sicherheit 38
Semtex siehe »Souvenirs«
Sjerezo 131–140, *131*
Skilaufen 46, 83, **86 f.**
Sklertzen 36
Skrotul-See 19, 88, **109 f.**
Skumpta *197*
Slagcev 109
Slakof siehe Slakoff
Slakoff 110
Slobadril un Mustaza 65
Slutceck 135

Slyk-Strom 18
Smogvec 157, 173
Snorb-ur-mec 163, *197*
Spatzal! 31
Spiegleglaz 35
Spliff 162, *197*
Splutfab 57, *197*
Sport & Outdoor-Aktivitäten
22 f.
Sprajzebajn 76
Stinckhoff 82
stinkas 75
Stolpp 99
Stompff 113, *197*
Strände 109, 141
Styzmer-Kanal **97 f.**
Svetranj 65–75, *65*

T
Tanzen
Volkstänze 30
Klassische Tänze 30
Séparée 33
Tauben **115**, 130, 162
Terrorismus siehe »Taxifahrer«
Theater 32
Tittoff 110, *197*
Tkermec, Jzeovak 60
Todesstrafe 38
Toogrot 63
Tour dj Molvanîa 18
Toxyk-Berg 76
Triumphbogen siehe
französischer Reiseführer
Trubazbor, Jolp 67
Trüffeln 74
Trunkenheit am Steuer 39, 48
Turpz 29
Tzoric, General **14 f.**

U
Ulgmat, St. 24
Unterkühlung siehe »Klima«
Unterkünfte auf Bauernhöfen
75, 151
Upchuck 113, *197*
Uranium siehe »Edelsteine«
Urinjaztkis 40

V
Vaduz, Czez 14
Vajana 76–82, *76*
Valentinji Promendjj **64**
Vcetrezen-Galerie 59
V-D (Vcekjben-Dyir) Kosmetika-
Fabrik 117

Vegetarier siehe
»Einreiseverbot«
Vepcojat, Jurzse 32
Vernkiz, Claujs 132
Versicherungen 56
Video siehe »Film & Video«
Vjaza-See 141 et al
Vladko, Leutnant 98
Vlatvja, Antonin 99
Voldarj, Hzerge 22
Vrutklen, Ljocek 148
Vulkane 141
Vzarjkil 70
Vzeclep-Instjtuts 82
Vzintga-Fluss 83
Vzintga-Schlucht 86
Vzorjmec-Fluss **109**, *197*
Vzoykcle-Computersysteme
101, siehe auch »Antiquitäten«

W
Währung 38
Wandern 86, 146
Wassersport **81**
Weinerzeugung 28, 82
Wenlecze, Karzj 132
Westliches Plateau 118–143
Wetter 35
Wodka siehe »gesunde
Ernährung«
Wölfe siehe »Jagd«

Z
Zacwcej 87
Zahnärztliche Praxen siehe
»Eisenwarenhändler«
Zamfir 127
Zeerstum 8, **28**, 108, 38, 67,
115
Zeitschriften 33, (32)
Zeitungen 33
Zentrales Tiefland 144–165
Zetwiski, Jzan 33
Zinkvergiftung **38**
Zitz Pizza 29
Zjabdrel 91
Zjardrill 30
Zmittenblag 116, siehe auch
»Gartengeräte«
Zoologische Gärten **60**, 64, 81
Zpiitka 70
Ztubalk, Igor 14
Zuti-Hütehunde 74, siehe auch
Dzrebo, »Essen«
Zvadovar-Bar 28
Zvetmir-Dynastie **91**

Go TouroMolv!

MOLWANIENS SPEZIALIST FÜR JUGENDREISEN
(bis 25 Jahre)

Niedriger Pauschalpreis, alles inklusive!*

MODEBEWUSSTE BUSFAHRER

LOCKERES PERSONAL

RAVE-PARTYS INKL. CATERING

**KOSTENLOSE FARBBROSCHÜRE
FREECALL 1800-452-111-092**
(Die ersten zehn Anrufer erhalten unser Booklet
WIE VERMEIDE ICH GESCHLECHTSKRANKHEITEN!)

Den Spaß solltest du auf jeden Fall verpassen!

* außer Steuern, Versicherung und Lösegeldforderungen.

ZEICHENERKLÄRUNG

[*Legende*]

GRENZEN, STÄDTE, ORTE

- Landesgrenze
- Provinzgrenze
- Mafiaclan-Grenze
- Landeshauptstadt
- Provinzhauptstadt
- Stadt
- Geisterstadt

VERKEHRSWEGE

- Schnellstraße
- Hauptstraße
- Nebenstraße
- Eselspfad
- Ausweichstrecke
- Eisenbahn-Terroristenziel
- Flugplatz

LANDSCHAFT

- Nationalpark
- Radioaktive Flächen
- Unerforscht wegen Landminen
- Berge
- Halde für Chemieabfälle
- Kernreaktor
- Fluß
- See
- Sumpf
- Marschland
- Morast
- Sickergrube
- offene Sickergrube
- Minenfeld (Erster Weltkrieg)
- Minenfeld (Zweiter Weltkrieg)
- Minenfeld (unspezifisch)
- unbedingt sehenswert
- bedingt sehenswert
- nur im Falle von Notdurft sehenswert

SYMBOLE

- Kurort
- toxischer Kurort
- Freizeitpark
- FKK-Gelände
- öffentliche Toilette
- Bank bzw. Geldautomat
- Kirche oder Kathedrale
- Teufelsanbetung
- Steinbruch
- Zementfabrik
- Unterhaltung
- Zoo
- Taxistand
- Bahnhof
- Busdepot
- Flughafen
- Museum bzw. Galerie
- Casino
- Postamt bzw. Adresse
- Telefon
- Fax
- E-Mail
- Zahl der Betten
- Kreditkarten
- Restaurant
- Babysitting
- Gartenlokal
- Karaoke
- Scheune bzw. Schuppen
- Hotel oder Gasthaus

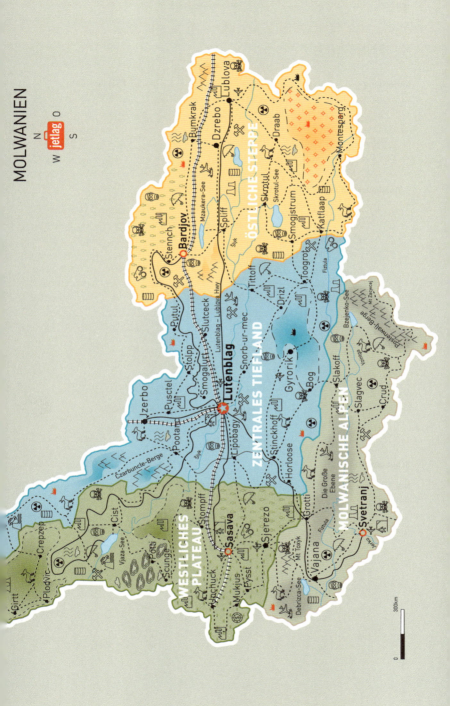

MASSEINHEITEN

Entfernung
Kilometer/Meilen/Kraktraks
$1 = .62 = 1{,}238\,^2/_7$

Gewicht
Kilogramm/Pfund/Krakfrigs
$1 = 2.2 = -139\,^2/_7$

Flüssigkeiten
Liter/US Gallonen/Fizls
$1 = .26 = 6$ or 13

Meter/Fuß/Splutzenfrabs
$1 = 3.3 = 606\,^2/_7$

Gramm/Unzen/Plopps
$1 = 0.4 = {}^2/_7$

Damenbekleidung

USA	UK	EUROPA	MOLWANIEN
4	6	34	nicht erhältlich
6	8	36	nicht erhältlich
8	10	38	nicht erhältlich
10	12	40	klein
12	14	42	mittel
14	16	44	schwanger

Herrenanzüge

USA	UK	EUROPA	MOLWANIEN
4	6	34	nicht anwendbar
36	36	46	nicht anwendbar
38	38	48	nicht anwendbar
40	40	50	nicht anwendbar
42	42	52	nicht anwendbar
44	44	54	nicht anwendbar

Temperaturen

F°	0	10	20	30	32	40	50	60	70	80	90	100
C°	-17.8	-12.2	-6.7	-1.1	0	+4.4	10.0	15.5	21.1	26.6	32.2	37.7
Zk°	$19^{13}/_{17}$	$22^{13}/_{17}$	$26^{13}/_{17}$	$32^{13}/_{17}$	$40^{13}/_{17}$	$51^{13}/_{17}$	$64^{13}/_{17}$	$77^{13}/_{17}$	nicht anwendbar			

Schuhgrößen

NB: Zahlenangaben auf Schuhen beziehen sich nicht auf Größen; es handelt sich um einen Code, der Auskunft über das Material gibt, aus dem die Schuhe hergestellt wurden:

6	=	Leder
7	=	Maultierleder
8	=	Holz
9	=	Asbest
10	=	Schmirgelpapier
11	=	Beton

[*Nahverkehrssystem Lutenblag*] 199

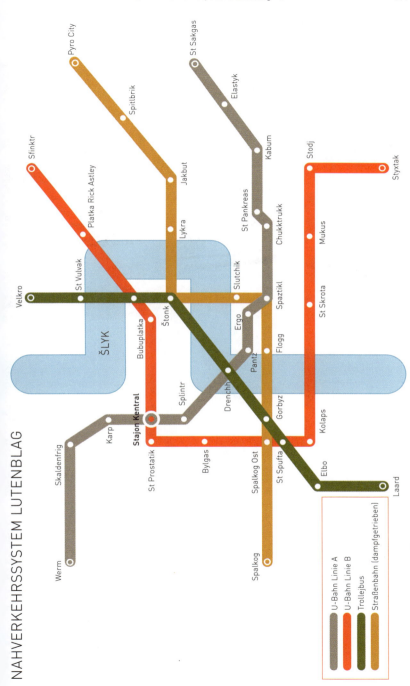

Weitere Titel in
der Reihe **Jetlag Travel Guide** ...

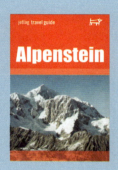

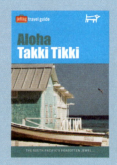

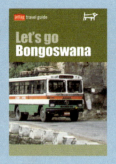

Alpenstein
Dieses winzige europäische Fürstentum – Zufluchtsort der Ultrareichen und -schönen – hat den weltweit höchsten Anteil von Zimmermädchen an der Bevölkerung, was sich in den drei offiziellen Landessprachen widerspiegelt: Italienisch, Französisch und Philippinisch.

Aloha Takki Tikki!
VERGESSENES KLEINOD IM SÜDPAZIFIK
Einst war es die Heimat der wilden tattoonesischen Krieger; heute zieht dieses idyllische frankophone Eiland sowohl Sonnenanbeter als auch Kernphysiker an – durch das warme Wasser, den glitzernden Sand und stetig abnehmende Strahlung.

Let's go Bongoswana!
Dieses geheimnisvolle Land wurde einmal Belgischer Ost-Kongo genannt und hat sich erst vor kurzem für den Tourismus geöffnet. Von der Hauptstadt Coup d'État – wo der Safaridress erfunden wurde – bis zur Wildnis des Ebola-Dschungels wartet Bongoswana nur darauf, entdeckt zu werden.